JN411873

공공도서관
운영의 기초

이 책의 본문에는 각 사례 및 참고자료에 쉽게 접근할 수 있도록 QR 코드가 삽입되어 있습니다. 카메라로 QR을 찍으면 해당 자료의 URL로 이동하실 수 있습니다.

Fundamentals of Public Library Operations : A Practical Guide

공공도서관 운영의 기초

(사)포럼 문화와도서관 엮음

Korean Library Association

한국도서관협회

발간사

공공도서관은 사회적 환경과 제도적 변화 속에서 그 역할과 운영 방식이 지속적으로 재구성되어 온 공공 제도입니다. 지식과 정보에 대한 접근을 보장하는 기본적 기능을 넘어, 오늘날 공공도서관은 지역사회의 문화적 기반이자 시민의 학습과 참여를 가능하게 하는 핵심 공공 영역으로 자리하고 있습니다. 디지털 환경의 확장과 지역사회 구조의 변화, 이용자 요구의 다양화는 공공도서관 운영에 대해 더욱 높은 수준의 전문성과 성찰을 요구하고 있습니다.

이러한 변화 속에서 공공도서관 운영을 이해하는 일은 단순한 실무 기술의 문제가 아니라, 공공성에 대한 인식과 정책적 판단, 그리고 현장의 실천을 종합적으로 고려해야 하는 과제가 되었습니다. 그럼에도 불구하고 공공도서관 운영 전반을 구조적으로 설명하고 학습할 수 있는 기초 자료는 여전히 충분하지 않은 상황입니다.

『공공도서관 운영의 기초』는 이러한 문제의식에서 출발한 책입니다. 본서는 문헌정보학을 전공하는 학생과 공공도서관 현장에 진입한 초기 경력 사서를 주요 독자로 하여, 공공도서관 운영을 구성하는 핵심 영역을 체계적으로 이해할 수 있도록 기획되었습니다. 공공도서관의 역사와 이념을 출발점으로 삼아, 계획과 평가, 지역사회 분석과 이용자 연구, 조직·인력·예산 관리, 정보자원 관리, 서비스 운영, 공간, 홍보와 마케팅에 이르기까지 운영 전반을 포괄적으로 다루고 있습니다.

이 책은 사단법인 포럼 문화와도서관의 회원들이 공동으로 기획하고 각 장을 분담하여 책임 집필한 저작물입니다. 각 장은 해당 영역을 연구해 온 연구자이거나 공공도서관 현장에서 실무를 수행해 온 사서가 맡아, 이론적 기반과 현장성이 균형 있게 반영되도록 하였습니다. 이러한 집필 방식은 공공도서관 운영을 단일한 관점이나 표준화된 매뉴얼로 제시하기보다, 다양한 전문 영역의 시선 속에서 그 구조와 상호 연관성을 이해하고자 한 의도를 담고 있습니다.

각 장은 독립적인 주제를 중심으로 구성되어 있으면서도, 공공도서관 운영이라는 공통의 틀 안에서 서로 유기적으로 연결되도록 설계되었습니다. 이를 통해 독자들은 개별 운영 영역의 기초를 학습함과 동시에, 공공도서관 전체를 통합적으로 조망할 수 있을 것입니다.

이 책이 공공도서관을 처음 학습하는 독자에게는 운영 전반을 이해하는 체계적인 길잡이가 되고, 현장의 사서들에게는 자신의 담당 영역을 넘어 공공도서관 운영을 이론적으로 성찰하는 참고 자료로 활용되기를 바랍니다. 나아가 공공도서관의 전문성과 공공성을 함께

강화하는 데 의미 있는 기여를 할 수 있기를 기대합니다.

끝으로 각 장을 맡아 집필해 주신 사단법인 포럼 문화와도서관 회원 여러분께 깊이 감사드립니다.

차 미 경

(사)포럼 문화와도서관 대표

차 례

01

공공도서관의 역사와 이념

송경진

이화여자대학교를 졸업하고 동대학원에서 석사와 박사 학위를 취득했다. 경기도 도서관정책팀장, 마포중앙도서관장으로 일했으며, 현재는 이화사회과학원 비상임연구원으로 일하면서 (사)포럼 문화와도서관을 통해 다양한 도서관의 문제와 역할을 알리고, 도서관에 대한 시민의 이해와 지지를 엮어낼 수 있는 활동에 참여하고 있다.

『하타리의 눈』(2010), 『도서관과 리터러시 파워』(2023) 등의 책을 출간했고, 『공공도서관 문 앞의 야만인들』(2011)을 공동으로 번역했다.

공공도서관의 역사는 주로 서구를 중심으로 기술되어 왔다. 그것은 공공도서관의 출발이 근대 서구 사회의 변화와 함께 발전되었기 때문이다. 중세의 봉건 질서가 해체되고 산업혁명의 물결 아래 도시로 이주한 사람들을 중심으로 새로운 사회가 형성되기 시작한 18세기와 19세기는 오늘날과 같은 현대적 의미의 공공도서관이 막 싹을 틔우기 시작한 시기였다.

공공도서관의 정의를 무엇으로 두느냐에 따라 공공도서관의 기원은 달라진다. 공공도서관을 이용자를 제한하지 않고 누구나 이용할 수 있는 도서관으로만 이해한다면 고대 그리스와 로마의 일부 도서관들도 공공도서관으로 분류할 수 있을 것이다. 그러나 '누구나'에 포함될 수 없는, 신분 질서로 인해 배제된 사람들이 있었다는 점에서 불특정 다수가 이용하는 오늘날의 공공도서관과는 다르게 보아야 한다.

일반적으로 이용 대상을 제한하지 않고, 무료로 서비스를 제공하는 사회적 기관으로서 공공도서관의 시초는 1854년에 문을 연 미국의 보스톤공공도서관*Boston Public Library*으로 본다. 그러나 현대적인 공공도서관 운영을 가능하도록 한 법제화의 시초는 영국이었다. 영국의 『공공도서관법*Public Library Act*』은 1850년에 통과되었다. 이 법안의 내용은 정부 기관인 시 당국이 주도적으로 공공도서관을 건립하고 운영에 필요한 자금을 확보하기 위해 일정 비율의 과세를 할 수 있도록 하는 것이었다.

이 장에서는 도시화와 산업화, 교육개혁이라는 사회적 배경을 가지고 등장한 공공도서관이 민주주의와 시민이라는 두 기초 아래 평등, 자유, 인권 존중이라는 민주주의 가치에 기반한 운영 이념을 발전시켜 온 과정을 중심으로 살펴보았다.

1. 공공도서관의 탄생

1.1 공공도서관의 기초

공공도서관을 이해하기 위해서는 공공도서관이 나타나기 시작한 19세기 이전의 사회를 살펴볼 필요가 있다. 18세기를 상징하는 계몽주의는 인간의 이성과 과학적 사고를 중시한 철학적·문화적 운동으로 자유주의와 개인의 권리를 강조하면서 교육의 중요성을 증대시켰고, 이에 따라 근대적인 교육 시스템과 민주주의라는 새로운 정치체제가 등장하는 계기가 되었다.

특히 민주주의는 통치의 대상이었던 대중을 통치의 주체로 변화시켰다. 따라서 권력을 행사하는 정치 주체로서의 대중은 이전과는 달리 스스로 생각하고, 판단할 수 있는 역량이 필수적이었다. 기본적인 문해력은 물론 공적 담론을 통해 정치권력을 행사하기 위해서는 비판적 사고와 토론 능력도 필요했다. 이에 따라 이전의 대중과는 다른 근대적 개인을 지칭하는 '시민'의 개념이 탄생했다. 사회학자 송호근에 따르면 시민이란 계급적 대립으로 파멸하기 쉬운 사회 질서를 공적 담론과 공적 기구를 통해 유지 존속시켜 나가는 근대적 개인이자 입법자이며, 공익과 사익 간 균형을 취할 수 있는 공공정신과 도덕을 내면화한 사람이다.

그러나 산업혁명이라는 거대한 물결에 따라 광폭으로 변화한 사회 변동 속에서 도시로 밀려든 노동계급으로서의 대중이 시민으로서 역할 하기 위해서는 누구나 시민의 조건을 갖출 수 있는 보편적인 교육이 필요했다. 프로이센을 필두로 주요 국가의 의무교육 제도가 갖춰진 19세기의 상황은 이런 배경과도 관련이 있다. 그러나 의무교육은 시민의 전 생애를 포괄하지 못하고, 정치 주체이자 경제 주체로서 사회 변동에 꾸준히 조응하며 발전해야 할 시민의 역량을 키우기에는 역부족이었다. 이런 이유로 공공도서관은 시민의 전 생애를 통한 보편적 교육의 확대라는 희망을 토대로 설립되었다.

그러므로 민주주의와 시민의 탄생은 공공도서관 출현의 두 기초가 되었다고 할 수 있다.

1.2 시민교육과 공공도서관

민주주의 체제의 근간인 시민이 자율성을 갖춘 개인으로서 새로운 정치 주체로 역할하기 위해서는 기본적인 문해력을 갖추고 사회를 둘러싼 여러 문제를 이해하고 판단할 수 있는 이성적 숙고의 능력이 필요하다. 『서유견문』을 통해 서양 문물을 소개했던 유길준 역시 오늘날의 의회와 같은 의중원을 교육받은 사람, 사리를 판단할 만한 학식과 견문을 겸비한 교양시민의 정치기구로 보고 이의 설치를 위해서는 인민의 교육이 필수적인 전제라고 했다.

하지만 동서양을 막론하고 봉건시대에서 근대로 이행하는 기간 동안 시민으로 성장해 갈 일반 대중의 문해 능력은 형편없이 낮았다. 중세 말 유럽에서는 남성의 10% 미만이 글을 쓸 수 있었고, 여성은 거의 없었다. 하지만 1800년이 되면 잉글랜드와 웨일즈의 문맹률은 남성의 경우 약 40%, 여성의 경우 약 60%로 이전 세기의 90% 내외보다 훨씬 향상되었다.

근대화와 더불어 대중의 문해력이 향상되면서 북클럽, 독서회, 문학회, 토론회, 간행물 열람실 등 도서관과 유사한 단체들이 북미와 북유럽에서 생겨나기 시작했고. 읽을거리에 대한 요구는 사회도서관이라는 새로운 형태의 도서관을 탄생시켰다. 사회도서관은 매우 광범위한 독자층을 대상으로 하고 있었기 때문에 배타적이었던 이전 시대의 도서관과 현대의 공공도서관을 연계해 준 것으로 여겨진다.

사회도서관의 유형 중에서 가장 보편적이었던 회원제 도서관*Subscription libraries*은 중산층을 중심으로 형성되었고, 다양한 정보와 최신의 소식들이 유통되는 공론장의 역할도 했다. 대표적인 회원제 도서관은 1731년에 벤자민 플랭클린*Benjamin Franklin*과 그의 동료들이 설립했던 미국 최초의 회원제 도서관이었던 필라델피아도서관회사*The Library Company of Philadelphia*로 회원용의 좀 더 진지한 읽을거리와 함께 대중적인 책들도 수집했다.

상업적 대출도서관 역시 일반 대중의 기호에 맞는 읽을거리를 제공하며 공공도서관 설립의 단초 역할을 했다. 회원제 도서관들이 진지한 읽을거리를 유통시켰던 것과 달리 서적상에서 출발했던 대출도서관은 소설을 비롯한 대중적 기호에 맞는 읽을거리를 중요시했다. 1725년 앨런 램지*Allan Ramsay*에 의해 최초로 문을 연 영국의 대출도서관은 1800년까지 약 1,000개 이상이 있었다고 추정되며, 미국에서는 1762년 매릴랜드에 처음 대출도서관이 등장한 것으로 알려져 있다.

한편, 노동자들을 위해 설립되었던 직업조합도서관의 경우 1741년 스코틀랜드에서 납을 캐는 광부들을 위해 설립되었던 레드힐스독서회*Ledhills Reading Society*를 비롯, 일주일에 1페니의 비용으로 이용할 수 있었던 버밍햄 장인 도서관*Birmingham Artisan's Library* 등이 있었다. 버밍햄 장인 도서관은 1820년대 기계공 도서관의 전신이기도 했으며, 1850년까지 영국, 아일랜드, 스코틀랜드, 웨일즈 등지에 702곳의 기계공 회관이

800,000권의 장서를 소장하고 있었다. 미국의 경우 일자리를 찾아 도시로 이주해 온 젊은이를 위한 견습생 도서관 협회*The Mechanics Apprentices Library Association*가 1820년에 세계 최초의 견습생 도서관을 보스톤에 세웠으며, 상업 근로자를 위한 상업도서관 조합도 있었다.

19세기로 접어들면서 사회도서관은 마을도서관, YMCA도서관, 철도도서관 등의 다양한 도서관과 결합되었는데 이 도서관들은 개인의 소유가 아니라는 점에서 '공공'으로 간주되었다. 이후 사회도서관은 무료로 운영되며, 공적으로 지원되고, 모두에게 열려 있던 새롭게 등장한 공공도서관으로 대체되거나 서로 합병되면서 점차 자취를 감추었다.

공공도서관은 현대적인 공공도서관 운동이 시작되었던 영국과 미국에서 학교를 떠난 사람들에게 지속적인 가르침을 주는 수단이자 대중 교육의 일부로 여겨졌으며, 세금으로 지원되는 공공도서관은 모든 계층의 사람들로부터 환영받았다. 영국과 미국, 그리고 전 세계의 여러 지역에 2,400여 개가 넘는 도서관 건립 자금을 지원했던 카네기*Andrew Carnegie* 역시 도서관이 자기계발의 역할을 한다고 믿었다. 카네기의 자선은 도서관을 건립해 주는 대신 장서 구축과 직원 고용을 위한 비용을 각 시가 부담하도록 함으로써 공공도서관 운영에 대한 정부의 지원을 요구하는 운동을 자극했다.

개가제와 도서 대출 허용, 운영시간 확대 등을 특징으로 했던 현대적 공공도서관은 일반 대중의 자유로운 접근을 최대한 지원하면서 시민교육의 한 축으로 역할하며 발전해 왔다.

1.3 공공도서관의 운영 이념

앞서 기술한 대로 공공도서관은 민주주의와 함께 그 역사가 시작되었다고 할 수 있다. 그리고 공공도서관과 관련해서 이상적인 것으로 여겨지는 생각이나 견해라고 할 수 있는 공공도서관의 운영 이념에는 민주주의의 기본 가치가 반영되어 있다. 이것을 보여주는 가장 대표적인 것은 국제적으로 공공도서관의 역할과 이념을 명확히 천명한 선언문이라고 할 수 있는 'IFLA/ UNESCO 공공도서관 선언*IFLA/UNESCO Public library Manifesto*'이다. 이 선언은 공공도서관의 바람직한 운영 방향에 관한 결의를 담은 것으로 1994년 UNESCO가 처음 공표한 후 1972년에 사회변화와 발전을 고려하여 IFLA와 공동으로 최초의 선언문을 수정해서 발표했다.

이 선언은 개인과 사회의 자유, 번영, 그리고 발전이 인간의 기본적 가치임을 밝히고, 이러한 가치는 정보를 갖춘 시민들이 민주적 권리를 행사하고 사회 안에서 능동적 역할을 수행하는 능력을 통해서만 얻어질 수 있으며, 지역의 지식 관문인 공공도서관은 개인과 집단의 평생학습, 자율적 의사결정, 그리고 문화적 발전을 위한 기본 조건을 제공함으로써 건설적 참여와 민주주의의 발전에 기여한다는 것을 명시했다.

이 선언에 따르면 공공도서관은 "이용자가 모든 종류의 지식과 정보를 쉽게 이용할 수 있도록 만드는 지역의 정보센터"이며, "공공도서관의 서비스는 연령, 인종, 성별, 종교, 국적, 언어, 사회적 신분에 관계없이 모든 사람을 위한 균등한 접근 원칙에 입각하여 제공되어야"하고, "장서와 서비스는 어떠한 종류의 사상적, 정치적, 종교적 검열이나 상업적 압력에 굴복해서는 안 된다." 이것은 자유, 평등, 인권 존중이라는 민주주의의 기본 이념과 일맥상통하는 가치 선언이다.

그리고 공공도서관은 이러한 이념적 기초 아래 누구나 차별 없이 평등하게 지식과 정보에 접근할 수 있도록 하며, 검열과 통제에 반대함으로써 지적 자유를 수호하고, 다양한 서비스를 통해 개인의 삶의 질 향상뿐 아니라 합리적 이성을 지닌 시민의 양성을 지원함으로써 민주주의의 발달에 기여하고 있다.

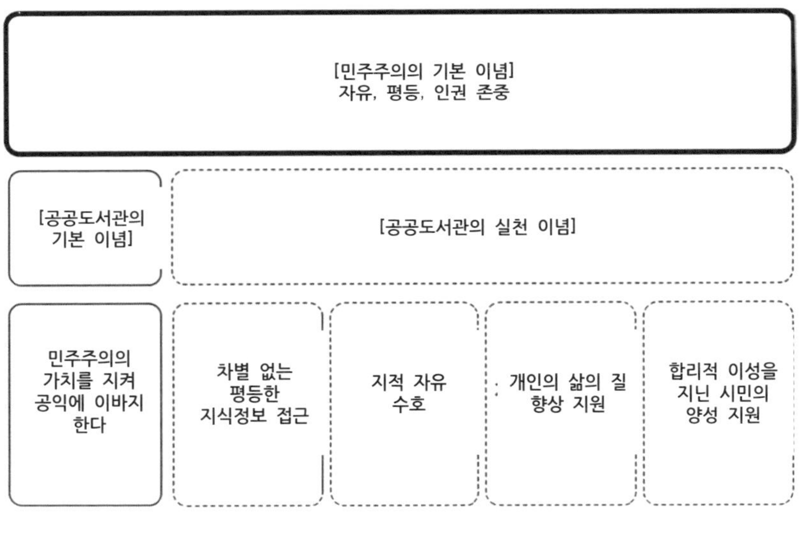

[그림 1-1] 민주주의와 공공도서관의 이념

2. 공공도서관의 사회적 가치

2.1 지식정보 유통과 공공도서관

공공도서관은 출발부터 사회의 중요한 핵심 인프라로 역할을 해왔다. 19세기에 영국과 미국을 중심으로 설립되기 시작했던 공공도서관은 새로운 정치 주체라고 할 수 있는 '시민'을 위한 교육기관의 역할을 하면서 이들에게 필요한 다양한 지식과 정보를 제공하고, 정보와 지식에 대한 접근이 가능하도록 글을 읽고 깨칠 수 있는 문해교육을 핵심 서비스로 삼았다. '지혜의 보고'와 '지식의 궁전'이라는 명칭은 정보와 지식을 유통하는 공공도서관의 고전적 기능과 가치를 보여준다.

정보와 지식을 체계적으로 정리하고 유통하는 공공도서관의 기능은 이용자로 대표되는 지역사회 구성원의 지적인 욕구를 충족시킬 뿐만 아니라 주기적으로 다양한 장서를 구입하고, 여러 학문과 문화 영역을 아우르는 강연과 강좌를 통해 출판, 교육, 예술 등 관련 생태계를 활성화하는 데 도움을 주는 순기능도 있다. 공공도서관이 이용자들에게 다양한 책을 노출함으로써 책에 대한 인지도를 높이고, 책을 읽는 습관을 형성하는 데 도움을 주는 것과 직접 책을 구매하기 어려운 사람들이 무료로 책을 이용할 수 있게 하는 것은 책 읽는 습관의 형성을 도움으로써 개인적인 정보와 지식의 욕구를 충족시킬 뿐 아니라 새로운 책의 홍보를 돕고 안정적인 수요처 역할을 함으로써 궁극적으로 출판시장의 저변을 넓히는 효과를 가져온다. 특히 공공도서관은 새로 나온 책뿐만 아니라 시중에서 구할 수 없는 자료, 해당 도서관이 소장하고 있지 않은 자료도 도서관 간의 협력을 통해 이용할 수 있도록 중개함으로써 필요한 정보와 지식이 원활하게 유통될 수 있도록 돕는다. 각 공공도서관이 시행하고 있는 상호대차 서비스나 도서관 외부의 기관과 연계하여 필요한 자료를 찾을 수 있도록 연계해 주는 레퍼럴 서비스 등이 이런 사례에 속한다.

정보와 지식의 이용이 점점 더 시장재의 성격을 띠어 가고 있는 요즘 사회에서 경제적 여건으로 인해 자유로운 정보와 지식의 접근이 제한되지 않도록 신뢰할 수 있는 정보와 자료를 선별하고, 유통하는 공공도서관의 역할은 차별 없는 평등한 사회라는 가치를 반영하는 중요한 기능이라고 할 수 있다.

2.2 공동체와 공공도서관

공동체의 삶과 연결된 공공도서관의 의미는 도시화와 팽창하는 자본주의에 따라 점점 사라져 가는 공공 공간의 필요성과 잇닿아 있다. 사회학자 조한혜정은 일찍이 공동체적 삶의 전제조건으로 있는 사람이나 없는 사람이나 모여서 산책하고 담화도 나누며 일을 벌이고 즐길 수 있는 기본적인 공공공간의 필요성을 지적했다. 농촌사회의 모정이나 느티나무처럼 거리낌 없이 모여서 소통할 수 있는 공공공간은 단순히 물리적인 공간을 넘어 소통과 교류, 성찰을 통해 새로운 주체성과 대안을 모색하는 장으로서 의미가 있다. 이러한 공간에서는 서로의 경험과 지식을 나누고, 비판적으로 사유하면서 대안적인 삶을 모색하는 시도가 이루어진다. 더불어 다양한 경험과 관점들이 충돌하고 교차하면서 새로운 통찰과 창조적인 해결책을 끌어내기도 한다. 궁극적으로 이러한 공공공간은 개인의 상처를 공유하고, 서로에게 필요한 지지와 위로를 통해 함께 치유하고 회복하는 공동체를 형성하는 역할을 한다.

이와 같은 맥락에서 볼 때 공공도서관은 공동체의 삶을 회복시키고 유지하는 공공기관의 역할을 한다. 공공도서관의 이념에 나타나듯 공공도서관은 개인이 가진 배경과 상관없이 이용할 수 있는 공간이다. 누구도 공공도서관의 이용에 제한받지 않으며, 다양한 배경의 사람을 환대한다. 공공도서관은 도서관이 주관하는 여러 프로그램과 서비스를 통해 사람들의 상호작용을 촉진하기도 하고, 사람들이 공동체의 일에 참여하면서 서로 연결될 수 있도록 돕는다.

사실 공공도서관이 하는 모든 서비스와 정책은 공동체와 관련되어 있다. 공공도서관은 차별 없는 지식정보 제공을 통해 정보격차를 해소하고, 다양성과 포용성을 서비스 가치로 하여 안전한 공동체를 만드는 데 기여한다. 더불어 공동체의 문화유산을 보존하고 유통함으로써 공동체의 정체성을 확립하는 것을 도와준다. 또, '커뮤니티 허브'나 '마을의 거실'이라는 표현에서 알 수 있듯 공공도서관은 공동체 속에 존재하며, 공동체의 핵심 기관으로서 그 역할이 점점 더 확대되고 있다.

음식을 주제로 한 북클럽을 운영하면서 직접 요리할 수 있는 경험까지 제공하는 도서관 주방*library kitchen* 같은 프로그램, 재봉틀부터 3D 프린터까지 직접 필요한 것들을 만들어볼 수 있는 메이커 스페이스*maker space* 같은 모임 중심 서비스로의 재편이나 취업, 노숙, 돌봄 같은 사회문제를 적극적으로 끌어안는 도서관 서비스 사례들은 단순히 공동체를 대상으로 서비스를 제공하는 역할에서 벗어나 공동체의 중심으로서 함께 지역사회의 문제를 해결해 나가고자 하는 의지의 피력이자 공공도서관의 사회적 가치를 보여주는 사례라고 할 수 있다.

2.3 개인의 삶과 공공도서관

미국도서관협회*ALA*의 대표적 캐치프레이즈인‘도서관이 삶을 변화시킨다*libraries change lives*’는 문구는 공공도서관이 개인의 삶에 미치는 영향을 가리키는 표현으로 꾸준히 사용되고 있다. 공공도서관이 사회에 미치는 영향력이 가시화되기 어렵다는 점에서 공공도서관은 여러 사례를 스토리텔링으로 홍보하기도 한다. 교육의 기회를 얻지 못해서 글을 깨치지 못했던 사람이 공공도서관을 통해 글을 깨치고 책을 읽을 수 있게 되었다거나, 실업 상태에 있는 사람이 도서관에서 취업 관련 정보를 이용하고, 취업에 필요한 서류를 작성하거나 기본적인 역량을 연마하는 데 공공도서관의 도움을 받았다는 개별적인 이야기들이 바로 그런 경우에 해당한다.

실제로 옆 마을 도서관에서 빌린 책에서 얻은 지식으로 전기가 들어오지 않았던 고향 마을에 발전기를 설치했던 아프리카 말라위의 소년 캄콤바의 이야기는 Ted를 통해 소개된 후 영화와 책으로도 널리 알려졌다. 우리나라에서도 뒤늦게 한글을 깨친 어르신들이 자작 시집을 발간하거나 공공도서관의 글쓰기 프로그램을 통해 작가로 데뷔한 이야기를 쉽게 접할 수 있다.

또 공공도서관은 모두에게 열려 있는 만큼 이민자, 난민, 장애인처럼 사회적으로 적극적인 지원이 미흡한 사람들에게 특히 더 중요하다. 이민자나 난민처럼 자신이 살던 지역을 떠나 새로운 환경에 적응해야 하는 사람들에게 공공도서관은 생활에 필요한 언어를 배우고 도움이 되는 이웃을 만날 수 있는 비교적 진입장벽이 낮은 공공기관으로서 유용하다. 장애인에게도 장애인 관련 기관과는 다른 차원에서 그들이 필요한 지식과 정보에 접근하고, 활용할 수 있도록 돕는 서비스를 제공하고 있다.

장애인의 정보 이용을 돕는 특수한 보조기기부터 대체 자료 제공, 비장애인에 대한 장애 이해 교육을 통해 공동체 속에서 장애인에 대한 포용력을 높이려는 프로그램들이 이러한 사례에 해당한다.

소비자본주의 사회는 교육, 문화, 생활 등 많은 부분에서 비용을 요구한다. 그리고 기꺼이 그 비용을 부담할 수 있는 사람과 그렇지 못한 사람 사이의 격차를 만든다. 이런 환경에서 비용 부담 없이 필요한 정보와 지식에 접근하고, 교육과 문화 체험의 기회를 누릴 수 있는 공공도서관의 역할은 앞으로도 더욱 중요해질 것이다. 개인의 삶의 질을 풍요롭게 하고, 살아가면서 부딪히는 삶의 문제를 해결할 수 있도록 도움을 주는 우리 삶에 밀착된 공공기관으로서 공공도서관의 가치와 영향력 또한 더욱 넓어질 것이다.

위에서 언급한 공공도서관의 사회적 가치는 공공도서관 서비스를 기초로 가장 폭넓게 이해될 수 있는 측면에 집중한 것이다. 하지만 사회적 가치가 단순한 경제적 이익을 넘어 사회 전체의 행복과 공동체의 번영에 기여하는 광범위하고 다층적인 개념으로서 사회 전체의 이익과 공동체의 발전에 긍정적인 영향을 미치는 것이라고 할 때 더 나은 사회를 만드는 데 기여하는 공공도서관의 가치는 사회구성원 개인의 삶의 질 향상에서부터 민주주의와 시민사회의 발전에 이르기까지 폭넓고 다양하며, 앞으로도 꾸준히 발굴되고 홍보될 필요가 있다.

3. 우리나라 공공도서관의 현황과 과제

3.1 한국공공도서관, 한 세기의 변화

19세기 미국, 일본, 중국 등에 파견되었던 해외사절단에 의해 공공도서관이 처음으로 국내에 소개되었다. 그중 가장 잘 알려진 것은 1895년에 발간된 유길준의 『서유견문(西遊見聞)』으로 이 책에서 그는 '서적고(書籍庫)'라는 제목으로 도서관의 설립 주체와 장서, 자료 수집 방법, 열람제도 등과 함께 영국박물관도서관, 상트페테르부르크 도서관, 프랑스 국립 리슐리외 도서관, 미국 의회도서관, 독일 베를린 대학도서관을 소개했다.

1906년에는 이범구, 윤치호 등이 중심이 되어 추진했던 대한도서관 설립 운동이 있었지만 1910년의 한일병탄으로 좌절되었다. 이후 구한말의 도서관은 식민 통치 시기에 일제가 자국민을 위해 설치했던 문고, 신문열람소 등과 애국계몽운동의 일환으로 계몽지식인들에 의해 설치되었던 국내 자본의 도서관과 종람소 등으로 이원화되어 운영되었다. 그러나 한국인에 의해 설립되었던 도서관과 종람소는 운영비 등의 부담으로 존속하지 못하고 문을 닫거나 1919년 3.1. 운동 이후 일제가 문화정책의 일환으로 설립한 부립 및 관립 도서관으로 흡수되었다. 우리나라 공공도서관 발달의 부진은 일제의 식민 통치와 해방 이후의 미군정 등으로 이어진 정치 환경과 함께 낮은 문해율의 영향도 있었다고 보이는데, 송건호에 따르면 1894년 갑오개혁 이전에 우리나라 일반 대중의 문해력은 겨우 5%였으며, 1920년대에 10%, 그리고 1930년대에 이르러서야 20%로 증가하였다.

개화기, 일제강점기, 미군정기와 군사독재 시기를 거치며 서서히 발전해 온 우리나라의 공공도서관은 복잡한 현대사 속에서 자생적인 도서관 발전의 노력이 빛을 보기보다는 정치적, 행정적 필요에 따라 관료 시스템의 일부로 발전해 온 경향이 있다. 서구식 도서관제도가 도입되었던 미군정기(1945-1950)에는 문맹 퇴치 교육, 국문 해독 교육, 직업훈련 및 생활 개선 교육 등 다양한 사회교육이 활발하게 펼쳐졌지만 정작 공공도서관은 시민교육기관이라는 본연의 역할을 하지 못하고 학생들의 공부방 역할로 축소되어 운영되었다. 이는 학교 기반이 취약했던 당시 사회 상황과 도서관을 식민 통치 이념의 주입과 전파를 위한 기관으로 활용했던 일제의 영향에 따른 것이었다.

이후 1963년에 최초로 『도서관법』이 공포되고, 1968년에 '공공도서관 설치 5개년 계획안'이 발표되면서 공공도서관 확충의 토대가 마련되었고, 1970년대에는 공공도서관 현황 파악을 위한 통계 항목의 개선과 도서관 통계에 대한 국제권고안을 채택하는 등 공공도서관 운영을 개선하고 서비스의 질을 향상시키려는 노력이 이어졌다. 1980년대에는 다른 시기에 비해 빠른 속도로 공공도서관 수가 증가했는데 이는 평생 교육 차원에서 도서관의 중요성이 부각된 결과였다. 하지만 일제시대의 도서관 관행은 여전히 남아있었고, 공공도서관에서 부과하던 입관료는 1983년에 국립중앙도서관이 입관료를 폐지한 이후에야 점차 사라졌다.

인터넷으로 대표되는 정보통신기술의 혁명적 진전이 이루어졌던 1990년대에는 '전국 도서관정보전산망 구축 계획'(1991)에 따라 서지정보의 표준화, 서지정보 DB 구축, 도서관자료 표준관리시스템*Korea Library Automation System, KOLAS* 등의 공공도서관 전산화 사업이 광범위하게 이루어졌다. 특히 1990년에는 국립중앙도서관이 신설된 문화부로 이관되면서 공공도서관 정책과 행정의 주무 부처가 교육부에서 문화부로 바뀌었다. 이후 2000년대에는 2004년 문화관광부의 조직개편으로 도서관 정책의 수립과 집행 기능이 국립중앙도서관으로 대폭 이전되었고, 2007년의 『도서관법』 전면 개정으로 대통령 소속 도서관정보정책위원회의 설치, 광역자치단체의 지역대표도서관 설치 의무화 등 새로운 정책 체계가 뼈대를 갖추었다.

최근의 공공도서관은 온라인 네트워크와 디지털 콘텐츠에 따른 장서와 서비스의 변화를 비롯해 예전과는 다른 역할과 기능을 모색하고 확대해야 하는 상황에 직면해 있다. 전자책과 오디오북, 심지어 스트리밍 콘텐츠로까지 확장된 공공도서관 장서의 변화는 도서관의 공간 활용과 서비스 형태에도 영향을 미치고 있는데 모임과 체험을 위한 공간의 확충, 디지털 큐레이션 같은 새로운 서비스의 등장이야말로 그러한 변화에 대한 대응의 한 예로 볼 수 있다.

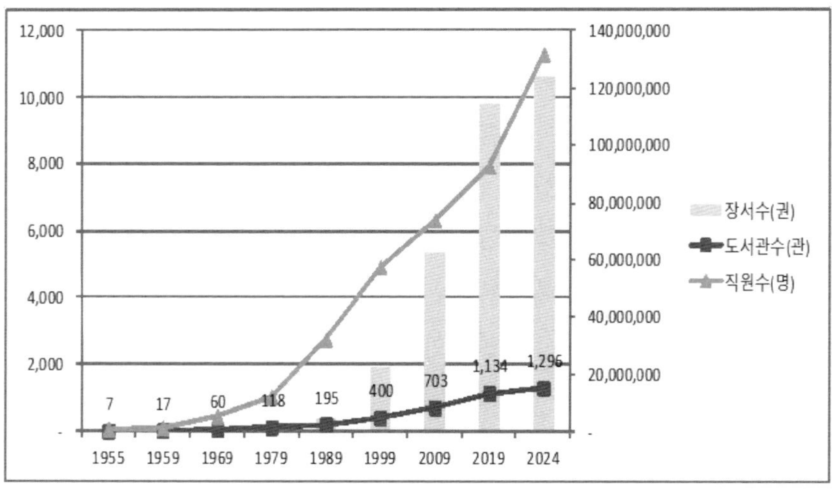

[그림 1-2] 우리나라 공공도서관 주요 지표의 변화

3.2 기술 발달과 사회 변동

오늘날의 공공도서관은 소비자본주의의 영향 아래 공동체의 약화, 개인화 같은 다양한 사회문제와 로봇, AI 등으로 상징되는 기술의 급격한 발전으로 인해 새로운 기회와 위기가 공존하는 현실에 직면해 있다. 특히 비대면 생활 양식의 확산, 디지털 콘텐츠와 범용 AI, 즉 AGI *Artificial General Intelligence*로의 기술 발전 경향은 공공도서관의 서비스와 역할에도 불가피한 변화를 요구하고 있다.

단적인 예로 디지털 콘텐츠의 확산은 이미 공공도서관의 장서관리에 변화를 주었다. 공공도서관은 예전처럼 많은 자료를 소장하는 것이 아닌 이용자가 필요로 하는 자료를 빠르고 쉽게 이용할 수 있도록 자료에 대한 접근을 관리하는 방향으로 변화했다. 이제 전자책이나 오디오북조차도 평범한 장서가 되었으며 실시간으로 스트리밍되는 음원이나 OTT 서비스까지도 장서의 범주에 포함되었다. 더불어 물리적 장소로서의 공공도서관이 아닌 온라인 공간에서의 접근과 이용을 중심으로 한 가상의 장소로서의 공공도서관도 핵심적인 관리 대상이 되었다.

그러나 공공도서관 서비스의 근간이라고 할 수 있는 정보와 지식의 탐색과 이용이라는 측면에서 디지털 공간으로 확대된 자료 접근과 제공은 알고리즘과 가짜 정보의 위협을 어떻게 다루어야 하는가 하는 문제에 직면해 있다. 이용자들은 시·공간의 제약 없이 많은 정보에 손쉽게 접근할 수 있게 되었지만 도서관이 스스로 취사선택해서 관리했던 예전의 장서와 달리 도서관의 개입이 생략된 웹상의 자료에 대한 이용과 이에 따르는 책임은 고스란히 이용자 개인의 몫으로 남게 되었다. 따라서 이용자의 올바른 정보 선택과 이용에 대한 도서관의 지원도 이제는 자료 중심이 아닌 이용자의 역량 개발 측면에서 고려되어야 할 시점이 되었다. 이러한 맥락에서 원하는 정보를 정확히 인식하고, 그 정보의 소재를 찾고, 정보의 가치를 올바르게 평가하여 맥락과 윤리에 맞게 활용할 수 있는 정보 리터러시 역량의 습득을 지원하는 것이 오늘날 환경에서 공공도서관이 새롭게 중점을 두어야 할 핵심 서비스가 되어야 한다.

한편으로 약화된 공동체와 파편화된 관계, 극도로 개인화된 사회 속에서 점점 피폐해지는 개개인의 삶을 고려할 때 공공도서관은 전통적인 정보와 지식, 교육, 문화 체험의 맥락에만 치우쳐서는 안 된다. 그보다는 사람들이 자연스럽게 모이고 만나고 교류할 수 있는 장소로서의 역할에 관심을 둘 필요가 있다. 이웃을 사귀고, 감정을 나누고, 사회적 관심사를 둘러싼 다양한 의견이 오갈 수 있는 안전한 장소로서의 기능을 강화함으로써 진정한 시민의 공간이 되는 것, 그것이 오늘날의 공공도서관에 요구되는 또 다른 변화라고 할 수 있다.

3.3 지역사회의 지지와 옹호

기본적으로 공공도서관은 도서관이 존재하는 지역사회를 기반으로 설립되고 운영된다. 따라서 지역사회에 대한 이해를 바탕으로 서비스를 비롯한 제반 활동이 영향을 받는다. 공공도서관은 전통적인 도서관 서비스 위에 특정한 지역사회의 역사와 문화, 공동체의 정체성을 덧씌움으로써 그 지역사회의 고유한 기관이 된다.

예전보다 나아졌다고는 하지만 아직도 우리나라의 공공도서관은 지역의 고유한 기관으로서의 특성과 활동을 구현했다고 보기에는 아쉬움이 있다. 대부분의 공공도서관이 차별화되지 않은 서비스와 지역사회와의 굳건한 유대감 없이 타성적인 관행으로 운영되는 양상을 보이는 것은 궁극적으로 공공도서관에 대한 사회의 옹호와 지지를 이끌어내는 데 걸

림돌이 될 수 있다.

부족한 인력과 예산, 도서관과 사서의 사회적 지위에 대한 불만족처럼 끊임없이 반복되는 공공도서관에 대한 위협과 도전에 맞서자면 공공도서관이 그 지역사회의 필수 불가결인 기관이라는 인정과 지지가 먼저 그 지역사회 안에서 이루어져야 한다. 왜 공공도서관이 나의 삶에, 나의 이웃에, 그리고 내가 살고 있는 동네에 중요한가? 라는 질문에 분명한 답을 줄 수 있을 때 공공도서관에 대한 옹호와 지지가 드러나고 자연스럽게 공공도서관의 지속 가능한 발전으로 이루어질 수 있을 것이다.

생각해 보기

1. IFLA/UNESCO 공공도서관 선언(IFLA/UNESCO Public library Manifesto)과 우리나라 『도서관법』에 나타난 공공도서관의 역할과 기능을 조사해 보고 이를 민주주의의 가치와 연결 지어 보세요.
2. 우리나라 최초의 공공도서관을 찾아보고, 해당 도서관의 역사를 간략하게 정리해 보세요.
3. 우리 사회에서 공공도서관이 갖고 있는 가치에 대한 여러분의 생각을 나눠보세요.

<사례> Root for Columbus

미국 위스콘신주 콜럼버스 공공도서관에서 진행한 지역사회 참여 프로그램. 도서관이 지역사회의 분열을 해소하고 협력을 증진하는 데 어떻게 기여할 수 있는지를 보여주는 사례로 도서관이 지역사회의 핵심 리더이자 변화 주체로서 역할을 강화하는 것을 목표로 했던 ALA의 초기 LTC *Libraries Transforming Communities* 프로그램의 지원을 받아 이루어졌다.

지역사회가 시골 지역에서 도심으로 출근하는 베드타운으로 급속히 변화하면서 오랜 기간 거주해 온 정주 인구와 10년 이내의 이주민으로 인구 구성에 변화가 생기고, 히스패닉계 주민이 증가했으며, 정주민과 이주민 사이의 거리감이 심화되었던 상황이 프로그램 진행의 계기가 되었다.

2014~2015년 사이에 이루어졌던 활동은 크게 세 가지였는데, 주민과의 대화를 통해 지역사회가 달성하고 싶어하는 발전에 대한 의견을 수렴한 지역사회 대화*Community Conversations*, "Root for Columbus"라는 이름의 소망나무를 만들어, 모든 연령대의 주민들에게 자신의 소망이나 지역 사회에 대한 염원을 적어 나무에 걸도록 하고 병원, 은행, 초등학교, 도서관 등 지역의 주요 장소들을 순회하며 설치하여 다양한 사람들의 참여를 유도하고 지역사회의 염원을 시각적으로 보여주는 상징이 되도록 한 소망나무*Wishing Tree*, "Root for Columbus Action Community Potluck"이라는 행사를 개최하여 주민들이 지역 사회 문제 해결과 협력 증진을 위한 구체적인 방안을 모색하도록 장려했던 행동 촉진*Moving to Action*의 세 가지 활동으로 진행되었다.

특히, 행동 촉진의 일환으로 진행된 포트럭 참가자들은 마을 어딘가에 나타나는 정원 난쟁이 요정의 단서를 소셜 미디어를 통해 게시하고, 주민들이 요정을 발견했을 때 사진을 게재하도록 함으로써 주민 간의 연결과 지역사회의 홍보, 지역 탐험을 노렸던 〈Gnomes Away from Home〉, 콜럼버스의 정문으로 여겨지는 Amtra역 앞 공원을 청소하는 〈공원청소〉, 지역의 단체와 함께 공공벤치를 예술 작품으로 탈바꿈 시키고 도서관의 여름 독서 프로그램을 시작하는 금요일 밤에 공개하도록 한 〈Friday Night Out〉, 마을 중심부의 랜드마크인 콜럼버스 파빌리온*Columbus Pavilion*에서 지역 사회 구성원들이 함께 모여 인생 사건에 대한 추억을 공유하는 〈추억 나누기Community Reminisce〉 등을 제안하였고, 이에 따라 일부 사업이 추진되었다.

02

공공도서관의 경영 계획

김선애

이화여자대학교를 졸업하고, 프랑스의 문헌정보학고등국립학교(ENSSIB)와 INSA de Lyon의 협동과정에서 석사를, 리옹3대학(Université Jean Moulin Lyon III)에서 문헌정보학 박사학위를 취득했다.
한국교통연구원에서 전문원(사서)으로 일했었으며, 2005년부터 현재까지 경성대학교 문헌정보학과 교수로 재직 중이다. 교육과 연구에서 관심 있는 분야는 도서관경영, 평가 그리고 자료조직과 관련된 분야이다.

1. 계획의 의의와 도서관의 특성

경영계획이란 조직이 설정한 목표를 달성하기 위해 미래를 예측하고, 이에 따라 구체적인 전략과 실행 방향을 수립하는 과정이다. 이는 단순히 해야 할 일을 미리 정리해 놓는 것을 넘어, 조직 전체의 자원을 가장 효율적이고 효과적으로 활용하기 위한 지침이자 로드맵이다. 기업은 물론 비영리단체, 공공기관, 도서관과 같은 다양한 조직도 계획을 통해 자신들이 추구하는 가치를 실현하고 지속 가능한 성장을 도모한다.

1.1 계획의 의의와 중요성

계획은 일반적으로 '조직 목표를 달성하기 위해 관리자들에 의해 사용되는 일련의 정책이나 절차, 방법 등을 설정하는 것'으로 정의된다. 따라서 계획이란 조직을 둘러싸고 있는 내·외부 환경을 분석하는 일에서 시작하여 목표를 설정하고 목표를 달성하기 위한 전략을 수립하며, 전략 실천을 위한 세부 계획을 작성하는 데까지 이르는 하나의 과정이다.

이와 같은 계획은 조직, 지휘, 통제의 관리 과정에 선행하는 관리 활동의 출발점이자 가장 근본적인 활동으로 계획을 수립하면 다음과 같은 이점이 있다. 첫째, 계획수립은 조직과 조직 구성원의 집중도*focus*와 유연성*flexibility*을 높여준다. 즉, 계획이 수립되면 미래에 할 일이 분명해지므로 조직 및 조직 구성원의 역량을 분산시키지 않고 집중시킬 수 있다. 그뿐만 아니라 계획은 미래의 환경변화에 대비한 내용도 포함하기 때문에 조직과 조직 구성원은 환경변화에 대한 적절한 대응방법과 대응능력을 갖출 수 있다.

둘째, 계획수립은 조직 구성원들이 조직 목표를 달성하는 방향으로 행동할 수 있는 지침을 제공한다. 즉, 계획수립은 달성해야 할 성과를 사전에 제시함으로써 조직 구성원들을 결과 지향적으로 행동하게 만든다. 따라서 구성원들은 모든 자원이 조직의 이익을 극대화하는 방향으로 사용되도록 하는 이익 지향적 행동, 우선순위에 기초한 행동(적절한 시간 배분 및 관리), 미래의 기회와 문제점을 예측하고 이에 효과적으로 대응할 수 있게 된다.

셋째, 계획은 한 조직 내에서 조직 전체의 목표와 하부의 각 세부 조직의 목표가 일관성을 갖게 한다. 이는 조직 내의 많은 개인이나 집단, 하부조직들이 각자 목적을 추구하더라도 그 결과는 최종적으로 조직 전체의 목표를 달성하는데 기여하도록 계획수립이 이루어졌기 때문이다. 이를 위해 조직의 목표는 최상위 단계의 목표가 먼저 정해지고, 하위단계에서는 최상위 단계의 목표에 근거하여 목표 수립이 이루어지며, 이어지는 그다음 하위단계에서도 이러한 일은 반복된다. 결국, 계획수립은 조직의 상하 간 또는 하부조직 간의 조정을 사전에 하는 셈이며 사후적인 갈등이 발생할 때도 그 해결의 근거가 된다.

넷째, 조직의 통제 활동은 사전에 수립된 계획에 근거하여 이루어지기 때문에 계획이 수립되면 성과의 측정 및 평가 활동 그리고 이에 대한 보상과 처벌 활동이 합리적으로 이루어질 수 있다. 성과가 계획에 미치지 못하면 통제 과정에서는 목표를 달성할 수 있도록 행동을 수정하거나 계획수립 시 세웠던 목표를 수정한다. 물론 두 가지를 병행할 수도 있다. 이러한 측면에서 계획수립과 통제는 매우 밀접한 관계가 있다.

1.2 계획의 전제조건

계획수립의 이점을 최대한 활용하기 위해서는 다음과 같은 전제조건이 필요하다.

첫째, 계획은 의사결정의 기준으로 수립되어야 한다. 경영자는 조직의 목표를 달성하기 위해 조직 구조의 개편, 가용자원의 활용 및 배분, 직무의 할당 및 성과의 점검 등 여러 가지 의사결정에 직면하게 된다. 이때 경영자의 의사결정은 계획수립의 근거가 되었던 목표나 기대성과를 충족하도록 이루어져야 한다,

둘째, 계획은 유연성을 갖추어야 한다. 완벽한 계획 수립보다는 경영환경변화에 대한 지속적인 모니터링과 수정을 통해 외부 환경의 변화 또는 조직 내부 여건의 변화에 따라 발생할 수 있는 뜻밖의 상황에 대해서도 적절히 대응할 수 있도록 유동적인 계획을 수립하여야 한다.

셋째, 계획은 통제를 전제로 수립되어야 한다. 조직의 통제기능은 조직의 목표와 계획에 대한 추진 상황을 검토하고 평가함으로써 이루어지기 때문이다. 조직은 계획을 조직 구성원들에게 공개하여 공감대를 형성하고 계획수립 과정에 조직 구성원들을 직접 참여시킴으로써 계획과 통제를 원활히 연결할 수 있다. 계획수립 과정에 조직 구성원을 참여시키는 것은 조직 구성원에게 동기부여의 수단이 될 뿐만 아니라 계획 추진 과정에서 발생할 수 있는 여러 가지 오류를 줄여주는 역할을 한다.

1.3 도서관 조직의 특성

도서관 조직, 무엇이 특별한가? 도서관, 이 친숙한 이름은 우리에게 어떤 이미지를 떠올리게 할까? 아마도 빼곡히 들어선 책장, 조용한 열

람실 그리고 책을 정리하는 사서의 모습 등일 거다. 하지만 에반스*G. E. Evans*는 도서관을 단순히 책을 모아둔 장소나 정적인 공간이 아닌, 고유한 생명력과 특별한 운영 방식을 지닌 역동적인 조직으로 파악했다. 일반 기업이나 다른 공공기관과 확연히 구분되는 도서관만의 조직적 특수성은 무엇일까?

도서관 조직의 특수성을 이해하는 것은 사서나 도서관 경영자에게만 중요한 것이 아니다. 도서관 서비스를 이용하는 모든 사람, 도서관 정책을 결정하는 사람 그리고 도서관의 미래를 고민하는 사람들에게도 통찰을 제공한다.

첫째, 도서관은 이윤 대신 서비스를 추구한다. 즉 서비스가 중심이다. 대부분 기업이 이윤 극대화를 목표로 하지만, 도서관은 이용자에게 지식과 정보를 제공하는 공공서비스를 최우선 가치로 삼는다. 이는 도서관의 모든 의사결정과 예산 집행이 이용자 만족과 정보 접근성 향상에 초점을 맞추게 된다는 것을 의미한다. 도서관의 성공은 재정적 이익이 아니라 얼마나 많은 사람의 삶에 긍정적인 영향을 미쳤는지로 측정된다.

둘째, 도서관은 영리를 목적으로 하지 않는다. 즉 비영리성 기관이다. 도서관은 세금이나 기부금 등 비영리적 재원에 의존하는 경우가 많다. 이는 제한된 예산안에서 최대한의 공공적 가치를 창출해야 하는 과제를 안겨주며, 일반 기업의 투자-회수 공식과는 다른 접근 방식을 요구한다.

셋째, 도서관은 단순한 상품이 아닌 지식과 문화가 담긴 '특별한' 자료를 다룬다. 도서관의 주요 자산인 인쇄형 자료뿐만 아니라 디지털 콘텐츠 등은 단순한 상품이 아니다. 이들은 인류의 지식, 문화, 역사를 담고 있는 살아 있는 유산이다. 따라서 이러한 자료들을 수집하고, 분류하고, 보존하고, 접근시키는 과정은 고도의 전문성과 윤리적 책임감이 있어야 한다.

넷째, 도서관은 현재와 미래를 잇는 '보존'에 대한 의무와 책임이 있다. 도서관은 현재 이용자들의 정보 요구를 충족시키는 것을 넘어, 과거의 기록을 보존하고 미래 세대에게 전달하는 역할을 한다. 이는 장기적인 관점에서 자료의 물리적 보존뿐 아니라 디지털적 보존을 위한 지속적인 노력과 투자를 의미한다.

다섯째, 도서관은 다양한 이해관계자들로 복잡한 관계망을 이루고 있다. 도서관은 서비스를 이용하는 일반 시민, 학생, 연구자부터 예산을 지원하는 정부나 대학, 자료를 공급하는 출판사, 그리고 도서관을 운영하는 직원들까지 많은 이해관계자와 얽혀 있다. 이들 각자의 요구와 기대를 조화롭게 관리하는 것이 도서관 운영의 중요한 과제이다.

여섯째, 도서관은 전문성을 갖춘 '사서'의 역할이 중요하다. 도서관의 핵심 인력은 사서다. 이들은 단순히 책을 정리하는 사람을 넘어, 정보를 조직하고, 검색하며, 이용자에게 교육하고, 장서를 개발하는 전문적인 지식인이다. 사서의 전문성은 도서관 서비스의 질을 결정하는 가장 중요한 요소 중 하나이다.

일곱째, 도서관은 기술 변화에 대한 끊임없는 적응이 필요하다. 정보기술의 발전은 도서관의 모습을 끊임없이 변화시키고 있다. 과거의 카드 목록에서 현재의 온라인 데이터베이스, 인공지능 기반 서비스까지, 도서관은 새로운 기술을 적극적으로 수용하고 활용하며 이용자에게 더 효율적이고 편리하게 정보에 대한 접근을 제공해야 한다.

이러한 특성은 도서관이 일반적인 조직관리의 틀만으로는 온전히 이해될 수 없음을 시사한다. 도서관은 단순히 '책이 있는 건물'이 아니라, 지식을 매개로 사회와 소통하고 끊임없이 진화하는 살아있는 유기체라

할 수 있다. 에반스는 이러한 특수성을 이해하고 이를 바탕으로 도서관 경영 및 관리에 접근해야 한다고 강조했다. 단순히 일반 기업의 경영원리를 도서관에 그대로 적용하기보다는, 도서관의 본질적인 목적과 특성을 고려한 맞춤형 전략과 운영 방식이 필요하다는 것이 그의 핵심적인 관점이다.

2. 계획의 유형

계획은 관점에 따라 다양한 유형으로 구분할 수 있다. 모든 관리자가 계획 기능을 담당하고 있지만, 계획은 차원에 따라 다양하게 분류될 수 있다. 여러 가지 계획들은 [그림 2-1]처럼 계층구조로 정리해 볼 수 있다.

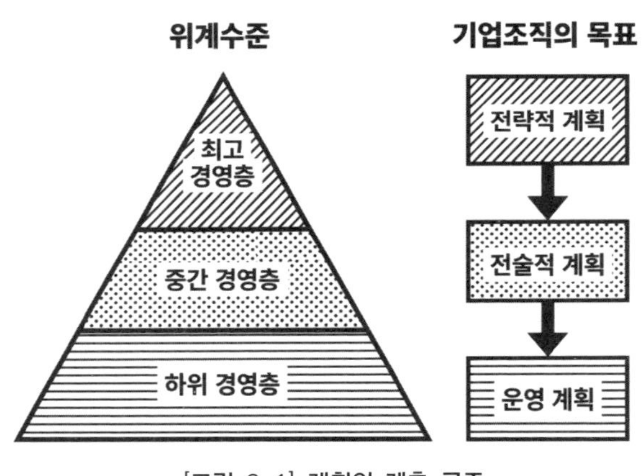

[그림 2-1] 계획의 계층 구조

2.1 의사결정 계층에 의한 구분

모든 조직에는 전사적 계획*corporate plan*, 사업부 및 사업별 계획*divisional or business plan*, 단위 또는 기능별 계획*unit or functional plan*의 세 가지 유형이 있다.

전사적 계획은 전략적 계획*strategic plan*이라고도 하며, 현재의 위치를 파악하고 장기적인 관점에서 조직이 나아갈 방향을 설정하며, 이를 달성하기 위한 구체적인 행동 대안(자원의 조달과 배분, 그리고 그 수행

방안 등)을 수립하는 것을 말한다.

사업부 및 사업별 계획은 전략적 계획에 근거하여 작성하는 중기적 계획으로 전술적 계획*tactical plan*이라고도 한다. 이는 전략적 계획이 조직 전체의 목적을 달성하기 위한 보다 폭넓은 계획으로서 최고경영자에 의해 행해지는 다소 추상적이고 장기적이며 외부 환경의 중요성이 강조되는 의사결정이라고 한다면, 전술적 계획은 사업부 차원에 분할 적용하는 세부적 계획으로서 중간관리자에 의해 행해지는, 보다 구체적이고 중기적이며 내부환경에 의존하는 의사결정이라고 할 수 있다. 전술적 계획은 구체적으로 그 사업부의 활동 범위를 결정하고, 책임 영역 내에서의 하위 목표를 설정하며, 그와 같은 목표를 달성하기 위한 정책을 수립하고 예산을 편성하는 것을 말한다.

단위 또는 기능별 계획은 가장 낮은 계층의 계획으로서 사업별 계획을 실천하기 위한 각 단위부서의 실행계획을 말한다. 즉 전술적 계획을 실천하기 위한 구체적인 활동이 담긴 계획으로서 운영계획이라고도 불리며, 주로 단기간에 이루어지는 계획으로서 각 부서의 관리자들이 세우는 일간, 주간 계획 및 월간계획 등도 이와 같은 계획의 범주에 속한다. 도서관의 경우 단위 또는 기능별 계획의 예로는 수서 계획(방법, 시기, 양적·질적 수준 등), 홍보 계획(프로그램 및 서비스 내용, 실시 시기, 혜택 등), 인적자원 계획(채용, 선발, 배치 등) 등을 들 수 있다.

2.2 시간에 의한 구분

조직은 계획을 수립하는데 다양한 시계상의 준비가 필요하다, 일반적으로 시계상의 계획은 장기계획, 중기계획, 단기계획으로 나누어 볼 수 있다.

장기계획은 주로 전사적 계획, 전략적 계획과 관련되는 계획으로 조직의 기술이나 경쟁, 자원의 배분 등과 관련되어 있다. 장기계획은 조직이나 조직이 속한 영역에 따라 그 기간이 5년, 10년, 15년으로 다양하다. 공통적인 사항은 조직의 목표 또는 전략과 일치시켜야 하고, 계획 기간의 중간마다 재검토의 기회가 제공되어야 하며, 계획 기간이 길면 길수록 계획의 구체성이 낮아지므로 목표의 수용범위도 반드시 표시되어야 한다. 또한, 동태적 환경하에서의 장기계획은 불확실성을 수반하게 되므로 계획에 융통성을 부여해야 한다. 그리고 중기계획은 보통 1~3년간의 계획으로서 주로 전술적 계획에 해당하고 단기계획은 1년 이내의 계획으로서 운영계획에 해당한다.

최고 경영층은 주로 장기계획의 수립에 관여하며 하위 계층으로 내려갈수록 중기, 단기계획을 수립한다. 각 계층에서 계획을 수립할 때는 장기계획에 연관된 일관성 있는 계획수립이 무엇보다 중요하다. 따라서 각 시계상의 계획을 수립할 때는 조직의 모든 계층에서 전략계획에 해당하는 장기계획을 제대로 이해하고 있어야 한다.

2.3 내용에 의한 구분

조직의 계획은 일반적으로 전략, 정책, 절차, 규칙 등을 포함한다. 전략은 목적을 달성하기 위해 조직의 활동 영역을 선택하는 것과 관련되어 있고 영향의 범위가 가장 광범위한 계획이다. 대부분 조직은 표준화된 어떤 계획을 미리 설정해 놓고 반복해서 업무를 수행할 때 기초로 하는 계획을 표준계획 또는 상용계획이라 한다. 이에 해당하는 것으로는 정책과 절차 그리고 규칙이 있다. 표준계획은 언제 어떤 상황이 발생하더라도 조직 구성원들이 일관성 있게 일을 수행하게 하는 방향타 같은 역할을 한다.

정책*policy*은 전략보다는 영향의 범위가 넓지 않지만, 특정 상황에서 의사결정과 행동의 광범위한 지침이다. 정책은 조직의 전략에서 도출되며, 의사결정의 준용 기준으로 작용하기 때문에 조직 구성원의 행동 범위를 제약하기도 한다. 도서관의 경우, 대출 정책, 장서개발 정책, 기증 정책, 휴일 정책 등이 있다. 절차*procedure*는 정책과 달리 정확하게 무엇을 어떻게 해야 한다는 것을 명시하는 단계적인 지시다. 따라서 절차는 정책보다 범위가 좁고 구체적인 행동 지침이라고 할 수 있으며 개인이 문제 해결에서 사용할 수 있는 개별적인 판단의 범위를 제한한다. 마지막으로 규칙*rule*은 조직 구성원들에게 용인될 수 있는 행동의 범주로서, 즉 해야 할 것과 해서는 안 될 것에 대한 정확하고도 구체적인 지시 사항을 말한다. 따라서 규칙을 무시했을 때는 제재 혹은 처벌이 뒤따르게 된다.

<표 2-1> 도서관 정책(Policy)과 절차(Procedure) 비교

정책(policy)	절차(procedure)
• 도서관 전체에 적용됨. • 도서관이 운영되는 기본적인 운영체계를 넓은 차원에서 설명함 • '무엇(what)과 '왜(why)'에 대한 문제를 다룸. • 어떤 경우에는 관리자가 재량을 사용할 수 있는 유연성이 있음. • 자주 변경되지 않으며, 도서관위원회의 승인이 필요함.	• 도서관의 특정 부서나 분야 내 작업 흐름으로 구체적이고, 적용 범위가 좁음. • 작업을 완료하는 데 필요한 구체적인 사항을 자세히 설명함. • '어떻게(how)'에 대한 문제를 다룸. • 작업을 성공적으로 완료하기 위해 정해진 일련의 단계를 따라야 하므로 정책에 비하면 유연성이 낮음. • 자주 변경되며, 관련 직원들 간에 비공식적으로 협의하여 결정함.

경영계획은 그 자체로 하나의 고정된 형태가 아니라, 조직의 상황과

목적, 실행 범위에 따라 다양하게 분류되고 적용될 수 있는 유기적인 체계다. 각 계획 유형은 독립적인 것이 아니라 서로 긴밀히 연계되어 있으며, 상위 계획은 하위 계획의 방향성을 제공하고, 하위 계획은 상위 계획을 실현하는 실행 도구가 된다. 따라서 효과적인 경영을 위해서는 이러한 다양한 계획 유형의 특성과 상호작용을 충분히 이해하고, 조직의 전략적 맥락에 맞게 통합적으로 운영하는 것이 중요하다.

3. 계획 수립의 구성요소

조직관리의 관점에서 관리 과정의 첫 단계인 경영계획은 ① 조직이 달성해야 할 목적과 목표를 설정하고, ② 이들 목표를 달성하는 방법을 결정하는 두 가지의 과업을 수행한다.

조직의 목표는 조직의 지속적인 성장과 발전을 위해 중요한 기능을 담당한다. 실현 가능한 목표가 설정되고 실행되었을 때는 조직성과의 유형성과 지속적인 성장으로 이어지지만, 현실성이 없는 목표가 설정되거나 잘못 실행되었을 때는 성과 수준의 저하는 물론 조직의 생존 자체에 대한 위협을 불러올 수도 있다. 이런 의미에서 조직의 목표는 조직의 방향, 선택과 집중, 지속성 등을 제공해주기 때문에 신중하게 설정되어야 한다.

아래 그림은 효과적인 전략계획의 중요 요소를 보여준다. 전략계획은 단순히 실현을 가능하게 하는 것이 아니라, 실현을 '만들어내는' 데 필요한 모든 요소를 제공한다. 전략계획이 없다면 어떤 조직이든 방향을 제시하는 키가 없어 표류하게 될 것이다. 제한된 자원을 효율적으로 배분하여 목표와 목적을 달성하고 궁극적으로 조직의 사명을 이룰 수 있는 시스템이 없기 때문이다. 시급한 상황에 따라 자원을 이리저리 배분하는 것은 결국 아무런 성과도 없이 자원만 낭비하는 결과를 초래할 뿐이다.

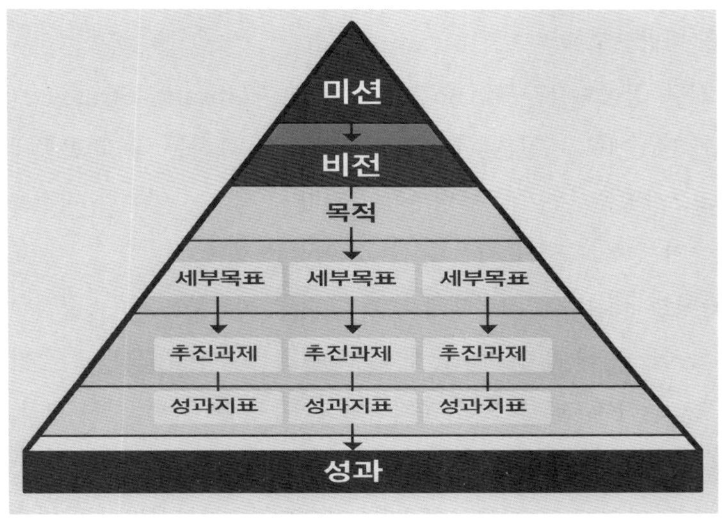

[그림 2-2] **전략계획 모델**

3.1 비전, 사명의 개념 및 중요성

목적과 목표를 설정하기에 앞서 도서관이 나아갈 방향성과 존재 이유를 설명하는 것이 선행되어야 한다. 도서관이 추구하는 방향성은 비전*vision*으로 설명될 수 있고, 존재 이유는 사명*mission*으로 설명될 수 있다. 도서관의 비전을 개발하기 위해서는 상위조직의 비전을 살펴보는 것이 필요하다. 상위조직의 비전을 검토하고 상위조직을 뒷받침할 수 있도록 도서관의 비전을 조정하는 것이 중요하다. 비전은 미래의 방향성을 제시하는 행동 지침으로 조직이 무엇이 되고 싶은지의 윤곽을 제시해준다.

사명은 조직의 의도와 존재 이유 즉, 조직이 무엇을 이루고자 하는지에 초점을 맞추고 있다. 이는 조직이 목적을 설정하고, 목적을 달성하기 위한 전략을 개발하는 지침이 된다. 사명을 정의하는 것은 조직이 취할 수 있는 가장 중요한 전략적 단계이며, 조직의 비전에서 확인된 가치와 신념을 바탕으로 한다.

보스톤 공공도서관은 'Boston Public Library Strategic Plan 2025-2030'에서 비전은 "우리가 상상하고 기대하는 우리 공동체의 미래"이고, 사명은 "우리의 목적 즉, 우리가 존재하는 이유와 비전을 현실로 만들기 위해 우리가 하는 모든 것"이라고 했다.

명확하게 작성되어 서로에게 수용된 사명 선언문은 모든 구성원이 공통의 목적을 향해 일할 수 있게 한다. 사명 선언문은 모든 사람이 이해하고, 그 원칙에 전념하도록 조직의 모든 구성원, 예산 지원 당국, 후원자들과도 공유해야 한다. 공유 행위는 분열과 갈등을 줄여줄 뿐만 아니라 중요한 마케팅 도구로도 활용될 수 있다. 공공도서관의 사명은 전통적으로 정보 제공, 평생교육, 여가 및 오락 등 문화적 역할 등을 포함한다.

<표 2-2> 국내 도서관 발전계획에서 제시한 비전

국내 도서관 정책	비전
제3차 서울시 도서관발전 종합계획(안)	시민과 동행하는 미래도서관
경기도 도서관 2차 도서관발전 종합계획	도민 삶의 중심! 경기도 도서관
부산도서관 도서관발전 종합계획	일상의 도서관, 같이 읽는 행복 부산
충청남도 제1차 도서관발전 종합계획	충남 지식정보의 중심, 행복이 있는 문화공간
세종시립도서관	시민의 삶을 바꾸는 도서관
김포시 도서관 발전계획	우리 삶을 바꾸는 도서관, 미래를 준비하는 도서관
하남시립도서관 중장기 발전 종합계획	도서관과 함께 더욱 빛나는 하남시민
안양시 도서관 중장기 발전 종합계획	도서관과 함께하는 행복 문화도시, 안양

제4차 도서관 발전 종합계획(2024~2028)

대통령 소속 국가도서관위원회가 2024년 5월 29일 심의·확정한 '제4차 도서관발전종합계획(2024~2028)'은 비전, 핵심가치, 정책목표를 다음과 같이 제시했다.

비전	모두가 행복한 도서관		
핵심가치	따뜻한 동행	공동체 성장	지속가능한 미래
정책목표 1	정책목표 2	정책목표 3	정책목표 4
누구나 자유로운 이용, 모두의 도서관	공동체 활력, 연대·협력 플랫폼	국가 경쟁력 강화, K-지식자원 보고	미래를 위한 준비, 도서관 혁신

Boston Public Library Strategic Plan 2025-2030

미국 보스톤 공공도서관은 2025-2020년 전략계획에서 가치, 비전, 사명을 다음과 같이 제시했다.

- 핵심 가치(core value): "모두에게 자유롭게(Free to All)"
- 비전(vision): 우리는 호기심, 연결, 그리고 지식 추구로 나아가는 포용적인 공동체를 믿습니다.
- 사명(mission): 우리는 삶을 풍요롭게 하고 모든 공동체를 향상시키기 위해 발견과 배움의 세계를 열 것입니다.

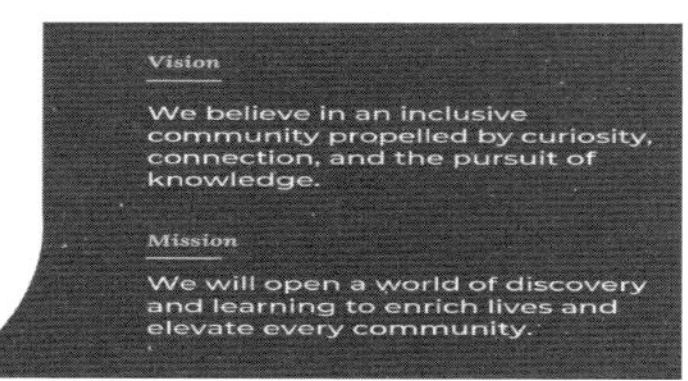

3.2 목적, 목표의 개념 및 설정

목적*goals*은 조직의 광범위한 열망으로 측정이 가능한 목표, 전략, 활동 등으로 이어진다. 목적은 방향을 제시하며 유효성을 만들어내고자 하는 의도를 갖는다. 목적은 미래의 계획을 위한 골격을 제공해주고 업무 환경에 있는 개인과 집단에 동기를 부여하는 데 도움을 준다. 목적은 유연해야 하며 기대와 방향성의 변화를 반영하기 위해 정기적으로 수정될 수 있다. 목적은 행동 지향적이며, 목적을 달성하는 수단을 구체화해 주는 목표라는 형식의 행동이 수반된다. 목적은 범위가 넓고 장기적이며 사명과 직접 관련되어 있다.

목적 자체가 충분히 구체적이지 못하기 때문에 구체적인 활동을 설명하는 목표가 설정되어야 한다. 활동 지향적 목표는 업적에 대한 인센티브는 물론 방향을 제공해준다. 목표는 보수적일 수도 있고 확장적일 수도 있지만, 사업을 확장하는 조건에서 항상 설정되어야 한다. 그러나 달성할 수 없는 것을 목표로 설정하거나 도전적이지 못한 너무나 쉽게 달성할 수 있는 것을 목표로 설정하는 것은 위험할 수 있다. 목표를 설정할 때는 조직의 강점, 제한점, 가용할 수 있는 자원, 상위기관의 비전, 사명 등을 고려해야 한다.

모든 도서관이 지닌 궁극적 목적은 모든 사람에게 지식과 정보에 대한 평등한 접근 기회를 제공하고, 이를 통해 개인의 성장과 지역사회의 발전을 돕는 것이다. 비영리기관으로서의 특성이 강한 도서관의 운영관리는 도서관의 사명을 실현하기 위한 것이다. 도서관은 이와 같은 사명 또는 궁극적인 목적을 지향하면서 방향성을 지니고 조직 고유의 목적을 달성하기 위해 구체적인 활동의 지표를 목표로 설정해야 한다. 목표는 도서관 전반의 운영관리를 위한 기본적인 토대로서의 의의를 지닌다.

모란B. B Moran과 모너C. J. Morner는 도서관에서 목표를 설정할 때 다음과 같은 질문들을 고려할 것을 제안했다.

- 목표가 지금 시점에서 우리 도서관에 적합한가?
- 목표가 조직이 나아가고자 하는 방향으로 조직을 이끌어갈 수 있는가?
- 목표가 도서관의 전반적인 사명을 뒷받침해 주는가?
- 목표가 다른 목표들과 조화를 이루고 상호보완적인가?
- 목표가 실행 책임을 맡은 대다수 사람이 수용할 수 있고 이해할 수 있는 것인가?
- 목표가 조직에서 감당할 수 있는 것인가?
- 목표가 측정할 수 있고 달성할 수 있는 것인가?
- 목표가 도전해 볼만한 것인가?

목표의 적절한 설정을 통해 도서관 운영관리에서 기대할 수 있는 이점을 정리하면 다음과 같다. 우선 목표는 해당 조직의 구성원들이 업무 수행을 위한 장기적 방향성을 제시하여 공유할 수 있도록 한다. 개별 조직 구성원이 공유하는 목표는 업무의 효율성과 효과성 제고를 통해 원활한 조직의 운영에 기여한다. 둘째, 위계화된 목표는 도서관 운영의 효과성과 효율성을 평가할 수 있는 계량적 기준으로 활용할 수 있다. 위계적으로 조직화한 구체적 목표는 조직 운영관리 전반에 관한 객관적 평가를 가능하게 할 뿐 아니라 개별 구성원의 업무 성과를 계량적으로 평가할 수 있는 척도로 사용할 수 있다. 셋째, 목표는 바람직한 조직문화를 창조하고 유지할 수 있도록 하는 토대로 작용한다. 적절하게 수립된 목표는 합리적인 목표의 제시와 목표에 따른 객관적인 성과 평가 과정을 통해서 조직 구성원의 업무에 대한 동기를 부여하여 참여와 사기를 진작시킬 수 있다.

결국, 목표는 조직 구성원의 역량을 강화하여 조직의 지속적 성장과 발전에 기여하는 중요한 요소로 작용한다. 특히 공공도서관과 같은 비영리기관의 구성원은 조직 전체의 사명을 개별 구성원의 업무와 긴밀하게 연계해야 한다.

제3차 서울시 도서관 발전 종합계획 목표(안)

비전	시민과 동행하는 미래도서관
목표	독서문화의 중심 도서관 이용의 활성화 ▶ 1관당 도서관 방문자수: '21년 160,455 ☞ '28년 1,154,526 (186%) ▶ 1관당 대출권수: '21년 125,352 ☞ '28년 244,271 (148%) ▶ 야외도서관 방문자수: '22년 5,000명 ☞ '28년 60,000명 ▶ 도서관 리모델링비 지원: '23년 도서관 시설확충 150,000(천원)[서울도서관 예산 0.3%/리모델링비 지원비 0원] ☞ '24~'28년까지 리모델링 지원비 매년 서울도서관 예산의 1.5% 내외 책정 [매년 5개 도서관씩 지원: '28년 25개 도서관 지원(구별 1개 도서관씩 지원)] ▶ 도서관 및 독서진흥 예산을 서울시 예산의 1.5% 내외로 증액 (2023년 서울시 예산의 0.09%이므로 매년 0.1% 내외로 증액하여 2028년에는 1.5%)

3.2.1 목표의 유형

목표는 다양하게 유형화될 수 있으며, 다양한 유형의 목표를 이해함으로써 구체적인 목표를 설정할 수 있다. 첫째, 목표를 설정하는 주체의 관점에 따라 '고유목표'와 '사회적 목표'로 구분할 수 있다. 고유목표는 해당 조직 내부의 정체성을 반영하여 다른 조직과의 차별성을 드러내는 근본적이고 본질적인 목표이며, 조직 형성의 의의, 조직의 내적·외적 여건 등 근본적인 요인에 따라 영향을 받아 형성된다. 조직의 고유목표는 쉽게 변하지 않으며 유동적이지 않은 특성이 있다. 한편 사회적 목표는 조직의 운영관리 역할에 대한 조직 외부의 기대를 반영하는 목표이다. 도서관은 공공조직에 해당하므로 조직 내부의 구성원 이외에도 사회 전체 구성원의 요구와 기대를 담고 있는 사회적 목표의 의의가 높다. 이러한 사회적 목표는 결국 개별도서관의 운영관리를 결정하는 고유목표에도 중대한 영향을 미친다.

둘째, 목표의 개념을 '생산 목표'와 '산출 목표'로 구분하면 조직의 운영관리에 유용하게 활용할 수 있다. 생산 목표는 주로 조직의 내부에서 활용되는 목표로서 조직의 관리자나 실무자가 설정하는 구체적인 업무 수행의 기준으로 작용한다. 즉, 조직 내부 구성원의 업무 수행을 위해 설정된 지표를 의미한다. 한편, 산출 목표는 조직 외부에서 조직의 성과를 계량적으로 파악할 수 있도록 하는 목표를 의미한다. 즉, 도서관 서비스나 프로그램 또는 도서관의 역할과 서비스의 수행을 위임한 기관은 일반적으로 산출 목표를 통해 조직의 목표 달성 수준을 판단한다.

셋째, 목표는 전략과 운영의 차원에 따라 '전략 목표*strategic goals*'와 '운영 목표*operational goals*'로 나눌 수 있다. 전략 목표는 전반적인 계획 내용에 걸쳐 창의와 혁신을 통해 새로운 아이디어를 개발하기 위한 목표이고, 운영 목표는 실제 조직의 운영관리 과정에 적용하기 위한 목표로 구체적이고 측정할 수 있는 수준으로 설정된다.

3.2.2 목표의 요건

스키드모어*Skidmore*에 따르면 조직의 운영관리를 위한 목표는 일반적으로 다음과 같은 요건을 갖추어야 한다. 첫째, 목표는 반드시 문서로 작성되어야 한다. 이때 목표는 구체성을 가진 현실 언어로 표현될 수 있어야 하며, 추상적인 언어로 목표를 진술하는 것은 적합하지 않다. 둘째, 목표는 달성 여부 및 달성 수준을 계량화하여 측정할 수 있도록 기술되어야 한다. 셋째, 사고의 수준에 머물러 있는 것을 지양하고 행동으로 전환하고자 하는 실천 지향적 내용으로 구성되어야 한다. 넷째, 목표는 현실 세계에서 충분히 실현되고 달성할 수 있는 내용으로 진술되어야 한다. 목표를 달성할 수 있을 것으로 예측하는 것이 거의 불가능하다면 그 목표는 목표로서 부적합하다. 너무나 쉬운 목표를 설정하는 것이 무의미한 것처럼 전혀 이룰 수 없는 허황한 목표를 설정하는 것도 성공적인 운영관리에 도움이 되지 않는다. 다섯째, 목표는 기간을 미리 설정하여 정해진 기간 내에 목표가 성취될 수 있도록 해야 한다. 목표는 과업 내용만으로 성립될 수 없으며 반드시 과업이 완료되는 시간의 길이를 함께 제시해야 한다. 즉, 목표는 어떤 과업이 얼마 동안의 기간 내에 이루어져야 하는지를 명확히 해야 한다.

<표 2-3> 목표의 요건-SMART

구분	내용
S(specific)	목표는 구체적인 현실언어로 표현되어야 한다.
M(measurable)	목표는 객관적 척도를 사용하여 계량적 측정이 가능해야 한다.
A(action-oriented)	목표는 사고 중심이 아니라 행위 중심의 실천성을 지향한다.
R(realistic)	목표는 현실적으로 달성하는 것이 가능해야 한다.
T(timely)	목표는 정해진 시간 내에 완수할 수 있어야 한다.

4. 계획 수립 방법

4.1 계획 수립 과정

계획수립에 대해 체계적으로 이해하기 위해서는 계획수립의 단계를 세분화하여 단계별로 주요 과업을 파악하는 것이 유용하다. 전체적인 계획과정은 [그림 2-3]과 같이 첫째, 환경분석을 통한 목표설정, 둘째, 대안 모색 및 평가, 셋째, 최적 대안 선택, 넷째, 선택 대안의 실행계획 수립, 다섯째, 실행, 여섯째, 평가 및 피드백 등의 6단계로 구분할 수 있다.

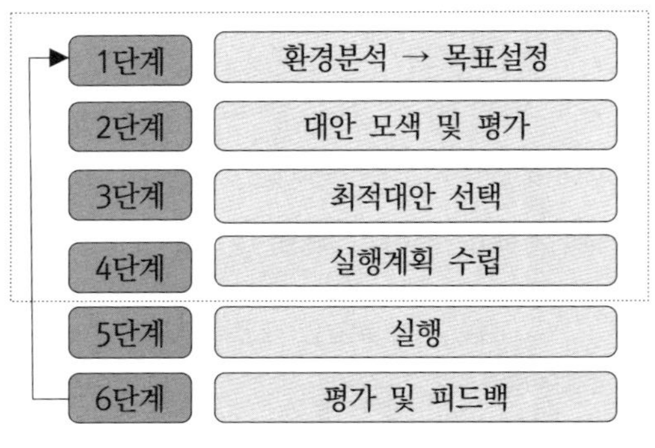

[그림 2-3] 계획 수립 과정

전체 계획관리의 단계에서 보면 이와 같은 흐름은 긴밀하게 연계되는 연속적 과정으로 볼 수 있으며, 계획의 대상과 내용에 따라 차별적으로 이해하고 접근함으로써 계획관리를 치밀하게 수행할 수 있다. 전체 계획관리의 단계는 크게 '전략계획*strategic planning*'과 '운영계획*operational planning*'의 두 부분으로 구분하여 접근할 수 있다. 즉, 1단계에서 3단계에 이르는 과정이 전략계획에 해당한다면, 4단계에서 6단계는 운영계획의 개념을 적용할 수 있는 영역이다.

전략계획은 계획의 전체 과정에서 조직의 목표를 설정하고 목표를 달성하기 위한 대안을 검토하여 결정함으로써 계획의 전반적인 틀을 형성하는 과정에 해당한다. 즉, 도서관의 운영관리에 관한 전략계획은 궁극적인 조직의 목표를 향해 조직의 모든 자원을 연계하여 사용할 수 있도록 한다. 이와 같은 전략계획의 단계가 완료되면 계획의 내용을 효과적이고 효율적으로 달성할 수 있도록 조직의 각 부문의 기능을 체계적으로 다루는 운영계획의 단계가 이어진다. 전략계획을 통해 조직은 상황의 변화에 대해 즉각적으로 대처할 수 있는 유연성을 가질 수 있고 변화하는 여건하에서 목표의 실현 가능성을 높일 수 있다. 한편, 운영계획은 전략계획이 수립된 후 조직의 목표를 실행에 옮기기 위해 해당 조직의 부문별 역할을 정립해 나가는 점진적인 과정을 모색하는 데 초점을 두는 과정이다.

단계별 과업을 정리하면, 제1단계는 계획과정의 전제 단계로서 조직의 내·외부적 경제 환경을 분석하여 조직의 목표를 설정하는 단계이다. 조직의 목표를 구체적으로 결정하기에 앞서 현재 조직이 가지고 있는 사회·경제적 환경을 검토하여 기회요인을 분석하고 조직 내부의 강점과 약점의 요인을 파악함으로써 조직의 운영관리에 전략적으로 접근할 수 있다. 조직의 인적자원 및 물적자원을 포함한 총 가용자원의 양적·질적 수준을 파악하고 자원을 획득할 수 있는 여건을 고려하는 것이 필요하다. 조직 내외의 요구와 역량을 인식하여 개별 조직의 고유한 비전, 사명 등을 정하고 나면 조직은 이를 대내외적으로 선언할 수 있다. 계획수립은 조직이 어떻게 하면 목표를 달성할 수 있을 것인지에 초점이 맞춰져 있어서 계획수립 활동이 시작되기 전에 조직의 목표가 분명하게 정리되어 있어야 한다. 도서관과 같은 공공조직의 목표는 조직이 만들어질 때 이미 정해지는 경우가 많다. 따라서 1단계에서는 새로운 계획을 수립하면서 조직의 목표를 다시 확인하는 것으로 보면 된다. 그러나 조직에 명시적인 목표가 없거나 애매한 경우에는 이 단계에서 조직의 목표를 명확하게 정리할 필요가 있다.

제2단계는 대안 모색 및 모색된 대안들을 대상으로 한 평가 과정이다. 조직의 목표를 달성하기 위해 가장 바람직한 대안을 결정하기에 앞서 다양한 대안을 모색, 검토, 평가하는 의사결정 과정으로 최종 대안을 선택하기 위한 단계이다. 의사결정의 절차는 먼저, 제1단계에서 조직의 목표가 명확하게 기술되면 그 목표를 달성하는 데 기여할 수 있는 가능한 많은 대안을 찾아 나열한다. 그리고 각 대안에 대한 전제조건을 분석하고 검토한다. 어떤 대안이 선택되어 조직의 목표에 도달할 가능성은 그 대안이 가지고 있는 전제조건이나 가정에 좌우된다. 아무리 좋은 대안이라 하더라도 전제조건이나 가정이 까다로우면 대안으로서의 효용가치가 떨어지기 때문이다.

제3단계는 대안들의 평가를 통한 최적 대안의 선택 과정이다. 제2단계에서 여러 대안이 모색되고, 각 대안의 전제조건을 분석하고 대안들을 평가하여 최적 대안을 선정하는 의사결정 단계이다. 조직의 의사결정권자는 조직의 문제나 수요를 확인한 후 가능한 대안들의 우선순위 파악을 위해 필요한 자료를 수집·검토하여 각 대안의 산출, 효과, 기대성과 등에 대해 예측한다. 문제해결의 여러 대안 가운데 실현 가능성*feasibility*과 중요성*significance*을 갖춘 대안을 찾아내고, 대안들 가운데 우선순위를 매김으로써 최종적으로 최선의 대안을 결정한다. 우선순위를 결정할 때는 대안의 시급성을 고려하여 최종 대안의 결정에 반영하는 것이 필요하다. 대부분은 하나의 최적 대안을 선택하지만, 복수의 대안이 바람직한 경우에는 복수의 대안을 선택할 수도 있다.

제4단계는 문제해결을 위한 대안이 최종적으로 마련되면 실행계획을 수립하는 단계이다. 재정계획, 시설계획, 인적자원계획, 조직계획 등을 포함하여 사업을 진행하기 위한 일정, 사업내용 등에 관련된 구체적인 계획을 마련하는 과정을 거치게 된다. 이를 통해 실천적 의미의 계획관리를 적용할 수 있다. 최적 대안이 선택되었다 하더라도 계획수립이 완결되는 경우는 드물며 이를 더욱 철저하게 실행하기 위해서는 여러 가지 후속적인 계획수립이 요구된다. 실행계획을 효율적·효과적으로 수립하기 위해 갠트도표*Gantt chart*와 PERT*Program Evaluation and Review Technique* 등을 활용할 수 있다.

갠트도표는 가장 오래되고 보편적인 일정 계획 기법으로 사업별로 진행계획을 작성하는 도표로서 '활동별 시간 계획 도표'라고도 한다. 업무별로 일정의 시작과 끝을 그래픽으로 표시하여 전체 일정을 한눈에 파악하게 해준다. 가로축과 세로축을 각각 시간의 경과와 활동 내용으로 구분하여 작성함으로써 사업을 준비하고 진행하는 데 도움이 된다. 이는 사업별 순서를 비교적 쉽게 작성하여 보고할 수 있다는 장점이 있지만, 전체 프로그램과 하위 영역별 과업과의 관계를 한눈에 파악하기 어려운 문제점이 있다.

한편, PERT는 과업의 목표 달성 기한을 정한 후 기간 내에 과업을 완수하기 위하여 주요 목표와 활동의 상호관계를 시간계획과 연계하여 도표로 나타내는 기법이다. 과업 간의 구조를 네트워크 형태로 작성하는 PERT는 전체 사업과의 연관성에서 개별 과업의 위치를 쉽게 파악할 수 있도록 하며 상황의 변화와 필요에 따라 실무자가 과업의 진행을 융통성 있게 조정할 수 있다. 하나의 과제를 완수하기 위해 이루어져야 할 일련의 과업을 일목요연하게 제시하는 PERT는 구성원 모두가 업무에 대한 이해를 공유할 수 있도록 할 뿐만 아니라 관리감독자가 과업의 진행 상황을 확인하고 평가하는 데에도 유용하다.

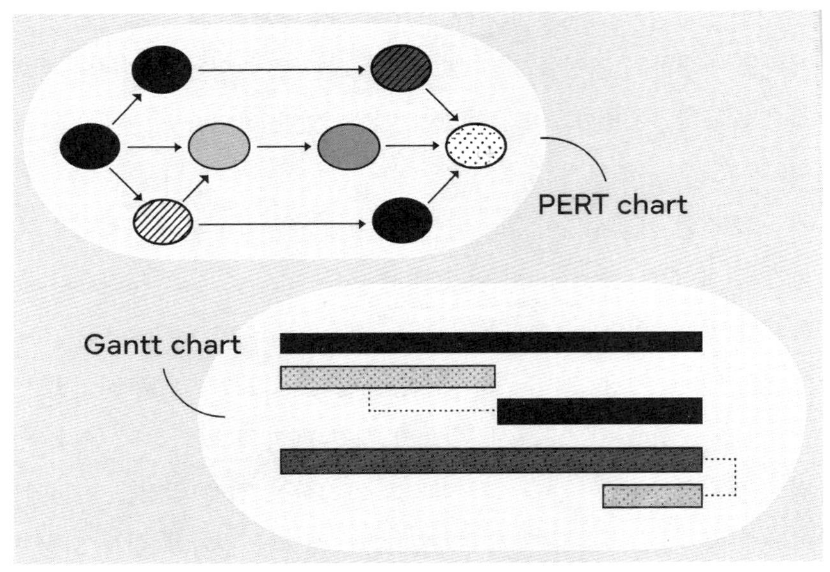

[그림 2-4] 갠트도표(Gantt chart)와 PERT 비교

제5단계는 4단계에서 수립한 실행계획의 내용을 실천하는 단계이며, 이 단계에서는 조직의 설계 및 통제시스템의 설정 등이 필요하다. 계획이 아무리 잘 수립되었다고 하더라도 이를 실제로 실행하지 않으면 무의미하기 때문이다. 그러나 이 단계는 계획수립의 후속 단계로서 엄격히 본다면 계획수립의 활동이라고 볼 수 없다. 따라서 실질적인 계획수립과정은 [그림 2-3]에서 점선으로 표시된 4단계까지로 볼 수 있다.

제6단계는 계획의 실천을 검토·평가하여 피드백하는 단계이다. 그러나 이 단계는 지속적인 조직이라고 가정했을 때 제1단계의 목표설정 단계에 포함할 수도 있다.

계획수립 과정에서 각 단계에서 파악하고 결정해야 내용을 정리하면 다음과 같다.

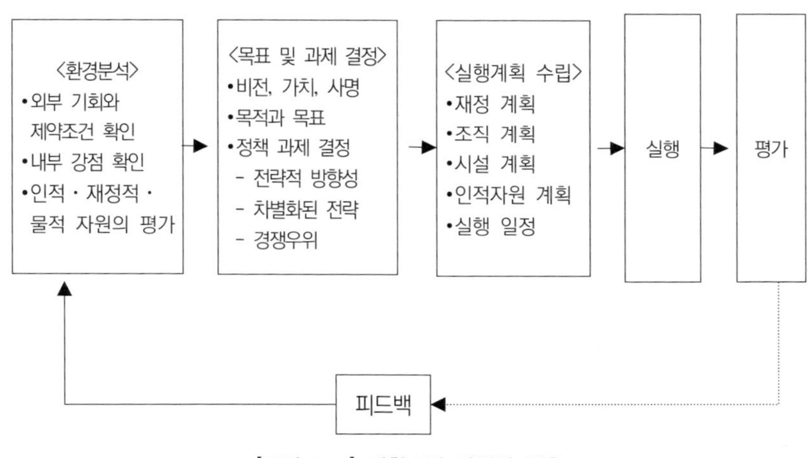

[그림 2-5] **계획수립 과정별 내용**

4.2 계획수립 기법

계획수립은 경영관리 과정에서 성공의 핵심적인 요소이다. 조직의 목표를 달성하기 위해서는 조직 구성원들이 계획을 쉽게 이해할 수 있도록 하고 계획에 대한 타당한 근거를 제시해야 한다. 이러한 계획수립에 이용되는 기법으로는 미래에 대한 예측을 기반으로 하는 예측 기법(상황 대응 계획법, 시나리오 계획법)과 외부 조직을 기반으로 하는 벤치마킹, 그리고 조직 내부의 구성원을 기반으로 하는 계획수립 기법(목표에 의한 관리; MBO) 등이 있다.

4.2.1 예측 기법

예측은 미래에 어떤 일이 발생할 것인지에 관한 가정을 만드는 과정이라고 할 수 있다. 모든 계획에는 명시적 또는 암묵적으로 예측이 포함되어 있다. 계획을 수립할 때의 예측은 조직의 예측 내용을 담아야 한다. 외부의 예측은 전문가의 의견이나 정교한 계량모형에 근거하여 이루어진다고 하더라도 당연히 오류가 포함될 수밖에 없으므로 참고 자료로만 활용해야 한다. 그리고 계획을 수립할 때는 미래가 예측된 대로 전개될 경우 조직은 어떻게 대응할 것인지에 관한 내용도 포함되어 있어야 한다.

상황대응계획법*contingency planning*은 환경변화로 인하여 최초 계획이 부적절하다고 판단되는 경우 새로운 환경에 적절히 대응할 수 있도록 그때그때 대안을 찾아 행동을 수정하는 과정이다. 따라서 환경변화의 식별 시점은 빠를수록 좋으며 이를 위해 조직을 둘러싸고 있는 환경변화 여부를 수시로 확인해야 한다.

시나리오계획법*scenario planning*은 상황대응계획법에 비하여 상대적으로 장기적인 예측 기법으로 미래에 전개될 여러 시나리오를 예측하고 각 시나리오에 대응되는 계획을 수립함으로써 미래의 환경변화에 유연하게 대응할 수 있는 기법을 말한다. 물론 시나리오 계획법이 미래의 모든 발생 가능한 상황에 대한 대비책을 준비할 수 있도록 해주는 것은 아니지만 조직구성원, 특히 계획수립 담당자들에게 미래 상황에 대해 생각하게 해주고 미래에 충격적인 변화가 발생하더라도 의연하게 대처할 수 있게 해주는 장점이 있다.

4.2.2 벤치마킹

벤치마킹*benchmaking*은 어느 특정 분야에서 우수한 상대를 표적 삼아 자기 조직과의 성과 차이를 비교하고 이를 극복하기 위해 그들의 뛰어난 운영 프로세스를 배우면서 부단히 자기혁신을 추구하는 경영기법이다. 맥네어*McNair*는 벤치마킹이란 "지속적인 개선을 달성하기 위해 기업 내부의 활동과 기능, 그리고 관리능력을 외부 조직과의 비교를 통해 평가하고 판단하는 것"이라고 정의하였으며, 캠프*Camp*는 "최고의 성과를 얻기 위하여 최고의 실제 사례를 찾는 과정"으로 정의하였다. 이들 정의에서 발견할 수 있는 중요한 시사점은 '찾는 과정'이다. 즉 벤치마킹을 실행하는 과정에서 가장 중요한 점은 지속적인 학습과 개선을 유지해 나가는 것이다. 뛰어난 상대에게서 배울 것을 찾아 배우는 것이다.

벤치마킹은 기본적으로 목표 조직이 시장에서 경쟁우위를 가지는 근본 이유가 무엇인지를 파악하여 이를 자기 것으로 만들어 해당 기관의 혁신과 시장에서의 경쟁력을 추구하는 과정이다.

따라서 벤치마킹할 때, 중요한 첫째 사항은 목표 기업이 이룩한 구체적인 성과 값, 예를 들면 생산성 지표, 매출 현황 등과 같은 정량적 지표에만 집착하기보다는 이러한 구체적인 성과가 나올 수 있게 된 보다 근본적인 이해와 분석이 필요하다. 즉, 정성적인 분석이 선행되어야 한다. 일반적으로 정성적인 분석은 운영기법이나 업무의 처리방법, 업무 프로세스 등에 대한 분석을 말한다.

두 번째 사항은 벤치마킹은 반드시 경쟁 기관을 대상으로 할 필요는 없다는 점이다. 벤치마킹의 바탕을 이루는 기본 사상 중의 하나는 최고 중의 최고를 추구한다는 점이다. 이에 따라 벤치마킹의 대상은 경쟁기관뿐 아니라 특정 분야에 있어서 최고의 운영기법을 가진 모든 조직이

망라될 수 있다. 추구하는 운영기법이나 프로세스가 최고 수준이라면 그것이 어느 산업에 속하든 이를 채택하여 활용할 수 있다.

4.2.3 참여적 계획수립 기법

참여적 계획수립 기법*participatory planning*이란 수립된 계획에 의해서 영향을 받거나 이를 수행해야 하는 조직 구성원들이 계획수립 과정에 참여하는 것을 말한다. 이러한 계획수립 기법은 계획을 수립할 때 다양한 계층의 조직 구성원이 다수 참여함으로써 활용할 수 있는 정보의 양이 많아지고 창의적인 아이디어를 많이 수집할 수 있다. 그뿐만 아니라 조직 구성원들이 최종적으로 확정된 계획에 대한 이해도나 몰입도 면에서도 매우 긍정적인 효과를 가져오며, 책임감을 부여하고 성과 평가에 대한 기준을 미리 알도록 함으로써 조직 구성원들의 동기부여와 업무 성과를 향상시킬 수 있다. 이는 최고 경영층에서 이루어지는 전략적 계획수립에서도 예외는 아니다. 전략계획 수립에 많은 계층의 사람들이 참여할수록 그리고 참여의 정도가 강할수록 조직의 목표를 달성하기 위한 조직 구성원의 몰입 정도가 커질 수 있기 때문이다.

그러나 이 방법은 계획을 수립할 때 너무 많은 시간이 소요되는 단점이 있다. 그렇지만 이 방법을 효율적으로 사용하면 시간의 지연으로 발생하는 비용의 크기보다 참여적인 계획수립 기법 자체가 제공하는 효능이 더 크기 때문에 많은 조직에서 활용하고 있다. 대표적인 참여적 계획 수립기법으로는 목표에 의한 관리*MBO*를 들 수 있다.

생각해 보기

1. 공공도서관이 일반 기업과 구분되는 조직적 특수성을 설명하고, 이러한 특수성이 도서관의 경영계획 수립에 미치는 영향은 무엇일까 생각해본다.
2. 경영계획 수립 과정에서 '목표(Objectives)' 설정이 중요한 이유와 도서관 운영관리의 목표가 성공적으로 기능하기 위해 갖춰야 할 요건(SMART 원칙)을 알아본다.
3. 계획의 내용에 따른 유형 중 '정책(Policy)'과 '절차(Procedure)'를 비교 설명하고, 도서관의 운영체계에 대한 이해 측면에서 이 두 가지의 역할이 어떻게 다른지 제시한다.
4. 경영계획 수립의 단계를 '전략계획(Strategic Planning)'과 '운영계획(Operational Planning)'의 두 부분으로 나누어 설명하고, 각 단계에서 어떤 핵심 과업이 수행되는지 제시한다.
5. 미래 환경변화에 대비하는 계획수립 기법인 '상황 대응 계획법(Contingency Planning)'과 '시나리오 계획법(Scenario Planning)'을 비교 설명하고, 이 두 기법이 도서관 계획수립에 주는 이점은 무엇인지 제시한다.

03

지역사회분석과 이용자연구

권나현

이화여자대학교와 동대학원을 졸업하고 미국 University of Wisconsin-Madison에서 지역 정보네트워크 서비스(community informatice)로 박사학위를 취득했다. 미국 University of South Florida 부교수를 거쳐 현재 명지대학교 문헌정보학전공 교수로 일하고 있다.
정보행동, 정보서비스와 이용간의 간극, 서비스 평가, 지역정보서비스, 공공도서관의 사회적 역할, 정보서비스 격차를 둘러싼 주제에 관심을 두고 연구하고 있다.
『Multicultural Programs for Tweens and Teens』(ALA, 2010)을 공동출간했고, 『정보행동연구의 이해와 활용』 (한국도서관협회, 2025)을 번역했다.

임민주

은평구립도서관과 마포중앙도서관에서 사서로 근무했다. 세종대학교와 동국대학교에서 각각 경영학과 사회복지학으로 석사 학위를 취득했으며, 이화여자대학교 문헌정보학 전공 석사과정을 졸업했다. 현재 (사)포럼 문화와도서관에서 활동하고 있다.

공공도서관은 그 존립 기반을 지역사회에 두고 있다. 성공적인 도서관 운영은 도서관이 봉사하는 지역사회와 그 구성원인 지역 주민에 대한 정확하고 체계적인 이해에서 출발한다. 급변하는 사회 환경 속에서 도서관이 지역의 필요에 부응하고 지속 가능한 기관으로 발전하기 위해서는, 운영의 모든 과정이 지역사회와 그 지역 주민에 대한 데이터에 근거해야 한다. 이를 위한 핵심적인 방법론이 바로 지역사회분석*Community Analysis*과 이용자연구*User Studies*이다.

지역사회분석은 도서관이 봉사하는 지역의 인구통계학적 특성, 사회경제적 환경, 기관 및 자원, 문화적 자산 등을 과학적으로 조사하고 평가하는 활동이다. 조직과 대상은 다르지만, 마케팅 분야에서 사용하는 시장분석*market research* 또는 정책학에서 사용하는 환경분석*environmental scan*과 연결되는 개념으로 이해할 수 있다. 이용자연구는 지역사회라는 맥락 안에서 실제 서비스를 이용하는 현재 및 미래의 잠재적 이용자의 정보 요구, 이용 행태, 라이프스타일 등을 심층적으로 파악하는 활동이다. 지역사회분석이 도서관이 소재하고 있는 지역사회의 제 맥락에 대한 이해를 제공한다면, 이용자연구는 그 지역에 살고 있는 사람들에 대한 실제적인 이해를 도움으로써 도서관이 서비스를 구체적으로 설계하고 개선하는 데 필수적인 정보를 제공한다.

지역사회분석과 이용자연구는 별개의 활동이 아니라 연결된 활동이다. 지역사회분석을 통해 파악된 사회 및 인구 구조의 변화는 특정 이용자 집단에 대한 심층 연구의 필요성을 제기하며, 이용자연구를 통해 파악된 시민의 요구나 행동 특성은 다시 지역사회 전체의 맥락에서 해석되고 서비스 전략을 수립하는데 반영될 수 있다.

이번 장에서는 성공적인 공공도서관 운영의 토대가 되는 지역사회분석과 이용자연구의 핵심 개념과 방법론을 학습한다. 또한 국내외 도서관의 실제 사례를 통해 분석 결과가 어떻게 현장에서 적용되는지를 살펴봄으로써, 공공도서관 사서가 데이터에 기반하여 도서관을 기획하고 운영하는 실무 역량을 함양하는 것을 목표로 한다.

1. 지역사회의 이해

1.1 지역사회의 개념과 특성

'지역사회'는 영어 'community'를 번역한 용어로, 라틴어 '콤(com, 함께)'과 '무누스(munus, 의무 또는 선물)'의 합성어에서 유래했다. 어원에서 알 수 있듯이, 커뮤니티는 단순히 지리적 근접성을 넘어 상호 유대감과 연대를 내포하는 개념이다.

과거의 지역사회는 주로 지리적 공간을 기반으로 구성원들이 직접 대면하며 공동생활을 영위하는 전통적인 마을 공동체 형태로 이해되었다. 그러나 현대 사회에서는 디지털 기술의 발전과 사회 구조의 변화에 따라 지역사회의 개념이 크게 확장되었다(〈표 3-1〉 참조). 지역사회는 다음 세 가지 측면에서 포괄적으로 정의될 수 있다.

- 지리적 커뮤니티*Geographic Community*: 일정한 물리적 공간을 공유하며 상호 작용하는 전통적 의미의 지역사회이다. (㉥ OO구, OO동)
- 문화적 커뮤니티*Cultural Community*: 가치관, 신념, 언어, 정체성을 공유하며 형성되는 공동체이다. 물리적 거리와 무관하게 강한 결속력을 가질 수 있다. (㉥ 특정 국가 출신 이주민 커뮤니티, 온라인 팬 커뮤니티)

- 조직적/기능적 커뮤니티*Organizational/Functional Community*: 특정한 목적이나 관심사를 공유하며 형성되는 집단이다. (예 도서관 독서 동아리, 자원봉사 단체)

따라서 공공도서관에서는 지리적 커뮤니티뿐만 아니라, 그 안에 존재하는 다양한 문화적, 기능적 커뮤니티까지 포괄하며 서비스 대상을 이해해야 한다.

<표 3-1> 지역사회의 개념 변화

구분	전통적 지역사회	현대적 지역사회
기반	물리적 공간 중심	네트워크/디지털 기반, 심리적·사회적 관계성 강조
구성원	지역 주민 중심	관심사, 정체성 기반 다양한 공동체 형성 가능
상호작용	대면 중심	온라인과 오프라인이 혼합된 다층적 상호작용
경계	비교적 명확	유동적이며 중첩적임
특성	안정적 구성	구성원의 이동성과 다양성 증가

1.2 공공도서관과 지역사회의 관계

공공도서관은 지역사회의 필요로 설립되고 그 지원을 통해 운영되는 기관으로서, 지역사회와 불가분의 관계를 맺는다. 따라서 도서관이 어떤 방향으로 서비스를 기획하고 운영할지 결정할 때 '지역사회에 대한 이해'는 가장 중요한 기초가 된다.

도서관 경영학자인 찰스 에반스*Charles Evans*는 사서에게 지역사회에 대한 이해는 의사가 처방을 위해 환자를 진단하는 과정과 같다고 비유했다. 인구 구성, 경제 수준, 교육 환경, 산업 구조, 문화자원, 자연환경 등 한 지역사회를 특징짓는 고유한 특성은 도서관이 제공해야 할 서비스의 방향을 설정하는 필수적인 기준이 된다. 지역사회의 성격을 맞추지 못하거나 그 구성원들의 요구에 부응하지 못하면 도서관은 존립하기 어렵다.

공공도서관의 역할은 단순히 정보를 제공하는 물리적 공간을 넘어, 지역사회 구성원 간의 소통과 협력을 촉진하고 공동의 문제를 해결하도록 지원하는 공간으로 확장되고 있다. 여러 연구결과는 도서관이 주민들의 상호작용을 촉진하는 사회적 장소이자, 주체적 시민의식 형성을 위한 토론의 장으로서 실질적인 역할을 수행하고 있음을 보여주고 있다.

이러한 흐름에 맞춰 미국도서관협회*ALA*에서 추진한 '지역사회를 변화시키는 도서관*Libraries Transforming Communities, LTC*' 이니셔티브는 도서관이 지역사회 리더이자 변혁의 주체임을 사회에 적극적으로 알리는 캠페인이라 할 수 있다. 이는 21세기의 사회·경제적 변화가 가져온 여러 도전에 직면해서 공공도서관이 지역사회에 여전히 필수불가결한 공적 기관임을 입증하도록 요구받는 현실과 관련이 있다. 이는 공공도서관이 지역 구성원들과의 적극적인 소통과 협력을 통해 지역의 문제와 필요를 파악하고, 공동체의 발전을 위한 구체적인 계획을 수립하여 실행하는 주체로 나서야 함을 의미한다.

ALA LTC 이니셔티브

결론적으로, 21세기 공공도서관은 지역사회와 긴밀한 관계 속에서 사회적 자본을 축적하는 핵심 거점으로 사회 통합에 기여하며, 국제도서관협회연맹*IFLA*가 선언한 '민주주의의 핵심 기반'으로서 그 역할을 공고히 하여야 한다. 이를 위해 공공도서관은 지역사회 안에서 다음과 같은 핵심 기능을 수행하여야 한다.

- 정보 접근의 평등 보장: 모든 주민이 동등하게 지식정보에 접근할

수 있는 기반을 제공한다.

- 시민과 공동체 역량 강화: 다양한 학습과 토론의 기회를 통해 개인과 공동체 전체의 성장을 지원한다.
- 만남과 소통의 장 제공: 주민들이 서로 교류하고 관계를 형성하는 커뮤니티 플랫폼 역할을 한다.
- 지역 문제 해결 촉진: 지역 현안에 대한 논의와 협력을 매개 하는 중립적 공간으로서 기능한다.
- 사회적 포용 및 통합: 이주민, 고령화 등 인구 구조 변화에 대응하여 모든 구성원을 포용하고, 문화적 다양성을 존중하는 환경을 조성한다.

2. 지역사회분석의 개념과 주요 모델

2.1 지역사회분석이란?

지역사회분석은 공공도서관이 봉사하는 지역사회의 특성, 요구, 자원, 과제/문제 등을 체계적으로 수집하고 평가하는 지속적인 과정이다. 이는 ‘우리 지역은 어떤 곳인가?’, ‘주민들은 무엇을 필요로 하는가?’, ‘우리 지역사회가 가진 자원은 무엇이며, 해결해야 할 과제는 무엇인가?’에 대한 답을 찾는 과정이다. 분석의 궁극적인 목적은 실증적 데이터에 기반한 의사결정을 통해 도서관의 한정된 자원을 가장 효과적이고 효율적으로 배분하여 지역사회에 최상의 서비스를 제공하는 데 있다.

2.2 지역사회분석의 주요 모델

2.2.1 CARI 모델

그리어*Roger Greer*와 헤일*Martha Hale*이 1982년에 발표한 CARI 모델*Community Analysis Research Institute Model*은 대표적인 지역사회분석 모델이다. CARI 모델은 지역사회 문제를 구조적으로 진단하고 실천적 해결 전략을 도출하는 데 초점을 둔 통합적 접근 모델이다. 이 모델에서는 지역사회를 [그림 3-1]과 같이 '개인*individual*', '그룹*group*', '기관*agency*', '라이프스타일*lifestyle*'이라는 네 개의 관점에서 중첩적으로 분석한다.

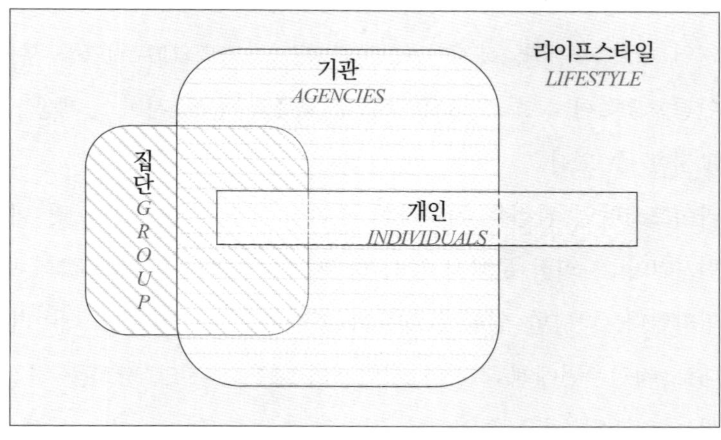

[그림 3-1] CARI 모델(Greer & Hale, 1982)

- **개인 관점**은 개인 단위의 분석으로, 지역주민 개개인의 정보 요구와 이용 행태에 집중하며, 인구통계학적 데이터, 이용 패턴 등의 행동적 특성, 인식, 경험 등이 주요 분석 내용이다. 개인을 대상으로 한 인터뷰나 설문조사는 물론 센서스 데이터, 국가 통계 등을 활용하여 지역의 인구 구성을 통해 사회 구조적 특성을 파악할 수

있으며, 지역사회 내 노인, 독신, 직장여성 등 세분화된 집단별 특성도 파악할 수 있다.

- **집단 관점**은 지역 내 다양한 집단(㉎ 동호회, 유학생)의 정보 요구와 문제를 파악한다. 단체활동 매트릭스를 통해 단체가 가진 특성과 목적을 파악하고 주기적으로 업데이트하며 변경 사항도 파악한다. 지역 내 집단들은 도서관 서비스의 대상이자 협력 파트너가 될 수 있다.
- **기관 관점**은 지역 내 각종 공공 기관 및 민간 기관의 존재를 파악하고 기관의 목적, 활동 등에 대한 데이터를 구축한다. 지역 내 기관은 도서관 서비스를 기획하는 데 있어 연계협력의 대상이 된다. 지역 내 교육기관, 복지기관, 문화기관 등과의 네트워크를 분석하고 연결함으로써 상호 호혜적인 관계 구축과 정보 서비스 제공 방안을 모색할 수 있다.
- **라이프스타일 관점**은 지역사회 주민의 생활 습관, 소비 및 여가 패턴, 취미, 사회적·문화적 관심 등 지역주민들의 일상적 삶의 방식을 파악한다. 다양한 일상적 행동과 가치관을 분석해, 그 데이터를 토대로 지역주민에게 적합한 서비스의 내용과 전달 방식을 결정한다. 이는 단순히 인구 특성이나 집단의 요구를 넘어, 더욱 구체적이고 실질적인 주민의 삶을 도서관 서비스 설계에 반영하려는 관점으로 지역사회 라이프스타일에 따른 도서관 운영시간 유연화, 공간 특성화, 프로그램 개발 등으로 이어질 수 있다.

CARI 모델에서는 네 개의 관점에서 인터뷰, 설문, 관찰 등을 통한 자료 수집, 언론 매체 기사, 통계 데이터, 지역사 등 각종 데이터를 다양한 출처로부터 수집한다. 수집한 데이터를 중첩적으로 분석하는데, 다음과 같은 단계로 수행된다.

1) 지역사회 정의 및 지역사회 정보 수집
2) 데이터 분석을 통한 지역 문제 및 현안 도출
3) 우선순위 결정 및 대응 전략 수립
4) 도서관 서비스 설계 및 실행

CARI 모델은 자료 수집과 분석에 많은 시간과 자원이 소요될 수 있지만, 중첩적인 데이터에 기반한 객관적이고 종합적인 분석을 가능하게 한다는 장점이 있다. 특히 지역기관 및 주민과의 상호작용(㉮ 인터뷰, 워크숍, 커뮤니티 미팅 등)을 통해 지역사회의 문제를 함께 정의하고 해결하는 과정 자체가 지역에 도서관을 알리는 마케팅으로 효과가 크다는 강점이 있다.

2.2.2 자산기반 지역사회 개발(ABCD)

지역개발 맥락에서 지역사회분석에 접근하는 방법은 크게 두 가지 철학적 흐름으로 나눌 수 있다. 먼저 전통적인 접근 방법으로 지역의 '결핍'이나 '문제(요구)'에 초점을 맞추고 이를 진단하고 해결하려는 요구 기반 접근법*Needs-based Approach*이 있다. 반면 결핍이나 문제보다는 지역이 갖고 있는 '강점'이나 '자원'에 주목하며 그것들을 발견하고 활용하려는 자산기반접근법*Asset-based Approach* 즉, ABCD가 대안으로 제시되고 있다.

크레츠만과 맥나이트가 제안한 ABCD는 지역사회의 '문제'가 아닌 '자산'에서 출발하는 접근법이다. 이 모델은 지역 주민 개개인의 재능과 기술, 지역 내 동아리나 단체, 기관 등 모든 것을 잠재적 자산으로 간주

한다. 도서관의 역할은 이러한 자산들을 발견하고, 서로 연결하여 주민들이 스스로 지역의 문제를 해결하고 공동체를 발전시켜 나가도록 돕는 촉진자가 되는 것이다.

자산기반 접근법을 토대로 커뮤니티 주도형 도서관이라는 개념을 도출할 수 있다. 이는 도서관이 서비스를 '제공'하는 기관을 넘어, 지역 주민들과 함께 지역의 비전을 만들고 서비스를 '공동으로 설계하고 운영하는' 파트너가 되어야 함을 의미한다. 이 접근법에서는 하향식이 아닌 상향식 참여를 강조하며, 도서관과 지역사회 간의 신뢰와 관계 형성을 무엇보다 중요하게 여긴다. 다음은 자산기반 접근법을 사용하여 이주민 서비스를 개발하는 예시이다.

<이주민 서비스 예시>

1. 배경: A 공공도서관이 위치한 지역에 인도네시아 출신 이주민이 증가하고 있다는 통계를 확인했다. 이들을 위한 서비스를 기획하기 위해 자산기반접근법을 적용한다.
2. 자산 발굴 (Asset Mapping): 우리에게 '무엇이 부족한가' 대신 우리가 '어떤 자산을 갖고 있는가'를 질문한다.
   - 개인: 지역 내 베트남 음식점 요리사, 통번역이 가능한 결혼이주여성, 한국 생활에 성공적으로 정착한 이주민 멘토
   - 조직: 외국인노동자 지원단체, 인도네시아 유학생회
   - 기관: 외국인주민센터, 가족지원센터, 고용지원센터, 보건소
   - 물리적 자원: 이주민들이 자주 모이는 아시안 마켓, 커뮤니티 공간으로 활용 가능한 교회
3. 자산 연결 및 공동 창조: 발굴한 자산들을 연결하는 데 집중한다. 인도네시아 음식점 요리사를 강사로 초빙해 '인도네시아 요리 교실'을 열고, 성공적으로 정착한 이주민 멘토와 초기 정착자를 연결하는 '멘토링 프로그램'을 기획한다. 모든 과정은 이주민 커뮤니티 대표, 관련 기관 담당자들과의 파트너십을 통해 공동으로 기획하고 실행된다.

2.3 지역사회분석 방법과 데이터수집

지역사회분석을 위한 데이터는 크게 1차 자료*Primary Data*와 2차 자료*Secondary Data*로 나뉜다. 1차 자료는 특정 질문에 답하기 위해 연구자가 직접 수집하는 새로운 데이터를 의미한다. 반면, 2차 자료는 1차 자료를 가공한 자료를 의미한다. 일반적으로는 2차 자료를 먼저 분석하여 지역의 개괄적인 현황을 파악하는 것이 시간과 비용을 절약하는 방법이며, 필요한 자료가 존재하지 않을 경우 1차 자료를 추가적으로 수집하는 것이 효율적일 수 있다.

2.3.1 2차 자료 활용

2차 자료는 다른 목적으로 이미 수집되어 있는 데이터이다. 수집하는 데 소요되는 시간과 비용을 절약할 수 있고, 지역 전체를 거시적으로 파악하는 데 유용하다. 2차 자료의 주요 유형은 〈표 3-2〉와 같다.

그 밖에도 지역사회 분석의 목적과 범위에 따라 다음과 같은 다양한 정보원들을 폭넓게 활용할 수 있다.

- 지역정보: 지역자치단체 홈페이지, 지역 신문/방송 자료, 향토역사 자료, 관련 연구 논문 및 보고서,
- 교통 접근성 데이터: 버스, 지하철 노선, 역세권 데이터
- 관광청 및 문화재단(또는 시설관리공단) 자료: 지역 축제, 관광객 유입 데이터
- 부동산·주거 통계: 주거 안정성, 지역별 주거 특성 파악
- 치안·범죄 통계: 지역 안전성 분석
- 연구기관·대학 연구센터 보고서: 지역사회 연구, 도시문제, 문화정책 분석
- 기후 및 환경 데이터: 미세먼지 농도, 기후변화 취약지역 정보
- 에너지 소비 통계: 친환경 인프라 현황, 에너지 절약 프로그램 기획 자료

이러한 자료들은 도서관이 지역사회의 '정책적 환경'과 '행정적 흐름'을 이해하는 데 유용한 배경 자료로 작용하며, 특정 프로그램 기획, 서비스 대상 선정, 정책 연계 전략 수립 등 보다 정밀하고 맞춤형 도서관 서비스 설계를 지원하는 데도 유용하다.

<표 3-2> 주요 2차 자료 유형

유형	주요 정보	활용 목적	정보원 예시
도서관 통계	도서관 이용을 기반으로 제공하는 빅데이터 분석	지역별 도서 이용 및 이용자 분석	도서관정보나루, 솔로몬
도서관 내부 자료	도서관 등록이용자 통계, 대출기록, 참여데이터, 홈페이지 및 SNS 이용통계	도서관 이용 및 서비스 운영 및 이용 현황 파악	개별도서관 내부자료, 국가도서관통계시스템
국가 및 지역 통계	인구주택총조사, 사회조사 등 (예 인구 구성, 고령화, 소득 수준, 교육 수준, 가구형태, 다문화현황)	사회 구조 분석 및 기본 환경 이해	국가통계포털, 인구주택총조사, 통계청
지방자치단체 자료	지역 정책과 행정 정보 (예 주요 정책, 예산, 현안, 도시계획, 복지·문화 정책, 지역개발 전략)	정책 방향과 지역 의제 이해	지자체 단위 통계, 발간 보고서, 백서
국립·지역 박물관 및 문화재청	지역 문화유산, 전시 정보, 문화재 분포	문화행사 및 콘텐츠 개발 기초자료	연차보고서, 문화유산 통계연보
지역 신문 및 미디어	주민 반응, 지역 이슈 흐름, 여론 동향	공공 커뮤니케이션 기반 파악	지역 인터넷신문, 자치구 뉴스 섹션
커뮤니티 플랫폼, 주민협의체 자료	주민 제안, 지역 행사 내용, 공동체 동향	참여 기반 서비스 방향 설정	주민자치회 회의록, 네이버카페
공공기관·NGO 보고서	분야별 이슈(환경, 청소년, 다문화 등)	특정 서비스 설계 및 대응 근거 확보	통계청 「사회조사」, 서울연구원「서울시 도시정책 지표」
학교 및 교육청 자료	지역 내 학교 현황, 교육 여건, 학교 수, 다문화학생 비율, 학습격차, 등	학령기 대상 서비스 기획	교육청「교육통계연보」
상공회의소 및 지역 경제단체	산업구조, 고용 현황, 창업 지원 등	직업 정보, 청년 지원 자료 활용	대한상공회의소(KCCI) 지역 경제 동향 보고서
보건소 및 복지 기관	건강정보, 고령자 및 취약계층 관련 통계	건강·복지 연계 프로그램 설계	보건복지부「지역사회 건강조사」

2.3.2 1차 자료 수집

1차 자료는 특정 질문에 답하기 위해 연구자가 직접 수집하는 데이터이다. 2차 자료로는 알 수 없는 지역사회의 생생한 목소리와 구체적인 요구를 파악할 수 있다. 다음은 주요 1차 자료 수집 방법이다.

관찰*Observation*: 연구 대상자의 행동, 사건, 상황 등을 연구자가 직접 눈으로 보고 기록하여 자료를 수집하는 방법이다. 주로 자연스러운 환경에서 이루어지며, 실제 현상이나 행위를 그대로 파악할 수 있다는 장점이 있다. 도서관 직원이나 연구자가 지역사회를 직접 걸어 다니며 지역의 분위기, 주거 형태, 상업시설, 게시판, 주민들의 활동 등을 관찰한다. 이러한 내용을 정성적으로 기술하거나 수치화하여 정량 데이터로도 활용할 수 있다. 지역의 생활환경, 도서관 이용 흐름, 커뮤니티 공간 등을 직관적으로 이해하는 데 유리하다. (참고: 〈부록 1〉)

인터뷰*Interview*: 일반 주민들과 기관 관계자(기관장, 공무원, 시민단체 대표 등)들을 만나 깊이 있는 정보를 얻는 방법이다. 지역의 숨겨진 이슈, 주민들의 요구, 지역 내 네트워크 구조 등을 파악하는 데 효과적이다. 인터뷰에 응한 참여자를 대상으로 미리 준비한 질문지에 기반하여 인터뷰의 흐름에 따라 융통성있게 질문을 해 나가는 반구조화된 방식으로 진행하는 것이 일반적이다. 심층 인터뷰의 경우, 30분에서 2시간까지도 진행할 수 있다. (참고 〈부록 2〉)

포커스 그룹 인터뷰*Focus Group Interview: FGI*: 인터뷰를 개인이 아닌 집단을 대상으로 진행자의 주도하에 미리 준비된 질문지를 토대로 인터뷰를 진행하는 방식으로, 6~8명 이내가 효과적이다. 청소년, 이주민, 노인 등 특정 집단의 경험과 생각을 심층적으로 이해할 수 있으며, 집단 상호작용을 통해 개별 인터뷰에서 드러나지 않는 공통된 인식이나 갈등 구조를 파악할 수 있다.

설문조사*Survey*: 구조화된 질문지를 통해 다수의 주민으로부터 정량적인 데이터를 수집하는 방법이다. 지역 주민의 전반적인 인식이나 요구의 우선순위를 파악하는 데 유용하다.

워크숍*Workshops*: 특정 주제나 지역 현안을 두고 주민과 함께 문제를 발굴하고 해결 전략을 논의하는 참여형 방식이다. 워크숍에서는 소규모 그룹 토론과 공동작업이 가능하다. 최근에는 도서관이 리빙랩*Living Lab* 공간으로서 지역의 현안을 발굴하고 해결책을 실험적으로 도출해 내는 방식으로도 활용할 수 있다.

공청회, 타운홀미팅*Public hearing, Townhall meeting*: 공청회는 도서관의 새로운 계획이나 정책에 대해 공개하고 주민들의 의견을 공개적으로 듣고 토론하는 형태이다. 연구자뿐 아니라 지역사회 이해관계자(주민, 단체, 행정기관 등)가 함께 참여하여 다양한 의견을 공유하고 숙의할 수 있다. 단순 의견 청취를 넘어 의견을 수렴하며 합의 형성 과정으로 발전할 수도 있다. 타운홀미팅은 기관장이 구성원과 직접 질의하고 소통하는 공개 대화의 장으로, 듣기보다는 직접 묻고 답하는 상호소통이 핵심이다.

<표 3-3> 주요 1차 자료 수집 방법

방법	내용	특징
관찰 (Observation)	연구자가 직접 지역을 걸어 다니며 *Community walk* 주민들의 활동, 주거 형태, 상업 시설, 게시판, 도서관 주변 환경 등을 관찰하고 기록하는 방식	생활환경·이용 흐름·커뮤니티 공간 등 실제 현상을 직관적으로 파악 가능. 정성적 기술과 정량화 모두 가능
인터뷰 (Interview)	지역 주요 인사(기관장, 공무원, 시민단체 대표 등) 또는 일반 주민을 개별적으로 만나 깊이 있는 정보를 수집	숨겨진 이슈·배경 파악에 효과적. 네트워크 구조, 맥락 있는 정보 확보 가능
포커스 그룹 인터뷰 (FGI)	특정 주제에 관심 있는 6~8명의 집단을 모아 진행자의 주도로 자유롭게 의견을 나누는 좌담회 방식	청소년, 이주민, 노인 등 특정 집단의 심층적 경험 이해에 적합. 집단 상호작용을 통한 공통 인식 파악이 유용함
설문조사 (Survey)	구조화된 질문지를 통해 다수 주민의 인식·요구·이용 패턴을 정량적으로 수집	사람들의 인식이나 우선순위, 경험 파악에 유용. 표본 크기가 충분하면 통계적 일반화 가능
워크숍 (Workshop)	소규모 그룹 토론, 공동작업을 통해 문제 발굴·해결 전략 논의	주민 참여 기반. 리빙랩(Living Lab) 방식으로 지역문제 공동 해결 가능
공청회 (Public Hearing)	도서관의 새로운 계획이나 정책에 대해 주민 의견을 공개적으로 청취하고 토론하는 방식	주민·단체·행정기관 등 다양한 이해관계자가 참여. 공론장 형성과 합의 과정에 기여
타운홀미팅 (Town Hall Meeting)	기관대표에게 다양한 지역민들이 모여 현안과 관심사를 직접 질의하고 답을 들으며 소통하는 공개적인 대화 방식	지역민들로부터 지역의 현안에 대해 들음으로써 공공의 의견이나 민원을 직접 청취하고 수렴하여 정책에 반영할 수 있으며 기관장의 생각을 소통할 수 있음

2.3.3 지리정보시스템과 데이터 기반 분석

최근에는 기술 기반의 자료 분석 기법이 공공도서관의 지역사회 분석에 적극적으로 도입되고 있다. 그중에서도 지리정보시스템*Geographic Information System, GIS*과 데이터 애널리틱스*Data Analytics*는 지역사회의 특성을 과학적으로 파악하고, 도서관 서비스를 정교하게 기획하는 데 활용할 수 있다.

- **지리정보시스템**_GIS_: 인구 분포, 소득 수준, 도서관 접근성, 범죄율 등 다양한 데이터를 지도 위에 시각적으로 표현하여 분석하는 방법이다. 지역 내 도서관 위치 선정, 접근성, 주요 서비스 대상 지역, 서비스 소외지역 파악, 문화시설 분포 등을 시각화하는 데 유용하며, 공간기반 의사결정에 활용할 수 있다. ArcGIS나 QGIS와 같은 GIS 분석 소프트웨어가 활용된다.
- **데이터 애널리틱스**_Data Analytics_: 다양한 형태의 데이터를 수집·정제·분석하여 의미 있는 패턴과 정보를 도출하고, 이를 의사결정과 문제 해결에 활용하는 체계적 분석 과정이다. 소셜미디어 데이터(예 지역 맛집, 축제, 불만사항 등), 카드 매출 데이터(예 상권 분석), 유동인구 데이터 등을 분석하여 주민들의 관심사와 생활패턴을 파악할 수 있다. 또한 지역 주민의 온라인 검색 행태, 디지털 자료 이용률, SNS에서 나타나는 지역 이슈 키워드 등을 기반으로 트렌드와 수요를 예측하는 데 활용된다. 데이터 애널리틱스는 데이터 수집, 데이터 정제와 구조화 단계, 데이터 분석, 해석과 활용의 네 단계로 진행된다. 데이터 애널리틱스는 정성(예 인터뷰, 프로그램 참여후기), 정량(예 대출건수, 설문), 비정형 데이터(예 SNS, 사진) 등 서로 다른 형태의 데이터를 통합하여 지역사회의 요구와 변화 흐름을 읽어내고, 근거 기반 서비스 설계로 이어질 수 있게 해주는 핵심 도구이다.

GIS와 데이터 애널리틱스를 결합하면, 지역사회의 특성과 이용자 행태를 과학적으로 분석할 수 있게 되며, 이를 통해 도서관은 맞춤형 서비스 개발, 미래 수요 예측, 공공서비스 기획의 전략화를 꾀할 수 있다. 지역 주민의 유동 인구 정보, SNS 언급량, 이용자 설문, 온라인 대출 이력, 교통 정보 등 다양한 형태의 데이터를 종합적으로 분석하면, 도서관 서비스 수요의 공간적 밀집도, 이용자의 관심 변화, 문화적 트렌드 등을 보다 정밀하게 파악할 수 있다. 이러한 데이터 기반 분석을 통해 장서 개발·서비스 설계·공간 운영 등 도서관 정책과 전략 수립에 활용할 수 있는 통찰을 도출할 수 있다.

도서관에서는 앞에서 소개한 각종 지역사회분석 방법을 활용하여 각종 정량*quantitative*, 정성*qualitative*, 비정형*unstructured* 데이터를 수집, 분석함으로써 지역사회의 특성을 다각적으로 파악할 수 있다. 참고로, 〈부록 3〉에 현장에서 바로 활용할 수 있는 지역사회분석 툴킷을 소개하였다.

수집된 자료를 효과적으로 정리하는 하나의 기법으로 SWOT 분석을 활용할 수 있다. SWOT분석은 강점*Strengths*, 약점*Weaknesses*, 기회*Opportunities*, 위협*Threats* 요소 등의 측면에서 조직의 현재 상태를 체계적으로 진단하는 기법이다. 도서관 및 지역사회의 내부 요인(강점·약점)과 외부 요인(기회·위협)을 동시에 분석함으로써, 서비스 계획과 전략을 수립할 수 있다.(〈부록 4〉 참고)

3. 이용자연구

이용자연구[1]는 도서관 서비스의 최종 소비자인 이용자를 깊이 이해함으로써, 그들의 요구와 기대를 충족시키고 나아가 새로운 가치를 제공하기 위한 모든 탐구 활동을 의미한다. 이용자연구에서 이용자는 도서관을 현재 이용하는 주민만을 의미하는 것은 아니며, 언젠가 도서관을 이용하게 될 수도 있는 잠재적 이용자까지 포함하므로 지역사회 주민 전체를 의미한다고 보아도 무방하다.

3.1 공공도서관 이용자의 특성과 이용자 세분화

공공도서관의 이용자는 매우 다양하다. 공공도서관 이용자는 연령, 성별, 학력, 소득 수준, 직업, 민족, 신체적 특성 등에 따라 다양한 정보 요구와 접근 패턴을 보인다. 예를 들어, 청소년은 진로 탐색이나 입시 관련 자료를 주로 이용하며, 고령층은 건강 정보, 평생교육 및 정서적 교류의 장으로 도서관을 찾는다. 오랜 지역 토박이부터 새로운 이주민까지 각기 다른 요구와 기대를 갖고 도서관을 찾는다. 이처럼 이질적인 전체 집단을 비슷한 특성을 가진 몇 개의 작은 동질적인 하위 집단으로 나누는 과정을 이용자 세분화*User Segmentation*라 한다.

---

1) '이용자연구(User Studies)'는 정보학 분야에서 오랫동안 사용되어 온 용어이다. 학술적으로는 이용자의 정보 탐색, 이용, 활용 등 총체적인 경험과 맥락을 탐구하는 '정보행동연구(Information Behavior Research)'라는 용어가 더 일반적으로 사용되지만, 이 장에서는 도서관 현장에서 이용자를 이해하기 위한 실용적인 연구 활동을 포괄하는 의미로 '이용자연구'라는 용어를 사용하였다.

3.1.1 이용자 세분화의 필요성

이용자 세분화를 통한 분석은 도서관의 핵심 대상인 시민과 커뮤니티 중에서 특성을 공유하는 집단으로 세분하여 각 집단별 특성을 구체적으로 파악함으로써 맞춤형 서비스를 수립하는 데 중요한 역할을 한다. 서비스 대상의 다양성이 증가하며 각 집단의 라이프스타일과 요구가 다변화되고 있고, 지식정보취약계층에 대한 서비스의 중요성이 커짐에 따라 개개 집단별 정보 요구를 정확히 파악하여 서비스를 맞춤형으로 특화시킬 필요가 있다. 이용자 세분화는 구체적으로 다음과 같은 용도로 활용될 수 있다.

- 이용자 이해 증진: 이용자 집단별 구체적인 특성과 요구를 명확하게 파악할 수 있다.
- 새로운 이용자 발굴: 현재 도서관을 잘 이용하지 않는 잠재적 이용자 집단을 발굴하고, 도서관 접근의 장벽을 해소하는 전략을 세울 수 있다.
- 맞춤형 서비스 개발: 각 집단의 '취향을 저격'하는 장서, 프로그램, 마케팅 전략을 수립할 수 있다.
- 자원의 효율적 배분: 가장 필요한 곳에 도서관의 한정된 예산, 인력, 공간을 우선적으로 집중해서 배치할 수 있다.

3.1.2 이용자 세분화의 기법

이용자 세분화는 〈표 3-4〉와 같이 인구통계학적, 지리적, 심리도식적 *psychographic*, 행동적 측면으로 접근할 수 있다.

<표 3-4> 이용자 세분화 방법

유형	특성	주요 변인	적용 예시
인구통계학적	인구학적 특성에 따른 세분화로, 가장 기본적이고 보편적으로 사용되는 방법	연령, 성별, 소득, 직업, 교육 수준, 가족구성, 생애주기(미혼, 영유아 자녀 가구, 청소년 자녀 가구, 노년 가구)	영유아 부모를 위한 '북스타트 프로그램' 청소년을 위한 '진로 탐색 워크숍' 은퇴 준비 직장인을 위한 '재무 설계 강좌'
지리적	이용자의 거주 지역 특성에 따라 나누는 방법	거주 지역(동, 아파트 단지), 도서관과의 거리, 지역의 특성(주거지역, 상업지역)	도서관 접근이 어려운 원거리 주민을 위한 '순회문고 서비스' 특정 아파트 단지 주민을 위한 '찾아가는 독서 프로그램'
심리도식적	이용자의 라이프스타일, 가치관, 성격, 관심사 등 심리적 특성에 따라 나누는 방법	독서 취향(문학, 역사, 실용서), 여가 활동, 사회적 관심사(환경, 봉사), 새로운 기술에 대한 태도(적극 수용, 소극 수용)	환경 문제에 관심이 많은 이용자를 위한 '제로 웨이스트 워크숍' 최신 IT 기기에 관심 많은 이용자를 위한 '코딩 교실'
행동적	이용자의 실제 도서관 이용 행태에 따라 나누는 방법	이용 빈도(핵심, 일반, 휴면 이용자), 대출 분야, 이용서비스 (도서 자료, 프로그램, 디지털), 방문시간대	문학 분야 다대출자를 위한 '작가와의 만남' 디지털 서비스 이용이 저조한 노년층을 위한 '스마트폰 활용 교육'

다음 사례는 지역사회분석을 통해 이주민에 대한 서비스를 개발하고자, 인구통계학적, 행동적 측면으로 이용자 세분화를 적용해 본 예시이다.

A도서관은 지역사회분석을 통해 '이주민'에 대한 서비스 필요성을 포착했다. 이주민은 실제적으로는 여러 이질적인 집단들로 구성되어 있으므로, 이들을 위한 효과적인 서비스를 제공하기 위해 추가적인 세분화가 필요하다. 이에 따라 이용자 세분화를 다음과 같이 시도했다.

1차 세분화(인구통계): 출신 국가별(중국, 베트남, 필리핀), 체류 자격별(귀화, 결혼이주민, 이주노동자, 유학생)

2차 세분화(행동/요구):

- 그룹 A (초기 정착형): 한국어 능력 향상과 생활정보(쓰레기 분리배출, 은행 이용법 등)에 대한 요구가 높은 집단
- 그룹 B (자녀 양육형): 자녀의 학교생활 적응, 이중언어 교육, 부모 역할에 대한 정보 요구가 높은 집단
- 그룹 C (사회 참여형): 취업 및 창업, 자국 커뮤니티 활동, 지역사회 봉사 등 사회적 관계 확장에 관심이 많은 집단

세분화를 통해 A도서관은 '이주민을 위한 한국어 교실'이라는 단일 프로그램에서 벗어나, 그룹 B를 위한 '다문화 부모-자녀 책놀이', 그룹 C를 위한 '이중언어 강사 양성 과정' 등 각 집단의 구체적인 요구에 맞는 다각적인 서비스를 기획할 수 있었다.

3.2 이용자연구 조사 방법

이용자연구는 도서관이 서비스의 기획과 개선을 위해 수행해야 할 기본적인 절차로, 다양한 조사 방법을 활용하여 수행할 수 있다. 이용자연구 조사를 위한 방법은 크게 정량적 연구방법과 정성적 연구방법으로 나눌 수 있다.

정성적 연구방법은 숫자로 표현하기 어려운 이용자의 생각, 경험, 감정, 동기 등을 심층적으로 이해하기 위한 방법으로, 소수의 사례를 깊이 있게 탐구하고자 하는 목적으로 사용된다. 대표적인 데이터 수집방법으로는 심층 인터뷰가 있으며, 포커스그룹 인터뷰FGI, 정성적 관찰 등이 포함된다.

정량적 연구방법은 숫자로 측정하고 통계적으로 분석할 수 있는 데이

터를 수집하는 방법으로, 다수의 경향성을 파악하고 일반화하는 목적으로 사용된다. 대표적인 정량적 방법으로 설문조사를 비롯하여 대출데이터 분석, 로그데이터 분석, 정량적 관찰, 정량적 내용 분석이 포함된다.

<표 3-5> 정성적 vs. 정량적 연구방법

구분	정성적 연구방법	정량적 연구방법
목적	심층적 이해, 의미 탐색, 새로운 발견	현상 측정, 경향성 파악, 일반화
질문	왜(why)? 어떻게(how)?	얼마나(how many, how much)?
데이터 형태	텍스트, 이미지, 음성, 영상	숫자, 통계
데이터 수집 방법	심층인터뷰, 그룹인터뷰, 정성적 관찰	설문조사, 대출데이터분석, 로그분석, 정량적 관찰
분석 방법	내용분석, 깊이 읽기를 통한 의미도출	통계분석 (빈도, 평균, 상관관계, 예측)
장점	깊이, 풍부함, 맥락적 이해	객관성, 일반화 가능
단점	주관적 편향 개입, 일반화의 어려움	피상적 현상 기술에 그칠 수 있음

정성적 연구방법의 자료수집에서는 인터뷰나 FGI 녹음 내용을 모두 글로 옮겨 적는 전사*Transcription* 작업을 한다. 최근에는 휴대폰의 기본기능 또는 앱으로 녹음내용을 바로 텍스트로 옮겨주는 서비스가 있어 어렵지 않게 할 수 있다. 전사된 내용은 코딩*Coding*을 통해 주제 분석*Thematic Analysis* 과정을 거치게 된다. 이 작업은 전사한 텍스트를 반복적으로 읽으며 핵심적인 키워드나 의미 단위(코드)를 추출하고, 비슷한 코드들을 묶어 상위의 주제(테마)를 발견하는 과정이다. 예를 들면, 코딩 과정에서 인터뷰 참여자가 했던 말들로부터 '외로움', '소속감 부재', '정보 부족' 등의 의미가 포착되어 각각의 의미를 코드화(하고 그러한 개념

들을 묶어냄으로써 '사회적 고립'이라는 주제를 도출하게 된다. 데이터 분석 과정에서 가장 중요한 것은 '그래서 이것이 의미하는 것은 무엇인가?'라는 질문을 끊임없이 던지며, 의미를 발견하는 것이다.

반면 정량적 연구 방법에서는 설문조사 및 관찰법 등을 통해 수집된 수치 데이터를 엑셀이나 SPSS와 같은 통계 프로그램에 입력하는 작업으로부터 분석이 시작된다. 빈도, 백분율, 평균, 표준편차 등을 계산하여 수집된 자료로부터 관심 현상의 일반적 분포나 특성을 포착하거나(㉵ "응답자의 60%가 주 1회 이상 도서관을 방문한다."), 집단 간 차이를 분석한다(㉵ "연령대별로 선호하는 도서의 주제 분야에 어떤 차이가 있는가?"). 정량적 분석 결과는 그래프나 차트로 표현하여 이해당사자들이 쉽게 이해할 수 있도록 한다.

이용자연구에서는 연구 목적에 따라 적합한 데이터 수집방법을 선택해야 한다. 〈표3-6〉 및 〈표 3-7〉에 제시한 정성적, 정량적 데이터 수집 방법들을 목적에 맞게 병행함으로써 보다 입체적이고 신뢰도 높은 결과를 도출할 수 있다.

<표 3-6> 정성적 데이터 수집방법

데이터 수집방법	특 징
심층 인터뷰	**특성:** 연구자와 참여자가 1:1로 만나 미리 준비한 인터뷰 질문들을 가지고 질문을 하며 깊이 있는 대답을 듣는 방법이다 **장점:** 개인의 솔직하고 풍부한 이야기를 들을 수 있다. 예상치 못한 새로운 통찰을 얻을 수 있다. **유의 사항:** • 개방형 질문 사용: "예/아니오"로 답할 수 없는 질문을 던진다. (예 "도서관 프로그램이 유용했나요?" (X) → "도서관 프로그램에 참여하면서 어떤 점이 가장 기억에 남으셨나요?" (O)) • 경청과 공감: 참여자의 이야기에 귀 기울이고, 추가 질문(Probing)을 통해 더 깊은 이야기를 이끌어낸다.
포커스 그룹 인터뷰	**특성:** 대개 6~8명의 참여자를 한자리에 모아 특정 주제에 대해 이야기를 나누게 하는 방법이다. 특정 인구 집단의 경험과 지식을 더 깊이 이해하고 싶거나, 어떤 문제에 대해 더 많은 이해를 도모하고자 할 때 포커스그룹인터뷰를 선택한다. **장점:** 참여자 간의 상호작용을 통해 혼자서는 생각하지 못했던 다양한 의견을 들음으로써 아이디어가 증폭될 수 있다. **유의 사항:** • 모든 참여자가 골고루 발언할 수 있도록 숙련된 진행자(Moderator)의 역할이 매우 중요하다. • 집단인터뷰이므로 개별참여자에 대한 데이터 분석은 할 수 없다.
관찰	**특성:** 이용자의 실제 행동을 직접 관찰하고 기록하는 방법이다. 도서관이나 서비스 이용 행동, 이동 동선, 상호작용 등 행동 패턴이나 특성을 파악하고자 할 때 정성적 관찰을 선택한다. 관찰 대상이나 행위를 정확한 수치로 기록하기보다는 분위기, 특성 등을 정성적으로 파악한다. **장점:** 관찰을 통해 이용자가 말로 표현하지 않거나 인지하지 못하는 행동에서 패턴을 발견할 수 있다 (예 장애인의 도서관 내 동선은 어떠한 지 살펴봄으로써 서가 및 책상 배치 문제를 파악한다. 자료실에서 이용자들이 책을 찾지 못해 헤매는 동선을 관찰하여 서가 안내 표시를 개선하거나, 노트북 이용자들이 콘센트 주변에 몰리는 것을 보고 좌석마다 전원을 확충할 수 있다).
기록	**특성:** 역사적 정보, 조직 정보, 또는 이미 존재하는 기록자료로부터 원하는 정보를 구할 수 있다면 정성적 기록을 선택한다. 향토자료, 시지(市誌), 지역신문도 분석 대상이 된다. **장점:** 이미 있는 자료를 분석하므로 데이터 수집에 큰 비용이 들지 않는다

<표 3-7> 정량적 데이터수집 방법

데이터 수집방법	특 징
설문조사	**특성:** 가장 대표적인 정량적 연구 방법이다. 많은 사람들의 답변을 수치화할 수 있는 데이터로 수집함으로써 현황파악이 필요할 때 사용한다. 오프라인 지면 설문, 온라인 설문(예 서베이몽키, 구글폼, 네이버폼), 대면 설문, 전화 설문 등으로 자료를 수집할 수 있다. **장점:** 인터뷰에 비해 저비용으로 짧은 기간에 많은 사람의 데이터를 수집할 수 있고, 통계 분석을 통해 객관적인 결과를 도출할 수 있다. **유의사항:** • 설문 문항 구성: 질문은 명확하고 간결하게 작성하고, 한 질문에 단 한 가지만 묻는다. [예 "도서관의 장서와 프로그램에 만족하십니까?" (X) → "도서관 장서에 만족하십니까?", "도서관 프로그램에 만족하십니까?" (O)] • 척도 활용: 단순 예/아니오 형식도 가능하지만, 리커트 척도('매우 불만족'부터 '매우 만족'까지 5점 척도)를 사용해 응답과 분석을 용이하게 할 수 있다. • 문항 배치: 민감한 질문이나 개인정보(예 소득, 연령, 건강 등)는 설문지 마지막에 배치하여 응답 부담을 줄인다.
관찰	**특성:** 사실 기반으로 지역사회 요구를 평가하고자 할 경우 사람, 행동, 또는 사물의 수를 세는 정량적인 직접 관찰을 선택한다. 예컨대 이용자 동선 트래킹 *Tracking* 등을 관찰하기도 있다(예 이용자들은 자가대출을 더 선호하는가, 아니면 직원을 통한 대출을 더 선호하는가? 얼마나 많은 사람들이 참고데스크에서 질문하는가?).
로그 데이터 분석	**특성:** 이용자의 행동이 시스템에 자동으로 기록된 데이터를 분석하는 방법으로, 일종의 관찰법이다. 정보시스템상에서 자동적으로 생성된 로그 기록(예 검색 로그)을 수집하거나, 시스템에서 활동을 수집하기 위해 별도의 프로그램을 설치하여 수집한다. 로그 기록이 되는 데이터로는 도서 대출/반납 기록, 홈페이지 접속 기록, 전자책/오디오북 이용 기록, 와이파이 접속 데이터, 웹사이트 상의 검색행동 등이 있다. **장점:** 이용자가 인지하지 못하는 실제 행동 패턴을 대규모로 파악할 수 있다. 왜곡이나 편향이 적다. 시스템에 자동으로 기록되므로 데이터 수집 비용이 거의 들지 않는다(예 대출 기록 분석을 통해 특정 주제 분야의 인기도 변화를 파악하여 장서 구성에 반영한다, 홈페이지 로그 분석을 통해 이용자들이 가장 많이 찾는 메뉴를 메인 화면에 배치한다).

데이터 수집방법	특 징
2차 자료 분석	**특징:** 관심있는 현상이 기 수집된 데이터셋을 통해 분석이 가능할 경우, 사용하는 방법이다. 공개데이터 정보원을 잘 파악하면 유리하다(㉬ 국가도서관통계시스템, 국가통계포털, 열린데이터광장, 한국사회과학자료원) **장점:** 이미 존재하는 자료를 활용하므로 자료수집에 별도의 비용이나 시간이 들지 않는다. **유의사항:** 이미 수집된 자료를 활용해야 하므로, 연구자가 정확히 원하는 것과 다를 경우, 데이터를 적합한 형태로 가공하여 사용하거나 원하는 분석을 모두 하지 못할 수 있다.

효과적인 이용자연구를 위하여 정량적 연구와 정성적 연구를 함께 사용하는 혼합연구방법*Mixed-Method Research*을 사용하기도 한다. 예를 들어, 설문조사를 통해 '디지털 서비스 만족도가 낮다'는 정량적 사실을 발견했다면, 심층 인터뷰를 통해 '왜 만족도가 낮은지(㉬ 인터페이스가 복잡해서, 원하는 콘텐츠가 없어서 등)' 그 이유를 심층적으로 파헤치는 방식이다. 하나의 현상을 세 가지 이상의 데이터를 통해 다각도에서 교차하여 검증하는 삼각측량법*Triangulation*이 추천되는데, 분석 결과의 타당성과 신뢰도를 더 확보할 수 있기 때문이다.

정성적 방법과 정량적 방법 중 더 좋은 방법이 있는 것은 아니고 늘 한 가지 방법만 옳은 것은 아니다. 중요한 것은 조사 목적에 적합한 방법을 선택하여 자료를 수집하는 것이다. 또한 수집된 데이터는 그 자체로는 의미가 없다. 수집된 자료의 분석과 해석을 통해 의미 있는 정보, 즉 통찰을 발견해야 하는데, 자료수집 방법과 수집된 자료의 속성을 잘 살피며 자료에 대한 깊은 이해를 갖는 것이 중요하다. 분석 결과를 도서관의 서비스 개선, 프로그램 개발, 공간 구성, 홍보 전략 수립 등 구체적인 실행 계획으로 연결할 수 있을 때, 비로소 이용자연구가 가치를 갖게 된다.

4. 지역사회분석과 이용자연구 활용 사례

지역사회분석과 이용자연구를 통해 세심히 수집된 데이터는 다각적인 측면에서 도서관 서비스의 설계와 개선에 반영할 수 있다.

미국 덴버 공공도서관*Denver Public Library*, DPL은 대규모 분관 설립과 기존 도서관 확장계획 추진을 위해 광범위한 지역사회분석을 실시하였다. 주민 설문조사 및 의견 청취와 센서스 데이터, 인구밀도, 연령, 사회경제적 지표 등의 통계는 물론 지역사회 둘러보기와 같은 현장 관찰 데이터를 함께 수집하였다. 이를 통해 서비스 소외지역, 사각지대를 파악할 수 있었고, 현지의 예술 단체 등 지역사회의 민간단체와의 협업을 통해 분관 설립 예정 지역에서 요구되는 기능과 시설을 구체화하였다. 또한 행정 및 복지기관 등과 연계하여 물리적 공간, 예산, 인력, 장비 등의 활용 가능한 자원을 효율적으로 배분하고 분관 운영의 지속가능성을 모색했다. 덴버 도서관은 분관 설립 과정에서 지역사회분석모델인 CARI의 각 단계를 체계적으로 반영하였다. 민족지[2], 인터뷰, 현장 관찰 등의 방법론을 적용하여 체계적인 지역사회 분석을 수행하였다. 지역의 요구, 자원과 협력 네트워크 강화, 주민과 협력한 맞춤형 공간·서비스 설계 등을 통해 지역사회 요구에 실질적으로 응답하였다.

덴버시 공공도서관
CARI 모델 실천 사례

또한 미국 지역사회 문제를 도서관이 지역사회와 함께 발굴하여 해결하는 실천적 활동으로 리빙랩*Living Lab*을 소개할 수 있다. 리빙랩은

---

2) 민족지란, 특정 사회 집단의 생활 방식과 문화를 현장에서 직접 관찰하고 참여하여 상세하게 기록하는 질적 연구 방법론 중의 하나임

시민, 전문가, 공공기관, 민간 등 다양한 주체가 실제 생활환경에서 협력하며 지역사회 문제를 공동으로 발굴·실험·해결하는 '열린 실험실' 혹은 사회혁신 플랫폼으로도 일컬어진다. 이는 주민 참여와 주도성, 현장성, 다분야 협력이 결합된 개념으로, 노영희, 백민경(2021)은 '다양한 분야의 사람들이 협력하여 지역사회 문제를 해결하는 것'으로 정의하고 있다.

대표적인 사례로 스페인의 미켈 바트로리 공공도서관*Miquel Batlori Library*의 리빙랩이 있다. 이 리빙랩에서는 볼펠레스 주민회를 중심으로 다학제적 교류 기회를 통해 공개 워크숍, 시제품 제작, 공개토론, 과학 실험, 주기적 활동 등을 공공도서관에서 해결하고 있다. 국내 사례로는 성북구립도서관의 '마을in수다' 공론장을 들 수 있다. 이는 주민들의 관심사에 따라 기후 위기, 청소년 공간 문제 등 사회적 의제를 주제로 한 다양한 프로그램을 기획함으로써, 주민 주도형 도서관 운영 모델을 구축한 좋은 사례로 볼 수 있다.

미켈 바트로리 도서관 리빙랩 사례

본 장에서 살펴 본 지역사회분석 기법 및 이용자연구는 도서관 운영 및 서비스 전반을 기획하는데 활용할 수 있지만, 장서개발을 비롯한 서비스 기획, 공간 설계, 지역 협력 사업 등 다양한 개별 영역에서도 효과적으로 활용될 수 있다.

국내외 공공도서관 현장에서 지역사회분석과 이용자연구를 활용하여 도서관 서비스를 개선한 실제 사례를 〈표 3-8〉에 소개하였고, 각 사례에 대한 보충 설명은 〈부록 5〉에 수록하였다.

<표 3-8> 지역사회분석과 이용자연구의 적용 분야별 사례

적용 분야	사 례
장서 개발	덴버공공도서관: 이주민 언어 장서 확충
공간 설계	헬싱키 오우디 중앙도서관: 시민참여 공동설계
아동·청소년 서비스	싱가포르 NLB 'kidsREAD': 취약계층 아동 독서클럽
청소년 프로그램	수원시 도서관: 도시 리빙랩·메이커 기반 청소년 프로그램
다문화 서비스	도쿄 미나토구립도서관: 다언어 서비스와 구(區) 다문화 교류 연계
운영 전략	밴쿠버공공도서관: 데이터 기반 전략 및 디지털 전환
디지털 리터러시	밴쿠버공공도서관: 하이브리드 전달과 수요 재설계
사회적 협력	덴버공공도서관: 사회복지사+피어 내비게이터 모델

지역사회분석과 이용자연구는 도서관 내부 직원들이 자체적으로 수행하거나, 외부 전문가에 의뢰하여 수행될 수도 있으며, 도서관 직원들과 외부 전문가가 협업하여 수행될 수도 있다. 수행 주체는 조사의 목적과 범위, 그리고 도서관의 여건에 맞게 결정하면 되는데, 누가 연구 수행자가 되더라도 도서관 경영진과 직원들의 적극적인 협조와 참여는 중요하다.

21세기 지식정보사회에서 공공도서관은 단순한 정보 제공 기관을 넘어, 지역사회의 문제 해결과 주민의 행복 증진을 지원하는 지속가능한 사회적 인프라로 민주주의와 공동체 회복의 핵심적 역할을 하고 있다. 즉, 지역사회 공동의 과제를 해결하고 사회적 연대를 촉진하는 '공공의 문제 해결자'로서, 안전하고 유연한 공적 기반을 마련하며, 지역 공동체의 플랫폼으로서의 역할을 나가고 있다.

이 과정에서 지역사회분석과 이용자연구는 필수적인 도서관 경영 활동이다. 이는 공공도서관이 과학적이고 체계적으로 운영되도록 지역과 주민에 관한 핵심 정보를 제공하기 때문이다. 이러한 분석과 연구는 서비스 기획과 개발, 자원 배분, 성과 평가, 조직 역량 강화 등 전반적인 의사결정의 토대가 되며, 주민의 삶의 질 향상과 지역 발전에 기여하는 실질적인 도구로 기능한다.

지역사회분석과 이용자연구는 도서관이 지역의 지속가능한 발전을 이끄는 전략적 거점으로 도약하는 데 원천적 데이터를 제공한다. 이러한 분석과 연구를 바탕으로 지역사회를 구성하는 다양한 개인·단체·기관과 협력하여 문제를 발굴하고 해결 방안을 모색함으로써, 공공도서관은 문화·정보·교육의 허브를 넘어 지역 공동체의 현재와 미래를 함께 설계하는 신뢰받는 파트너로 자리매김할 수 있다.

생각해 보기

1. 지역사회 특성을 분석할 때, 1차 자료와 2차 자료를 함께 사용하는 이유는 무엇일까?
2. 지역사회가 고령화, 문화 다양성, 디지털 전환과 같은 변화를 경험할 때, 도서관 서비스를 개편하고 서비스 전략을 새롭게 하기 위한 도서관의 대응방법으로 어떤 것이 있을까?
3. 이용자연구를 통해 파악된 이용자 요구는 도서관 장서 구성, 프로그램, 공간 운영 등 주요 운영 의사결정과정에 어떻게 반영될 수 있을까? 그리고 이러한 요구를 반영하는 과정에서 발생할 수 있는 문제점과 이를 해결할 수 있는 방법에는 무엇이 있을까?
4. CARI, GIS와 같은 방법을 활용해 지역사회를 분석할 때, 어떤 정보를 중점적으로 수집해야 할까? 이 정보를 도서관 서비스 설계에 어떻게 반영할 수 있을까?

04

공공도서관의 경영 관리

김보일

공공도서관 사서와 관장으로 쌓은 경험을 바탕으로, 도서관 현장에서 마주하는 다양한 문제를 연구와 실천으로 풀어내고자 노력해왔다. 주요 관심 분야는 공공도서관 운영과 발전, 작은도서관의 역할, 이용자 모두를 위한 유니버설 디자인, 그리고 지역사회의 자산인 민간기록물의 수집과 관리 등이다. 연구와 현장을 연결하여, 공공도서관이 지역사회와 소통하고 함께 성장할 수 있는 길을 찾는 데 주력하고 있다. 현재 한남대학교 문헌정보학과에서 학생들을 가르치고 있다.

1. 조직 구성

1.1 조직 구조와 역할

공공도서관은 지역사회를 기반으로 주민의 정보이용·독서활동·문화활동 및 평생학습이라는 공공의 가치를 주된 목적으로 운영되는 공공기관이다. 이러한 공공도서관 조직은 이용자 중심의 서비스 제공과 지속가능한 운영을 위해 체계적인 구조를 갖추어야 한다. 조직은 도서관의 규모, 도서관 위계에 따른 역할, 지역적 특성, 운영 목표 등에 따라 다르게 구성되며, 단순한 행정 조직을 넘어 지식정보 및 독서 생태계를 구축·지원하는 사회적 플랫폼으로서 역할을 수행한다.

이에 따라 공공도서관은 건물의 연면적, 공간 구성, 서비스 대상, 장서 규모 및 연간 이용량, 도서관 위계 등을 고려하여 적절한 하부조직을 마련해야 한다. 예를 들어, 광역대표도서관의 경우 지역자료*local collection*[3]를 수집하고 서비스를 담당하는 부서를 운영해야 하며, 지역중앙관은 지역자료를 전담하는 인력을 배치해서 이를 담당하도록 해야 한다. 또한 도서관 운영 목표에 따라 영·유아 및 어린이, 일반성인, 고령자, 장애인, 다문화 인구 등 이용자 계층별로 전담 부서를 둘 수 있다.

공공도서관은 규모에 따라 조직 운영 방식도 달라진다. 소규모 도서관은 최소한의 인력이 다기능 업무를 수행하는 통합형 구조를 취하며, 대규모 도서관은 부서를 세분화하고 전문인력을 배치하여 효율성과 전문성을 높인다. 그리고 일반적으로 공공도서관 조직은 관장을 중심으로

---

3) 지역자료란 도서관이 위치한 특정 지역에 관한 도서, 지도, 삽화 및 기타 자료 일체를 의미한다.

도서관 정책, 자료 관리, 정보서비스, 독서·문화 진흥, 행정 지원 등 각 부서가 협력하여 운영된다.

공공도서관 조직은 지역사회 환경 변화, 이용자 요구, 정보매체의 발전 등에 능동적으로 대응할 수 있도록 유연하게 개편되어야 한다. 이를 통해 서비스 제공의 효율성과 전문성을 높이고, 명확한 역할 분담을 통해 업무 중복과 갈등을 줄이며, 각 부서가 전문성을 발휘할 수 있는 기반을 마련할 수 있다. 또한, 도서관 서비스의 일관성을 유지하고 업무의 책임소재를 명확히 하여, 이용자에게 안정적이고 신뢰할 수 있는 서비스를 제공하는 데 기여한다.

1.2 조직 유형 및 특성

1.2.1 일반적 조직 유형 및 특성

공공도서관의 일반적 조직 구조는 조직의 목적, 인력 규모, 지방자치단체의 행정체계에 따라 다양하게 구성될 수 있다. 공공도서관은 기능 조직을 기본으로 하되, 프로젝트 조직과 매트릭스 조직을 병행하는 복합적 조직 형태를 보인다. 이러한 조직 유형과 특성은 다음과 같다.

- 기능 조직 : 업무 성격, 즉 공공도서관의 기능에 따라 부서를 구분하는 형태로 가장 일반적으로 적용되는 조직 유형이다. 전문성을 기반으로 한 효율적 운영이 가능하다는 장점이 있으나, 부서 간 협력이 미흡할 경우 업무 단절 또는 갈등이 발생할 수 있다.
- 프로젝트 조직 : 특정 사업 수행을 위해 한시적으로 구성되는 형태로, 도서관 건립·리모델링 등 목적성이 뚜렷한 사업 추진 시 활용된다. 사업 종료 후 조직은 해산되며 인력은 원소속 부서로 복귀한다.

• 매트릭스 조직 : 기능 조직과 프로젝트 조직의 장점을 결합한 구조로, 독서 축제나 지역 협력사업 등 단기 · 비정기 사업에 적합하다. 여러 부서 인력이 동시에 투입되어 유연성과 창의성을 높일 수 있으나, 권한과 책임이 중첩되어 혼선이 발생할 가능성이 있다.

1.2.2 규모별 조직 유형 및 특성

공공도서관 조직 규모별로도 조직 유형이 구분되며, 이러한 차이는 인력 배치, 서비스 범위, 기능 분화 수준 등에 반영된다.

• 소규모 도서관 : 분관도서관 형태로 운영되는 곳이 많으며, 생활권 내에서 지역 주민을 대상으로 도서관 서비스를 제공하고 있다. 최소 인력으로 운영되다 보니 한 사람이 여러 업무를 겸해 처리하는 경우가 일반적이다. 또한 예산 규모가 작아 프로그램 운영이 제한되거나 다양한 서비스를 제공하는 데 어려움이 발생할 수 있다.

[그림 4-1] 분관의 조직 예시

• 중규모 도서관 : 지역 생활권을 중심으로 거점 역할을 수행하는 경우가 많으며, 분관도서관과 작은도서관 등을 지원한다. 또한 지역

주민에게 정보자료 제공, 프로그램 운영 등 다양한 서비스를 제공하며, 서비스 영역에 따라 기능별 조직으로 나누어 운영할 수 있을 만큼의 규모를 갖추고 있다.

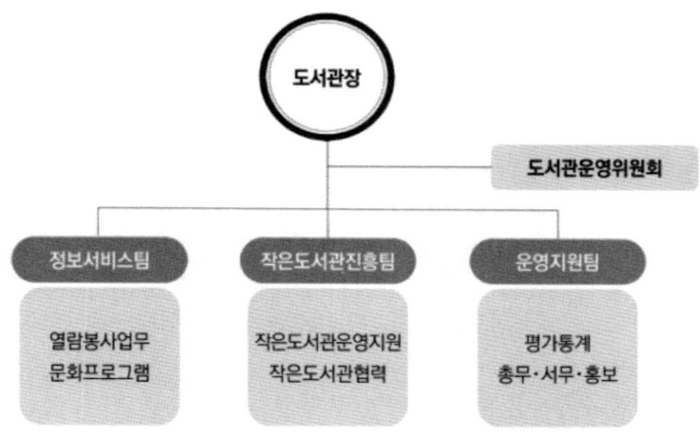

[그림 4-2] 거점도서관의 조직 예시

• 대규모 도서관 : 광역대표도서관/지역중앙관에 해당하며, 지역 내 도서관 정책을 수립하고 시행하는 역할을 한다. 일반적인 도서관 서비스 제공은 물론 지역자료의 체계적 수집·정리, 지역사회 도서관 협력망의 구축·운영, 거점 및 분관도서관(작은도서관 포함) 운영 지원 등 다양한 업무를 담당한다. 이러한 역할을 바탕으로 보다 전문화된 조직과 기능 운영이 가능하다.

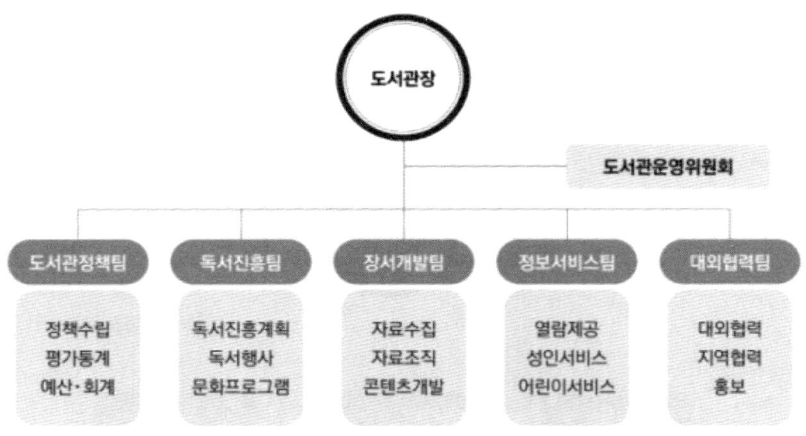

[그림 4-3] **지역중앙관의 조직 예시**

1.2.3 운영 주체에 따른 조직 유형 및 특성

공공도서관의 운영 주체가 누구냐에 따라 예산, 인사, 프로그램 자율성 등 도서관 운영의 전반적인 특성이 달라진다.

- 지방자치단체 직영 : 지방자치단체가 직접 운영하는 형태로, 예산을 안정적으로 확보할 수 있고 행정 기관과의 협력이 쉽게 이루어지는 장점이 있다. 그러나 관료적 시스템에 따라 운영되면서 조직 유연성이 낮아질 수 있다는 한계도 있다.
- 교육청 운영 : 교육청이 운영의 주체가 되는 형태로, 지방자치단체 운영 공공도서관 및 민간 위탁 도서관과는 별도로 조직 체계가 이원화되어 있다. 이러한 운영 구조는 학교 교육 및 청소년 지원 기능을 강화하는 데 중점을 두며, 일반적인 도서관 조직 구성 외에도 청소년 프로그램과 학교 연계 사업 확대에 따라 관련 하위 조직을 별도로 설치·운영할 수 있다. 특히 진로교육, 독서교육, 학습지원과 같은 학교 기반 프로그램을 체계적으로 운영하기 위해 교육지원청

단위의 전담 부서나 전담 담당자를 두는 방식으로 조직을 세분화할 수 있다.

• 지방자치단체 민간 위탁 : 공공도서관을 민간에 위탁 운영하는 형태로 민간 전문성과 유연한 조직 운영을 통해 서비스 혁신과 다양화를 추진할 수 있다. 다만 위탁기관 간 운영 역량 편차, 인력 관리 체계의 안정성 부족, 공공성 확보 미흡 등 조직 운영의 지속성을 저해하는 요인이 존재한다. 이에 따라 표준화된 운영 지침 마련, 인력 고용·보수 기준 정립, 성과평가 및 관리 체계 구축 등 조직 차원의 제도적 보완이 요구된다.

1.3 조직 구성 관련 법규 및 정책

공공도서관의 조직 구성과 관련된 법적 근거는 주로 「도서관법」을 통해 확인할 수 있다. 「도서관법」은 공공도서관의 설치·운영을 위한 기본 틀을 제공하며, 필수 인력의 배치, 도서관의 운영 목표 설정, 다른 기관과의 협력체계 구축 등에 관한 원칙을 규정하고 있다. 이러한 조항은 공공도서관이 수행해야 할 기본적 기능과 조직 운영 방식의 기준을 제시함으로써, 각 지방자치단체가 공공도서관 조직을 설계하는 데 근거로 활용된다.

<표 4-1> 공공도서관 조직 구성 근거(「도서관법」)

조항	내용
第29조(공공도서관의 설치 등)	• 도서관 운영의 효율성과 이용자 편의성을 높이기 위해 체계적인 운영 시스템 구축을 규정함.
第32조(공공도서관의 업무)	• 정보 이용, 문화 활동, 평생학습 등의 기능을 수행할 수 있도록 도서관의 주요 업무를 규정함.
第45조(도서관 인력·시설 및 도서관 자료 등)	• 도서관별 최소 인력 기준을 명시하며, 구체적인 사항은 시행령을 통해 규정됨.

하지만 실제 공공도서관의 조직 구성은 「지방자치법」, 「지방공무원법」, 그리고 각 지방자치단체의 「행정기구 설치 조례」 등 관련 법령에 따라 결정된다. 이에 따라 지방자치단체는 지역의 여건과 행정 체계에 맞추어 도서관을 문화국, 교육청, 주민복지국 등 다양한 부서 소속으로 편제할 수 있으며, 조직도와 직무분장표는 매년 또는 필요시 조정·개편된다.

공공도서관 조직 구성과 관련된 법령 외에도 정책적 지침을 통해 그 근거가 제시된다.

- 「도서관발전종합계획」 : 도서관 발전을 위하여 5년마다 수립되는 국가 도서관 정책으로, 「제4차 도서관발전종합계획(2024~2028)」에서는 지역 주도형 도서관 정책체계 확립, 광역대표도서관의 역할 강화, 운영의 책임성 증대 등 조직 구성의 방향을 제시하고 있다.
- 「2022 공공도서관 건립·운영 매뉴얼」 : 공공도서관 건립과 운영에 필요한 조직 구성 원칙, 조직 유형, 사서의 주요 직무, 인력 배치 기준 등을 구체적으로 안내하고 있다.

또한, 지방자치단체별 조례와 규칙에 따라 도서관의 명칭, 직제, 인원 구성 등이 달라질 수 있다. 이는 각 지역의 특수성과 자율성을 반영한 것으로, 도서관이 지역사회와 긴밀하게 연계될 수 있도록 한다. 이러한 이유로 전국의 공공도서관은 유사한 구조를 가지면서도, 실제 운영 방식에서는 다양성을 보이는 것이 특징이다.

2. 인력 관리

공공도서관의 안정적 운영과 서비스 품질 제고를 위해서는 체계적인 인력 관리가 선행되어야 한다. 직무별 인력을 기준에 따라 적절히 배치하고, 역량 개발 및 지속적인 교육을 병행하는 인력 관리 체계는 도서관의 핵심 기능 수행과 이용자 만족도 향상에 결정적인 역할을 한다.

2.1 인력 기준

공공도서관은 「도서관법」에 따라 원활한 운영을 위해 필요한 인력으로 사서와 전산직원 등 비사서 전문직원을 둘 수 있다. 이에 공공도서관은 그 규모와 기능에 따라 적정한 인력을 확보해야 하며, 이는 지역주민에게 안정적인 도서관 서비스를 제공하기 위해 이용자 서비스, 자료 관리, 시설 운영 등 필수 기능 수행을 위한 최소한의 인력 확보를 의미한다.

공공도서관의 사서직에 대한 인력 기준은 법률적 기준으로 「도서관법 시행령」 제33조 제1항과 관련해 '[별표 5] 사서의 배치 기준'을 따르고 있다. 따라서 공공도서관의 사서 인력은 기본 4명에 '공공도서관 인구수(2만 명 초과)'와 '공공도서관 면적(330제곱 미터 초과)'에 따라 사서를 추가로 두어야 한다. 다만, 광역대표도서관의 경우 기본 사서 인력을 16명 이상 두도록 하고 있다. 이외 이동도서관·스마트도서관 등 문화체육관광부장관이 정하여 고시하는 도서관 서비스를 운영하는 공공도서관은 해당 도서관 서비스마다 사서를 1명 이상을 두어야 한다.

<표 4-2> 사서의 배치 기준(「도서관법 시행령」)

1. 국공립 공공도서관 및 국공립 어린이도서관 등
   가. 사서를 4명 이상 둘 것. 다만, 다음에 해당하는 경우 다음의 구분에 따른 수 이상의 사서를 추가로 두어야 한다.
      1) 공공도서관당 인구 수가 2만명 이상인 경우: 다음 계산식에 따라 계산한 사서 수(소수점 이하는 버린다)

$$사서\ 수 = \frac{공공도서관당\ 인구\ 수 - 2만명}{2만명}$$

      2) 도서관 면적이 330제곱미터 이상인 경우: 다음 계산식에 따라 계산한 사서 수(소수점 이하는 버린다)

$$사서\ 수 = \frac{도서관\ 면적 - 330제곱미터}{330제곱미터}$$

   나. 이동도서관·스마트도서관 등 문화체육관광부장관이 정하여 고시하는 도서관서비스를 운영하는 국공립 공공도서관은 해당 도서관서비스마다 사서를 1명 이상 둘 것

「공공도서관 건립·운영 매뉴얼」(2016년)에서는 다른 인력이 대체할 수 있는 전문사서의 고유 업무를 기준으로 반드시 필요한 최소한의 운영 인력 산출 기준을 제시하고 있다. 사서직 이외의 행정직, 전산직, 기술직, 시설직 등 비사서직 인력은 사서직의 1/3로 산출하는 방식을 제안하고 있다.

따라서 공공도서관의 운영 인력은 사서직의 경우 「도서관법」에 따라 기본 4명에 공공도서관 인구수와 도서관 면적에 따라 사서를 추가하여 산출하되, 업무 기준에 따라 해당 인력의 세부 기준으로 적용하여 구성

하는 것이 타당하다. 이외 비사서직은 사서직의 1/3로 산출하여 구성하도록 한다.

<표 4-3> 최소 운영인력 산출 계획

직렬	적용기준	업무 내용	인력계획
사서직	1단계 (기초업무)	- 대체할 수 없는 사서의 기본업무를 기준 (법정 인력)	- 최소 필요인력 3명 - 사서직 관장 1명
	2단계 (기본업무)	- 문화프로그램/독서문화관련 행사/소외계층서비스/노인서비스/다문화서비스/협력자원 지원 등	- 서비스 당 최소 1명 이상의 사서
	3단계 (확장업무)	- 지역자료수집 - 분관지원 / 작은도서관·이용 도서관 지원 - 지역사회 협력 - 정보자원 공유·협력	- 해당 업무 당 1명
비사서직	-	- 행정업무 - 전산 및 시설 업무	- 사서직의 1/3

※ 「공공도서관 건립 · 운영 매뉴얼」(2016년)의 121p. [표 3.3]을 재구성

그러나 대부분의 공공도서관은 공무원 총정원제, 총액임금제 등의 제도적 한계로 인해 사서 인력 배치 기준을 따르지 못하는 경우가 많다.

2.2 직무

공공도서관은 운영 인력의 직무를 명확히 하고 그에 따른 책임과 권한을 부여해야 한다. 이를 통해 조직의 효율성을 높이고, 인사관리의 공정성과 투명성을 확보할 수 있다.

공공도서관에서는 직무를 크게 사서직과 비사서직으로 구분할 수 있으며, 비사서직은 행정직, 전산직, 시설관리직으로 세분화 될 수 있다.

- 사서직 : 자료 수집, 정리, 대출·반납 관리, 참고 봉사, 독서지도, 자료 분류 및 색인, 독서 프로그램 기획 및 운영, 지역사회 연계 행사 추진
- 행정직 : 인사, 회계, 예산 관리, 문서 작성 및 보관
- 전산직 : 도서관 정보시스템 운영, RFID/IoT 시스템 관리, 홈페이지 및 데이터베이스 유지
- 시설관리직 : 건물 유지보수, 안전관리, 환경미화

직무별로 요구되는 역량 또한 상이하다. 사서직은 정보 분석 및 조직화 능력, ICT 활용 능력, 서비스 마인드가 요구되며, 행정직은 공공행정에 대한 이해와 문서 처리 능력이 필요하다. 그리고 전산직은 도서관 전산시스템 운영, 네트워크 관리, 홈페이지·DB 유지보수, 디지털 서비스 지원 역량이 요구되며, 시설관리직은 시설 관리에 필요한 기술적 지식과 재난 대비 위기 대응 능력이 중요하다.

또한, 각 직무에는 직무기술서*job description*가 마련되어야 하며, 여기에는 주요 업무, 필요 역량, 교육 요건, 평가 기준이 포함되어야 한다. 이러한 직무에 대한 분석 결과는 향후 인력 채용, 인사이동, 교육훈련, 성과평가의 기준 자료로 활용된다.

이 가운데 공공도서관에서 전문적인 사서 인력이 수행하여야 할 핵심

적인 업무로 볼 수 있는 것은 도서관의 중·장기 전략계획 수립, 정보 자료 조직, 장서 개발 및 정보 자료 관리, 정보 교육, 정보 서비스, 독서·문화 프로그램 제공, 대외협력 등이며, 이러한 핵심 업무의 수행을 위해서는 사서 자격증을 가진 전문 인력의 배치가 필수적이다. 그리고 경력이 있는 선임사서와 신규사서를 적절하게 배치하되, 사서직 중심으로 배치하는 것을 기본 원칙으로 해야 한다.

<표 4-4> 공공도서관 사서의 주요 직무영역

구분	내용	
중·장기 전략 계획	- 운영 계획 작성 - 예산요구서 작성 - 운영위원회 개최 - 운영 관련 규정 제·개정 - 민원 업무 처리	- 이용자 만족도 조사 - 관내 게시물 운영 - 공문서 처리 - 직원의 전문성 강화를 위한 계속교육 지원
정보 자료 조직	- 신착 정보 자료 분류 - 신착 정보 자료 MARC 입력 - 자료 이용 현황 분석	- 웹콘텐츠·e-book 관리 - KOLAS 등 목록시스템 유지관리
정보 서비스	- 이용자 집단별 영역별 교육 프로그램 개발 - 도서관 이용 교육	- 정보탐색 교육 - 컴퓨터 및 정보 활용 교육 - 자료 이용 안내 자료 발간
정보 교육	- 이용자 집단별 영역별 교육 프로그램 개발 - 도서관 이용 교육	- 정보탐색 교육 - 컴퓨터 및 정보 활용 교육 - 자료 이용 안내 자료 발간
장서 개발 및 관리	- 장서 구성 계획 - 자료선정위원회 개최 - 신착 자료 안내 - 구입 예정 자료조사 - 구입 자료 주문·서고 보관 자료 선정	- 기증 자료 수집 - 자료 평가 - 자료 점검 - 미이용 자료 선별 - 자료통계작성
독서 프로그램	- 연간 독서 활동 운영 계획 수립 - 계층별 권장도서목록 발간 - 독서 홍보 자료 발간	- 독서교실 운영 - 방과 후 독서활동 지원 - 독서 토론수업 운영 - 독서 치료프로그램 운영
문화 프로그램	- 운영 계획 수립 - 수요 조사 - 홍보	- 진행 - 평가
대외 협력	- 지역사회 기관 및 단체와의 교류 협력 - 국립중앙도서관과의 교류 - 학교도서관 업무지원 및 관계자 교육	- 작은도서관 관계자 연수 - 국내 도서관과의 교류 - 기타 기관과의 협력

2.3 인사관리

공공도서관의 인사관리는 직원 채용, 근무 평가, 승진 및 보상, 복지 제도 등 다양한 영역을 포함하며, 정규직, 무기계약직(공무직), 기간제 등 다양한 고용 형태에 따라 관리 기준이 마련되어 있어야 한다.

직원 채용은 일반적으로 공개 채용의 형태로 이루어지며, 사서직의 경우 「도서관법」에 의거 사서 자격증 소지 여부가 필수 요건이다. 지방자치단체는 필기시험, 서류 심사, 면접 등의 절차를 통해 전문성과 적합성을 평가하여 채용을 진행한다.

근무 평가 및 인사고과는 일정 주기(연 1~2회)로 실시되며, 업무 수행 능력, 협업 태도, 이용자 응대, 프로그램 운영 실적 등이 주요 평가 항목으로 포함된다. 평가 결과는 승진, 재계약, 보상 등과 연계되어 직원의 동기를 유발하며, 평가의 공정성과 피드백 시스템의 운영이 중요하다.

승진은 별도의 인사 규정에 따르며, 일정 경력과 평가 점수를 충족한 경우 직급 상승이 가능하다. 계약직의 경우 평가 결과에 따라 재계약 여부 및 임금 인상 여부가 결정된다. 이 외에도 성과 우수자에 대한 포상, 특별 휴가, 교육 기회 제공 등 다양한 보상 제도를 통해 업무 몰입도를 높이고 있다.

근무 환경 및 복지 제도 역시 조직의 안정성 확보에 중요한 요소이다. 최근에는 유연근무제 도입, 복지 포인트 지급, 교육 휴가 제공, 휴게 공간 개선 등 직원의 워라밸을 보장하고 조직 만족도를 제고하기 위한 다양한 제도들이 도입되고 있다.

3. 운영 예산

3.1 예산의 개념 및 원칙

공공도서관의 예산은 원활한 도서관 서비스 제공을 위해 회계연도 동안 수행할 사업이나 활동에 필요한 재원을 계획적으로 배분하고, 그 재원을 조달하는 방식과 규모를 수립한 계획이다. 즉, 공공도서관의 모든 기능과 역할을 회계연도 동안 세입(공공도서관이 확보할 수입으로 국고보조금, 지방비, 자체 수입 등)과 세출(공공도서관이 집행할 지출로 자료구입비, 인건비, 운영비 등) 금액으로 표현한 예정적 계획서로, 운영의 효율성과 업무의 성과를 측정할 수 있는 중요한 경영 계획의 일부이다. 이는 단순한 수입과 지출 계획을 넘어서 공공도서관의 운영 방향, 사업 우선순위, 성과 측정 기준을 제시하며, 장서 개발, 정보 서비스 제공, 시설 관리 등 다양한 기능의 실행 기반이 된다. 예산은 또한 조직 내 의사결정의 기준이자 조정과 통제, 커뮤니케이션, 평가, 동기부여 등 다양한 경영 기능을 수행하는 중요한 수단이 된다.

이러한 공공도서관의 예산은 공공도서관의 인적, 물적, 정보적 자원을 운용할 수 있을 정도로 충분히 확보되어야 하며, 이를 위한 법적, 제도적, 행정적 장치가 확고하게 마련되어야 한다. 또한 민간기부금 등의 외부 자금 조달 방안도 고려할 필요가 있다. 그리고 공공도서관의 예산은 예산 집행 지침에 따라 효율적으로 집행되어야 하며, 집행 내역은 명확하게 기록 및 관리되어야 한다. 도서관장은 예산의 배정과 집행에 관한 일체의 권한을 확보할 필요가 있다.

때문에 공공도서관 예산은 다음과 같은 기본 원칙에 따라 관리되어야 한다.

- 회계연도의 독립성 원칙 : 회계연도마다 사용할 경비의 재원은 당해 연도 수입으로 조달하고 지출해야 함
- 재정 운영의 건전성 원칙 : 수지 균형을 위하여 재정적 적자를 초래하지 않아야 함
- 목적 외 사용 금지 원칙 : 세출예산은 편성 목적에 맞게 집행함으로써 계획적인 재정운영과 의결 사항을 존중해야 함
- 총계주의 원칙 : 모든 수입은 세입으로, 모든 지출은 세출로 잡아 양자를 공공도서관 예산으로 편성해야 함
- 한정성 원칙 : 공공도서관 예산의 연도 및 항목 간에는 한계가 명확해야 함
- 직접적 사용 금지 원칙 : 모든 수입금, 즉, 현금예산은 직접 사용할 수 없으므로 지정기관에 수납되어야 함

예산은 공공도서관의 모든 활동을 정당화하는 필수 수단이다. 장서개발, 정보 서비스 확대, 시설 개선 등 중·장기 계획이 수립되더라도 예산이 뒷받침되지 않으면 실행이 불가능하다. 예산서에는 공공도서관이 연간 수행할 업무의 우선순위, 추진 일정, 전략 방향 등이 반영되어 있어 도서관 운영의 핵심 의사결정 도구로 활용된다. 그러므로 공공도서관 예산은 단순한 수치 문서가 아닌, 도서관 운영의 전략적 지도 역할을 한다.

또한, 예산은 공공도서관의 경영 효율성, 장서 개발의 최적화, 정보서비스의 질 향상 등에 큰 영향을 미치는 핵심 요소로, 합리적인 계획과 효율적인 집행, 객관적인 평가가 전제되어야 낭비와 부실을 방지할 수 있다. 예산의 편성과 집행 결과는 도서관이 설정한 목표 달성 여부

를 평가하는 근거가 되며, 그 타당성과 적절성을 판단할 수 있는 기준이 된다. 그리고 당해 연도의 예산 결과는 다음 해 예산 편성의 기초 자료로 활용되며, 재정 부담 주체에게 설명 책임을 이행할 때 중요한 근거 자료로 작용한다.

예산의 종류로는 자본(투자)예산, 운영(경상)예산, 현금예산(자금)이 있다.

- 자본예산*capital budget* : 도서관의 각종 고정자산(자료구입비, 가구 설비 및 정보기기 구입비, 부지 매입 및 건축비 등)에 지출하는 예산. 장기적인 계획에 따른 편성 필요
- 운영예산*current budget* : 회계연도에 건물을 관리·운영하고 교육 학술 자료 및 정보 서비스를 제공하는 데 소요되는 각종 예산. 매년 고정적으로 배정되기 때문에 경상예산으로도 지칭되며, 인건비(봉급, 수당) 자료비(정리, 제본), 설비비(감가상각비), 관리비(유지보수, 공공요금), 간접비 등 포함
- 현금예산*cash budget* : 도서관의 원활한 경영활동에 따른 현금의 유출입 계획에 필요한 예산. 기부금, 연체료, 복사비, 검색이용료, 상호대차, 원문복사서비스 등에 따른 이용료 등 포함

3.2 예산 편성

공공도서관의 예산 편성은 공공도서관이 한해 또는 장래 몇 년 동안 수행하고자 하는 계획과 사업을 비용 측면에서 구체화하는 과정이다. 이러한 과정에서 공공도서관 관리자는 사용될 재원을 추정하여 산출하고, 각 부서는 기존의 사업 가운데 계속할 사업과 새로 착수할 사업을

선정하고 이에 소요되는 지출 규모를 확정하게 된다. 일반적으로 예산은 보통 회계연도(1년 단위)로 편성되지만, 자원의 효과적인 활용을 위해서는 중·장기 계획에 연계되어 편성된다.

공공도서관의 예산 편성은 대부분 지방자치단체의 예산 계획 과정에 따라 운영되며, 일반적으로 연간 계획에 기초해서 다음과 같은 절차를 거친다.

첫째, 예산 편성을 위한 사전 준비를 한다. 내부 부서 및 팀에서 차년도 사업계획을 수립하며, 여기에는 중기지방재정계획, 정책 우선순위, 도서관 발전 계획 등을 반영한다. 이를 통해 예산 항목별 소요액 산정 및 근거 자료를 수집하게 된다.

둘째, 예산 요구 및 검토를 한다. 도서관장은 기관별 예산요구서를 작성하여 해당 지방자치단체에 제출하게 된다. 지방자치단체는 예산 관련 부서(기획예산과 등)에서 도서관별 요구액을 종합하고 1차 검토한다.

셋째, 예산을 편성한다. 지방자치단체 내부 심의 및 우선순위에 따른 조정을 거치며, 각종 심의회의(예산심의위원회, 지방자치단체 의회 등)를 통해 확정된다.

넷째, 예산이 확정되고 해당 도서관에 통보된다. 예산은 지방의회의 의결을 거쳐 확정되며, 확정된 예산이 각 부서 및 도서관에 통보된다.

다섯째, 편성된 예산의 집행과 관리를 한다. 연간 예산 계획에 따라 각 사업별 예산을 집행하고, 분기별·월별 집행 계획 수립 및 실적을 점검한다. 이때 보조금 관리와 필요시 세출 조정 등을 수행하게 된다.

여섯째, 예산 결산 및 감사를 한다. 회계연도 말에 예산 집행 내역을 결산하며, 실적보고서 작성 및 내부 성과 평가를 수행한다. 이러한 결과는 차년도 예산 수립을 위한 피드백 자료로 활용한다.

공공도서관의 예산 항목은 일반적으로 인건비, 자료구입비, 운영비로 구성된다. 「2024 공공도서관 건립 · 운영 매뉴얼」에 따르면 공공도서관의 예산 항목 배정 비율은 「국가도서관통계」를 바탕으로 공공도서관 운영의 실제적 배정 비율을 고려하여 최소 조정·배분해야 하며, 객관적 산출 근거를 통해 예산을 산출해야 한다. 다만, 「(2013년판)한국도서관기준」은 인건비 45～55%, 자료비 20～25%, 기타 운영비 30～40%를 기준으로 제시하고 있다.

예산 항목에 따라 예산 배분 및 산출 근거로 인건비는 정규직과 비정규직 등 기타로 구분하며, 공공도서관의 인력 구성에 따라 전체 예산의 45～55%로 책정하는 것을 권장한다. 비정규직은 정원에 포함되지 않는 인원(공무직, 임기제, 기간제근로자, 정원에 포함되지 않는 인력 등)으로 해당 도서관과 고용관계를 맺고 일정 기간 근무하는 지원인력을 포함한다.

<표 4-5> 공공도서관 인건비 산출 방식

항목	산출 방식
정규직	봉급(기본급)[4] : 인사혁신처 직종, 직급별 공무원 봉급표의 호봉 중앙값 × 12개월 수당 등[5] : 봉급의 60%~80%를 책정
비정규직 등 기타	해당 지방자치단체 및 교육청의 유사 직종별 보수 규정 지침

4) 봉급(기본급)은 직무의 곤란성과 책임의 정도에 따라 직책별로 지급되는 기본급여 또는 직무의 곤란성과 책임의 정도 및 재직기간 등에 따라 계급별, 호봉별로 지급되는 급여를 말한다.

5) 수당 등은 보수 중의 일부로서 직무 여건 및 생활 여건 등에 따라 지급되는 부가급여를 말하며, 수당으로 상여 수당·가계 보전 수당·특수지 근무 수당·특수 근무 수당·초과근무 수당 등 14종과 실비 변상 등 정액급식비·직급보조비·명절휴가비·연가보상비 등 4종을 포함한다.

자료구입비는 공공도서관의 예산 계획 중 가장 신중하고 체계적으로 계획되어야 하는 부분으로 도서자료(인쇄) 구입비·비도서 구입비·전자자료 구입비(공동, 자체)·연속간행물(인쇄) 구입비로 구분하며, 전체 예산의 8~10%로 책정하는 것을 권장한다. 단, 사무관리비 등 운영비에서 자료구입을 위해 지출된 예산은 자료구입비 예산으로 포함하지 않는다.

<표 4-6> 공공도서관 자료구입비 산출 방식

항목	산출 방식
도서자료(인쇄) 구입비	일반도서 : 평균 정가 × 권 수 어린이(아동) 도서 : 평균 정가 × 권 수 ※ 대한출판문화협회의 최근 연도「출판통계」참조
비도서 구입비	비도서 : 종 × 개별 정가(소장형) 온라인동영상서비스(OTT) : 회선 수 × 연 이용료
전자자료 구입비	전자자료(소장형) : 종 × 개별 정가 전자자료(구독형) : 종 × 1식(연간 구독료)
연속간행물 구입비	연속간행물(인쇄) : 종 × 개별 정가 연속간행물(전자잡지) : 종 × 1식(연간 구독료)

운영비는 인건비와 자료구입비를 제외한 모든 비용으로, 공공도서관 전체 예산의 30~40%로 책정하는 것을 권장한다. 일반적으로 운영비는 원문DB 구축 및 정보화 관련 개발·유지비, 프로그램 운영비, 기타 사업비 총액으로 구분된다.

공공도서관의 예산 편성 방법으로는 품목별 예산 제도*line-item budgeting system*가 가장 범용적으로 사용되고 있다. 품목별 예산 제도는 예산을 지출 항목(품목)별(인건비, 자료구입비, 시설 운영비, 프로그램 운영비 등)로 구체적으로 나누어 편성하고 집행하는 방식이다. 이 제도는 전통적인 예산 편성 방법으로, 지출 대상과 한계를 규정하여 각 품목에서 얼마를 어떤 항목에 쓸 것인지 명확하게 나타내는 것이 특징이다. 장점으로는 예산 편성이 용이하고, 작성이 쉬운 반면, 단점으로 예산의 집행 및 성과가 경시되며, 지나친 형식주의와 절차의 복잡성으로 능률적인 집행과 예산 전용이 어렵다.

이러한 품목별 예산 제도의 대안으로 도입된 사업 예산 제도*program budgeting system*는 모든 예산 과정(계획, 편성과 배정, 집행과 결산, 평가, 환류)과 체계를 도서관 사업을 중심으로 구조화하고 그 성과를 예산과 직접 연계하는 성과 지향적 예산 편성 방법이다. 즉, "무엇을 위해 얼마를 쓰는가?"에 초점을 맞추는 예산 편성 방법이다. 장점으로 예산이 어떠한 목표를 달성하기 위한 것인지 분명하기 때문에 사업 목적을 이해하기 쉽고, 각 사업의 결과와 효과 측정이 쉽다. 단점으로 사업 단위로 구분하고 성과 지표까지 고려해야 하므로 편성의 복잡성이 증가하고 질적인 사업 성과에 대한 객관적 측정이 어려운 성과 평가의 한계를 가진다.

<표 4-7> 공공도서관 운영비 산출 방식

항목	산출 방식
원문DB구축 및 정보화 관련 개발 · 유지비	공공도서관 웹사이트 운영, 전산기기, 네트워크 등의 소프트웨어 및 하드웨어 유지관리비, 소프트웨어 업그레이드, 정기적 유지보수, 보안점검 등에 소요되는 제반 비용(도입 비용 대비 연간 8~12%)
프로그램 운영비	독서·문화 프로그램 및 행사 강사료, 행사를 위한 홍보비, 자료 제작비, 기타 부대비용 등을 포함한(문화행사, 강좌 등의) 도서관 프로그램 운영비
기타 사업비 총액	시설 장비 유지비 : 시설물 및 기계설비 등의 유지보수 비용, 법정 검사 수수료 등 공공요금 및 제세 공과금 : 시설물 유지에 필요한 전기, 상・하수도, 냉・난방, 통신비 등의 공공요금 자산취득비 : 비품구매 등을 위한 예산 기타 사무경비 : 자료실 운영, 도서관 운영위원회, 특정 사업추진에 따르는 업무추진비, 교육비, 여비, 임차료, 예비비 등

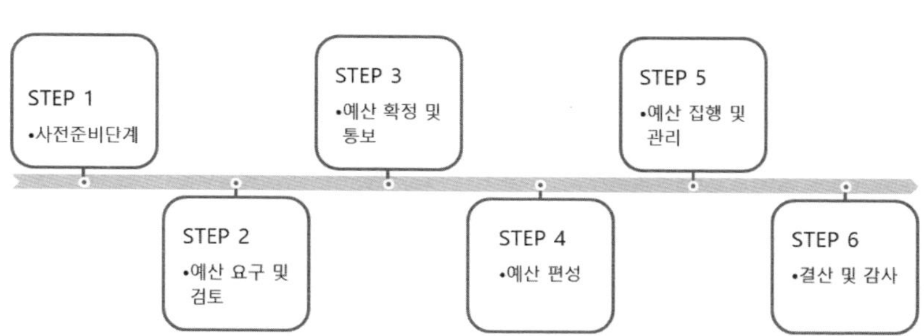

[그림 4-4] 예산 편성 절차

이외 예산 편성 방법으로 총괄 예산 제도*lump-sum budget system*가 있다. 총괄 예산 제도는 초보적인 예산 편성 방법으로 전체 예산 규모와 주요 부분별 배분 규모를 결정하고, 각 부분별로 재량권을 가지고 자율적 집행할 할 수 있도록 한다. 또한, 계획예산제도*planning programming budgeting system*는 장기적인 계획과 단기적인 예산 편성을 유기적으로 결합한 자원 배분에 관한 의사결정을 합리적이고 일관성 있게 행하려는 예산 편성 방법이다. 그러나 계획이 수립되어 있어야 하고 예산의 편성과 관리가 중앙집권화가 될 우려가 있다. 그리고 영기준 예산 제도*zero based budget*는 계속 사업이나 신규 사업을 막론하고 그 능률과 효과성, 사업의 존속·축소·확대 여부를 분석하고 검토하여 사업의 우선순위를 결정하는 예산 편성 방법이다. 그러나 효율성이 낮은 단위사업을 폐지·삭감할 수 있어 사업의 효과성을 제고시킬 수 있으나, 예산 규모가 적은 조직은 우선순위에 밀릴 수 있다.

3.3 예산 집행 및 운영

편성된 예산은 공공도서관의 연간 운영 계획에 따라 분기별 또는 월별로 배분되어 집행된다. 예산 집행은 각 부서의 요청을 바탕으로 행정지원 부서 또는 회계 담당자가 수행하며, 지방자치단체의 재무회계규칙에 따라 세출 품목별 지출 절차를 준수해야 한다.

예산 집행 과정에서 가장 중요한 요소는 '정확한 회계 처리'와 '투명한 지출 증빙'이다. 각 항목의 지출은 지출결의서, 세금계산서, 영수증 등으로 증빙되며, 분기별 또는 반기별로 내부 감사 또는 외부 회계감사가 이뤄진다. 이를 통해 예산 낭비, 잘못된 지출 등을 예방할 수 있다.

공공도서관에서는 '성과 중심 집행'을 원칙으로 하여, 사업별 성과 목표를 사전에 설정하고, 예산 사용 결과를 평가에 반영한다. 예를 들어, 독서 프로그램에 투입된 예산이 실제로 얼마나 많은 시민의 참여와 만족을 이끌어냈는지를 평가하여 다음 연도 예산 조정의 기초 자료로 활용한다.

3.4 예산 결산 및 감사

3.4.1 예산 결산

공공도서관은 회계연도 내 도서관 예산 집행의 결과를 확인하고 평가하는 결산을 한다. 공공도서관의 경우 「지방자치단체 결산 통합 기준」에 따라 지방자치단체 의회의 예산결산특별위원회 또는 관련 부서에서 도서관의 세입 및 세출을 분석하고, 예산 배정의 적절성, 예산 집행 실적, 주요 사업 성과 등을 검토한다. 이러한 검토를 통해 공공도서관 운영의 효율성을 높이고, 다음 예산 편성 시 개선 사항을 반영할 수 있다.

이에 따라 공공도서관은 회계연도 내의 세입과 세출 집행 실적을 확정적 계수로 표시하는 결산보고서를 작성한다. 결산보고서는 단위 사업별로 실적 내용을 상세하게 분석·작성하여 지방자치단체 및 모체 기관에 제출하며, 일정한 법률이나 규정에 의거 결산 내용을 공지해야 한다.

결산보고는 대부분 회계연도 이후에 이루어지나 월 또는 분기마다 결산보고를 할 수 있다. 이를 통해 공공도서관의 목적 달성도를 분석하고 예산 편성의 타당성과 집행의 적절성을 평가하며, 도서관 운영 성과를 바탕으로 홍보자료로 활용한다.

3.4.2 예산 감사

공공도서관이 편성하고 집행된 예산에 대해 해당 업무나 활동에서 적합하게 집행하였는지 확인하는 작업으로 정확성, 합법성, 효율성, 효과성을 점검하기 위해 실시한다. 주로 상급 기관, 지방자치단체의 감사부서, 또는 감사원에서 실시하며, 자체 감사를 병행하기도 한다.

이러한 공공도서관 예산 감사의 목적은 공공 자금인 예산의 낭비와 부정을 예방해서 세금 낭비를 방지하고, 도서관 운영에 대한 신뢰성과 투명성을 바탕으로 책임성을 확보하기 위해서이다. 그리고 예산 감사 지적 사항을 바탕으로 내부 예산 집행 과정 및 예산 운영 방식을 개선하며, 단순한 예산 지출 확인을 넘어 사업의 효과까지 점검하여 성과 중심의 도서관 운영을 촉진하기 위함이다.

공공도서관의 예산 감사 종류로는 목적에 따라 운영 감사(회계감사)와 규정 순응 감사, 시행 주기에 따라 정기 감사와 수시 감사, 주체에 따라 외부 감사와 내부 감사로 구분된다. 예산 감사 목적에 따른 운영 감사는 경제성과 효율성의 점검으로 자원을 경제적이거나 효율적인 방법으로 관리 활용하고 있는지를 판단하고 비효율적인 것에 대한 원인을 분석한다. 의도된 결과와 성취를 얻었는지, 그 결과와 성취가 더 낮은 비용으로 산출될 수 있는 대안들을 고려하였는지 등에 관해 판단하게 된다. 그리고 규정 순응 감사는 적절한 회계 절차에 따라 시행되었는지, 보고서들을 준비하였지, 각종 규칙과 규제를 따랐는지 등을 확인한다. 또한, 예산 감사의 시행 주기에 따라 정기 감사는 일정 주기(예, 연 1회)에 따라 계획적으로 실시되며, 수시 감사는 특정 사안이나 문제 제기에 따라 비정기적으로 실시된다. 이외 예산 감사의 주체에 따라 외부 감사와 내부 감사로 나눌 수 있다. 외부 감사는 공공도서관의 예산 집행, 회계 처리, 사업 성과 등을 외부 기관이 독립적 시각에서 점검하는 감사이다. 보통 감사원, 지방자치단체의 감사부서, 또는 외부 회계법인 등이 수행한다. 내부 감사는 도서관 내부의 감사담당자나 부서에서 내부 점검 목적으로 시행한다.

생각해 보기

공공도서관은 조직, 인력, 예산을 기반으로 운영되며, 이제는 지역사회와의 협력이 핵심 과제가 되고 있습니다. 이 세 가지 요소를 협력의 관점에서 어떻게 새롭게 활용할 수 있을지 함께 고민해 봅시다.

1. 조직 협력 모델 탐색

공공도서관이 지역사회 기관·단체와 협력할 때, 어떤 조직 구조(기능 중심형, 매트릭스형 등)가 가장 효과적일까요? 실제 우리 지역 공공도서관에 적용한다면 어떤 모습일까요?

2. 인력 운영과 사회적 자본

공공도서관 사서와 비사서 인력의 역할을 고려했을 때, 지역사회 협력과 디지털 포용을 강화하기 위해 필요한 새로운 직무나 인력은 무엇일까요?

3. 예산과 지속가능성

예산 배분(인건비, 자료구입비, 프로그램 운영비 등)에서 지역사회 협력과 청년 참여를 확대하기 위해 어떤 부분을 강화하거나 조정하면 좋을까요?

05

공공도서관의 정보자원 관리

장지숙

이화여자대학교에서 도서관학을 전공하고 같은 학교 대학원에서 석사와 박사를 취득했다.
파주시 교하도서관의 초대 관장, (사)포럼 문화와도서관의 사무국장으로 일했다.

1. 공공도서관 정보자원 관리의 개념

21세기 정보 환경은 끊임없이 변화하고 있으며 공공도서관은 이러한 변화의 최전선에 있다. 전자 자원, 오픈 액세스, 빅데이터 같은 새로운 기술과 개념이 등장하면서, 공공도서관 장서의 개념과 개발 및 관리 방식에 큰 영향을 받고 있다. 이러한 변화 속에서도 공공도서관의 장서 개발 및 관리는 여전히 도서관의 핵심 기능이라고 할 수 있다. 이 장에서는 정보자원 관리가 도서관의 핵심 기능인 이유를 기술하고 어떻게 효과적으로 수행할 수 있는지를 다룬다. 장서 개발 및 관리는 도서관의 자료 선정, 획득, 평가, 제적, 보존을 포함하는 모든 활동으로 공공도서관의 사명을 지원하고 지역사회 이용자의 요구를 충족시키는 데 필수적이다.

공공도서관은 지역사회 이용자의 정보, 교육, 여가 요구를 충족시키는 것을 목표로 한다. 이러한 목표를 달성하기 위해 장서 개발은 공공도서관의 가장 기본적인 업무 중 하나로 지역 주민의 필요를 파악하고 그에 맞는 자료를 제공하도록 해야 한다. 과거에는 인쇄 자료의 수집과 보존이 주를 이루었지만, 오늘날에는 전자책, 오디오북, 스트리밍 미디어 등 다양한 형식의 자료를 포함하는 장서를 구축하고 관리하는 것이 중요해졌다. 특히, 기술 발전으로 공공도서관의 전자책 장서에 대한 요구는 지속적으로 증가하고 있다. 공공도서관은 새로운 형식의 자료를 가장 잘 수용하고 필요에 따라 변화할 의지가 높은 기관이어야 한다.

장서 개발 및 관리는 도서관 사명의 핵심적인 부분으로 인쇄본과 전자자원을 구축하고 유지하는 모든 활동을 의미한다. 여기에는 자료 선정, 수서, 평가, 제적, 보존 등이 포함된다. 장서 개발은 자료를 선정하고 획득하는 과정이고, 장서 관리는 자료 수집 후 수행하는 유지보수 활동(㉥ 제적, 보존 등)을 의미한다. 장서 개발을 담당하는 사서는 물리적, 가상적, 내부 및 원격으로 이용할 수 있는 다양한 장서를 구축하기 위한 계획, 개발, 라이선스, 수서 및 관리 업무를 담당한다. 공공도서관은 지역사회의 다양한 목소리와 관점을 담아내는 장소로 원활한 도서관 서비스를 제공하기 위한 기본적인 활동으로 장서개발의 역할이 더욱 중요하다. 따라서 공공도서관은 이용자들의 변화하는 요구를 충족시키기 위해 끊임없이 노력해야 할 필요가 있다.

2. 장서 선정 및 선정 도구와 선정 방식

2.1 장서 선정 기준

공공도서관 자료 선정은 이용자 요구, 도서관 사명, 재정적 제약 등을 고려하는 복합적인 과정으로 선정 업무를 담당하는 사서는 지역사회가 관심을 가질 자료를 수집하기 위해 노력해야 한다.

- 선정 기준: 내용의 질, 저자와 출판사의 명성, 출판 시기의 적절성, 정확성, 가독성, 소장 가치, 비용 효율성, 접근성 등이 중요하다.
- 수요와 가치의 균형: 이용자들이 원하는 자료와 도서관이 제공해야 한다고 믿는 자료 사이의 균형을 찾아야 한다. 전자 자료는 공공도서관의 주요한 수서 대상이 되었으며, 인쇄 자료보다 특별한 선정 기준이 필요하다.
- 권위 및 정확성: 웹 기반 자료의 경우, 정보의 출처와 질을 평가하는 것이 중요하다.

- 기술적 접근성 및 사용성: 기존 인쇄 자료보다 이용자 요구를 더 잘 충족하는지, 필요한 장비와 소프트웨어는 무엇인지, 기술적 문제가 없는지 등을 고려한다.
- 중복 및 보완: 기존 장서와의 중복 여부 및 정보의 공백을 채워줄 수 있는지 평가를 한다.
- 라이선스 및 계약 조건: 라이선스 제한 사항, 상호대차 가능 여부, DRM*Digital Rights Management* 문제, 장기 보존 문제 등을 면밀히 검토할 필요가 있다.
- 비용 모델: 전자 자료의 비용 구조(영구 접근, 구독, 이용 횟수 기반 등)를 이해하고, 인쇄본과의 가격 차이, 장기적인 비용(보존, 기술 지원 등)을 고려해야 한다.
- 접근성: 장애인 이용자를 위한 접근성은 필수적인 사항이다.

2.2 자료 선정 도구 및 정보원

자료 선정을 위해 도움을 받을 수 있는 서지 정보원은 다음과 같다.

한국출판문화산업진흥원*KPIPA*의 출판포털 '북토피아'는 출판 동향, 신간 정보, 우수도서 선정 목록 등을 제공한다. 교보문고, 예스24, 알라딘 등 인터넷 서점의 도서 판매 순위 및 신간 정보는 시장에서 인기를 얻고 있는 도서를 파악하는 데 유용하다. 각종 서평지 및 문학 잡지는 전문가들의 비평과 서평을 통해 도서의 문학적, 학술적 가치를 판단하는 데 도움을 준다. 대표적으로 〈서울리뷰오브북스〉가 있으며, 어린이와 청소년 도서 선정을 위해서는 〈학교도서관저널〉이 있다.

국립중앙도서관의 〈납본 목록〉은 국내에서 발행되는 모든 출판물의 목록을 통해 최신 자료를 확인할 수 있다. 학술 분야와 교양 분야에서 우수한 도서를 선정하여 발표하는 문화체육관광부의 〈세종도서〉 선정 목록은 도서관 장서 구축의 중요한 참고 자료로 활용할 수 있다.

국가자료종합목록*KOLIS-NET*은 국내 도서관이 소장한 자료 목록을 통합적으로 검색할 수 있어, 자료의 중복을 피하고 희소한 자료를 파악하는 데 유용하다.

각 출판사의 신간 안내 자료(북 리스트)는 출판사에서 직접 제공하는 신간 정보로, 출판 예정 도서나 특정 출판사의 경향을 파악할 수 있다.

3. 장서개발 정책

문서화된 장서 개발 정책은 공공도서관 자료의 선택, 제적, 관리를 안내하는 청사진 역할을 한다. 정책이 없으면 자료 선택이 일관성 없이 이루어지거나 재정적 자원 사용이 비효율적으로 변할 수 있기 때문이다. 정책은 일관된 절차를 보장하고, 도서관의 책임성을 입증하며, 외부 압력으로부터 도서관을 보호하는 역할을 할 수 있다. 또한 장기적, 단기적 이용자 요구를 파악하고 자금 할당 우선순위를 정하는 데 도움을 줄 수 있다.

공공도서관의 장서 개발 정책은 일반적으로 다음 요소를 포함한다.

- 도서관의 사명 및 지역사회 주민 특성: 도서관의 목적을 설명하고 지역사회 주민의 인구 통계, 교육 수준, 관심사 등을 정의한다.
- 자료 선정 기준 및 지침: 자료 선택을 위한 구체적인 기준(㉮ 내용의 질, 저자와 출판사의 명성, 최신성, 비용 효율성)을 제시한다.
- 제적 절차 및 기준: 자료의 제적, 취소, 보관 및 교체 과정을 정의한다.
- 정책: 기증 자료의 처리 원칙과 절차를 명시한다.

- 지적 자유: 검열에 대한 도서관의 입장을 명확히 하고, 자료에 대한 이의 제기 처리 절차를 포함한다.
- 전자 자료 관리 방안: 라이선스 및 계약 조건, 접근성, DRM, 비용 모델, 장기 보존 문제 등 전자 자료에 특화된 고려 사항을 명시한다.

장서 개발 정책은 고정된 문서가 아니라 변화하는 도서관 환경에 맞춰 지속적으로 검토, 수정 및 업데이트 되어야 한다. 특히 전자 자원의 급증은 정책 재검토의 주요 원인이 되고 정책은 유연성을 가지고 변화하는 이용자 요구와 기술 등에 대응해야 한다. 공공도서관의 경우 정책은 웹사이트에 게시되어 일반 대중에게 공개한다.

[그림 5-1] 장서개발정책의 요소

사례

- 대구 수성구립 용학도서관의 〈장서개발지침〉

4. 수서 과정과 방법

4.1 수서 업무

공공도서관의 정보자원 관리는 장서개발정책에 근거해서 자료를 선정한 후에 수서 업무를 수행한다. 수서 업무는 도서관 장서를 구축하는 구입, 기증, 교환 등의 방법으로 자료를 확보하는 활동이다. 수서 업무를 통해 수집된 자료는 편목 업무를 거친 후에 이용자가 이용할 수 있다.

도서관 장서를 확보하는 방법으로서 구입은 도서관이 필요한 도서를 구매하는 것으로 구매 전에 선정 단계를 거치게 된다. 사서의 전문성을 바탕으로 선정한 목록을 자료선정위원회의 심의를 거친 후 최종 구매 리스트를 확정한다. 구매 방법은 크게 정기 수서와 수시 수서로 나눌 수 있다.

정기 수서는 직접 구매와 대행 구매를 이용하는데, 직접 구매는 도서관에서 직접 주문을 하는 것이고, 대행 구매는 도서관에서 선정한 구입 목록을 업체가 대신해서 구매하는 것이다. 대행 구매는 경쟁 입찰과 수의 계약을 선택할 수 있다. 특히 연속간행물의 경우는 대행 구매를 이용하는 경우가 많다.

자료를 수집하는 방법으로 기증과 교환이 있다. 기증은 무상으로 자료를 받는 방식으로 공공도서관은 기증된 자료가 도서관 정책에 부합하는 경우에만 장서에 추가하도록 한다. 따라서 기증된 자료는 일단 도서관의 소유가 되며, 도서관은 처분 권한을 가져야 한다. 교환은 필요한 자료를 다른 기관과 교환하는 방식으로 이루어진다.

4.2 정기 수서 절차

도서관의 자료를 구입하는 절차는 아래와 같이 진행한다.

- 자료 선정 및 복본 조사: 장서 확충 계획에 맞춰 신간 자료를 중심으로 자료를 선정하고, 기존 소장 자료와의 중복 여부를 확인하는 복본 조사를 실시한다. 목록에 의한 신청 자료의 복본 여부를 조사하고, 신청한 책의 활용성, 자료의 수준, 적합성을 고려하여 선정한다.
- 자료선정위원회 심의: 선정된 자료 목록은 자료선정위원회(또는 자료선정협의회)의 심의를 거친다. 이 위원회는 도서관운영위원회와는 별도로 자료의 선정을 승인하고 이에 대한 책임을 지며, 관장을 포함한 사서 및 문화계, 교육계 인사, 도서관 이용자 대표 등 학식과 경험이 풍부한 인사로 구성된다. 위원회는 자료 구성의 장단기 계획 수립, 구입 자료 선정 및 등록 여부 등을 심의한다.
- 구입 목록 작성 및 품의: 심의를 통과한 자료들을 바탕으로 구입 목록을 작성하고 구매를 위한 품의를 진행한다.
- 입찰, 납품 및 검수: 작성된 구입 목록에 따라 입찰을 통해 납품업체를 선정하고, 선정된 업체로부터 도서를 납품받은 후 검수 과정을 거친다. 검수 시에는 수서 도서와 자료 리스트를 대조하고 장비 작업을 마친 자료의 일치 여부를 확인한 후 도서관리시스템에 인수 처리한다.

4.3 수시 수서 절차

수시 수서는 도서관의 정기적인 예산 집행 일정과 관계없이, 이용자들의 긴급한 정보 요구에 즉각적으로 대응하기 위해 수시로 자료를 구입하는 방식으로 대부분의 도서관에서 희망도서 신청이라는 이름으로 운영한다.

수시 수서를 통해 다음과 같은 효과를 얻을 수 있다. 이용자들이 요청한 신간 도서, 특정 주제 자료, 학습 및 연구에 필요한 자료 등을 신속하게 확보하여 도서관 서비스에 대한 만족도를 높일 수 있다. 사회적 이슈나 최신 동향을 다룬 자료를 즉각적으로 구입함으로써 장서의 시의성을 유지할 수 있다. 예를 들어, 특정 드라마나 영화의 원작 소설이 인기를 얻을 때나, 시사적인 주제의 책이 출판되었을 때 즉시 구매하여 이용자들의 관심에 부응할 수 있다. 정기 수서 시기를 놓쳤거나, 예상치 못한 수요가 발생한 자료를 보충하여 장서의 공백을 최소화합니다.

수시 수서의 절차는 먼저 이용자들이 직접 도서관 홈페이지나 서면으로 희망 도서나 자료를 신청하고, 사서는 신청 자료가 도서관의 장서개발정책에 부합하는지, 이미 소장 중인 자료는 아닌지 등을 검토한 후에 신속하게 구매를 승인하고 발주한다. 수시 수서는 지역 서점이나 온라인 서점을 이용하는 경우가 많다.

수시 수서는 정기 수서보다는 빠른 처리가 가능하지만 도서 주문 및 납품, 도서 정리 및 장비 작업을 해야 하므로 신청자가 대출을 하려면 기다려야 한다. 희망도서가 이용 가능한 상태가 되면 신청자에게 알림 서비스를 제공하며, 신청자가 먼저 이용할 수 있도록 우선 대출 기회를 제공한다.

수시 수서는 장서개발정책에 명시된 원칙과 기준에 따라 이루어져야 하며, 예산의 투명한 관리를 위해 별도의 예산 항목을 설정하거나 정기적인 보고를 통해 관리하는 것이 중요하다.

이용자의 희망 도서 신청은 정기 수서와 다른 절차를 통해 처리한다. 희망 도서는 신청 기준에 적합한 도서의 경우 가능한 빠른 시일에 구입을 진행한다.

최근에는 희망도서 신청을 한 후 이용까지 시간이 소요되는 점을 없애고 이용자가 바로 도서를 읽을 수 있도록 하는 지역 서점에서 바로 책을 대출하여 이용한 후 다시 서점으로 반납하는 동네 서점 바로 대출 제도를 시행하는 도서관이 늘고 있다.

4.4 자료 구매 방식

자료를 구매하는 방식은 도서관에서 직접 구매하는 방법과 대행 구매가 있다.

직접 구매는 도서관이 직접 출판사나 서점을 통해 도서를 구입하는 방식이다. 정기간행물의 경우 도서관에서 직접 개별 구독할 수 있으며, 발간 즉시 신속하게 자료를 받을 수 있는 장점이 있다. 그러나 200~300여 종의 잡지를 일일이 구독 처리하고 개별적으로 배송받기 때문에 담당자의 업무가 과중되는 단점이 있다. 해외 도서의 경우 직접 구매는 배송료나 시간, 배송 사고 대응 면에서 유리할 수 있으며, 면세 한도 이내이거나 도서인 경우 간접세가 면제될 수 있다는 이점이 있다.

신간 도서 실물 수서는 직접 구매하는 방법 중 하나로 담당자가 직접 현물 도서를 보고 도서관에 필요한 도서인지 판단하고, 최신간 도서를 구입하는 방식이다. 국내 신간 자료를 대상으로 도서의 실제 내용을 확인하고 구매함으로 이용자가 빠르게 이용할 수 있다.

대행 구매는 도서 납품 전문 업체를 통해 도서를 구입하는 방식이다. 연간 총액 단가계약이나 건별 단가계약을 통해 업체를 선정하여 대량 구매를 진행한다. 이는 도서관의 행정적 부담을 줄일 수 있으나, 선정된 업체가 부실할 경우 납품 지연이나 이용자 불만이 발생할 수 있으며, 납품 소요 시간이 증가해 도서 입수가 느려질 수 있다.

연간 총액 단가계약은 구입액 전체를 기준으로 연도별로 단가를 결정하고 계약하는 방법이다. 도서관이 수시로 발주 요청하면 업체는 도서를 납품하고 연말에 총액을 정산한다. 납품업체를 안정적으로 선정할 수 있는 장점이 있으나, 선정된 업체가 부실할 경우 납품 지연이나 이용자 불만이 발생할 수 있으며, 연간 총액 단가가 낮으면 주문 도서 실적이 저조할 수 있다.

건별 단가계약은 책을 구입할 때마다 납품업체를 매번 선정하고 입찰하는 방법이다. 경쟁력을 강화할 수 있으나, 계약을 수시로 해야 하는 번거로움과 행정력 낭비, 납품 소요 시간 증가로 인한 도서 입수 지연이 단점이다. 또한, 업체가 자주 바뀌면 MARC 작업 등 목록의 일관성이 떨어질 수 있다.

납품 업체를 선정하는 방식은 경쟁 입찰과 수의 계약이 있다. 경쟁입찰은 가장 많은 도서관이 채택하는 방식으로, 입찰에 참여한 여러 업체 중 최저가로 납품을 제시한 업체를 선정하여 계약을 체결한다. 이는 입찰 절차의 공정성을 확보하고 가격 경쟁을 통해 예산을 절감할 수 있다는 장점이 있다. 그러나 입찰 절차에 많은 시간이 소요되어 신간 자료 입수가 늦어지고 이용자 만족도가 저하될 수 있으며, 최저가 위주의 선정은 납품의 질 저하로 이어질 우려가 있다. 또한, 업체가 자주 바뀔 경우 업무 절차 및 방식이 변경되어 불편함이 따르기도 한다. 일반경쟁입찰이 원칙이지만, 지역 제한을 두면 유찰되는 경우가 많아 지리적으로 먼 업체와 계약하는 경우도 발생한다. 수의계약은 경쟁 입찰 없이 특정 업체와 계약을 체결하는 방식이다. 소액 계약이나 희망 도서, 수시 도서 등 자료의 신속성이 중요할 경우에 활용되며, 적합하지 않은 업체를 사전에 배제하여 도서관에 유리한 계약을 진행할 수 있다는 장점이 있다. 하지만 공개 경쟁을 제한하고 외부 압력에 의해 원치 않는 업체와 계약할 우려가 있으며, 악용될 소지가 있어 일정 금액 이하로 범위를 제한하는 경우가 많다.

4.5 전자책 구입

우리나라 공공도서관은 크게 두 가지 방식, 소장형과 구독형으로 전자책을 구매하고 있으며, 최근에는 다양한 형태의 라이선스 모델을 병행하는 추세이다.

소장형은 종이책을 사는 것과 비슷하게, 도서관이 전자책 콘텐츠에 대한 소유권을 직접 구매하는 방식이다. 한 번 사면 도서관이 영구적으로 소장하며, 이용자에게 계속 대출 서비스를 제공할 수 있다. 대부분의 소장형 전자책은 종이책처럼 한 권에 한 명(1 copy 1 user) 원칙을 따른다. 따라서 여러 명이 동시에 빌릴 수 없고, 대출 중인 책은 반납되기를 기다리거나 예약해야 한다.

구독형은 일정기간 정해진 금액을 내고, 그 기간에 무제한으로 전자책 콘텐츠를 이용하는 방식이다. 대출 횟수에 따라 요금이 부과되는 방식(Pay per checkout)으로 이용자가 책을 빌릴 때마다 도서관 예산에서 일정 금액이 차감되는 방식이다. 소장형과 달리 동시 이용자 수에 제한이 없거나, 정해진 예산 내에서 여러 명이 동시에 책을 빌릴 수 있는 경우가 많다. 신간이나 인기 도서의 대기 시간을 줄일 수 있다. 구독기간이 끝나면 해당 콘텐츠를 더는 이용할 수 없다. 즉, 도서관이 콘텐츠에 대한 소유권을 갖지 않는다. 월별 또는 연간 예산 상한선을 정해 두고, 해당 금액이 모두 소진되면 더는 대출이 불가능해지기도 한다.

전자책 구매 절차는 도서관 담당자가 신청된 희망 도서와 최신 인기 도서 등을 종합적으로 고려하여 구매 목록을 만들고 예산을 정하고 전자책 유통사 또는 콘텐츠 공급 업체와 계약을 맺는다. 계약이 되면 도서관 전자도서관 시스템에 해당 콘텐츠가 탑재되고, 이용자는 도서관 회원으로 로그인하여 전자책을 빌릴 수 있다.

전자책 구매 계약을 할 때 주의해야 할 사항은 전자책은 종이책과 달리 '유형물'이 아닌 '서비스' 또는 '이용 허락(라이선스)' 개념이 크다는 점이다. 이 때문에 출판사, 유통사, 도서관 간에 저작권과 이용 조건에 대한 협의가 중요하다. 예를 들어, 일부 출판사는 대출 횟수를 제한하는 라이선스 모델을 도입하기도 한다. 또한 도서관은 전자책 이용 데이터를 분석하여 이용률이 높은 분야나 도서를 파악하여 다음 해 예산과 구매 계획을 세우는 데 활용한다.

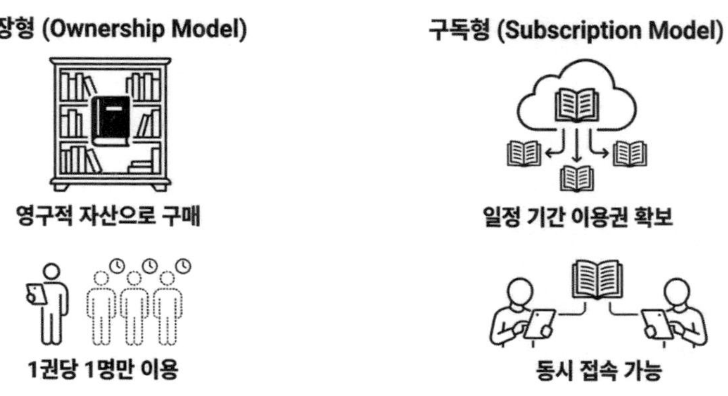

[그림 5-2] **전자책 구매 방식의 비교**

5. 장서점검과 폐기

5.1 장서 점검

공공도서관은 소장 중인 자료가 실제 목록과 일치하는지 확인하기 위해 장서점검을 실시한다. 온라인 시스템 덕분에 이 과정이 훨씬 편리해졌다. 점검 후 누락된 자료가 확인되면, 사서는 해당 자료를 교체할지, 인쇄본 또는 전자책으로 대체할지, 아니면 목록에서 제거할지 결정한다. 최신 목록은 이용자들이 특정 자료가 도서관에 소장되어 있다고 오인하는 것을 방지하는 데 매우 중요하다.

5.2 제적*Weeding*

공공도서관의 제적과 관련해서 Texas State Library and Archives Commission에서 발행한 CREW: A Weeding Manual for Modern Libraries가 정한 제적 자료 선택 기준은 다음과 같다.

도서관이 선택한 서비스 대응과 그에 따른 목표

- 도서관 이용자 커뮤니티의 필요와 요구
- 더 적합한 자료의 가용성
- 더 만족스러운 자료를 구매할 수 있는 예산의 확보 여부
- 특정 자료와 해당 주제의 다른 자료들 간의 관계
- 다른 도서관과의 협력 협정 및 이용자가 해당 지역의 다른 도서관을 이용할 수 있는 능력
- 도서관이 자료 보관소 또는 지역 역사 센터로서 기능하는 정도
- 특정 자료의 향후 유용성 가능성

- 인터넷을 통해 더 최신 정보를 얻을 수 있는 가능성
- 도서관이 상호대차를 통해 해당 자료를 빌릴 수 있는 능력

CREW 매뉴얼은 도서관의 장서 폐기를 결정하는 여섯 가지 부정적인 요인을 MUSTIE라는 약어로 정리하고 있다. 오해의 소지가 있거나 사실이 부정확한 내용*Misleading*, 낡고 더럽거나 수선하기 어려운 상태*Ugly*, 새로운 판이나 더 나은 책으로 대체된 내용*Superseded*, 문학적, 과학적 가치가 없는, 사소한 내용*Trivial*, 지역사회의 필요와 관심사에 무관한 내용*Irrelevant*, 상호대차, 상호 대출, 또는 전자 자료를 통해 다른 곳에서 쉽게 구할 수 있는 자료*Elsewhere* 등이다.

인쇄자료에 적용하는 MUSTIE 요인을 비도서 자료에 적용한 WORST 요인도 제시한다. WORST는 닳은*Worn out*, 구식*Out of date*, 거의 이용되지 않음*Rarely used*, 다른 곳에서 제공됨*Supplied elsewhere*, 사소하고 일시적인 유행*Trivial and faddish*이다.

[그림 5-3] 도서관 장서 점검 및 제적 지침

6. 장서평가(분석) 및 보존

6.1 장서평가(분석)

공공도서관의 장서 평가는 도서관 장서가 이용자 요구를 얼마나 잘 충족하는지 파악하는 활동으로 장서의 강점과 약점을 파악하고, 장기적인 도서관 목표에 따라 장서 관리를 결정하는 데 중요하다.

- 이용자 중심 평가*Use- and User-Centered Analysis*
  - 이용 통계: 대출 기록, 원내 이용 기록, 상호대차 기록 등은 장서의 현재 이용도를 보여주며. 상호대차 기록은 장서에 추가적으로 필요한 자료 영역을 보여준다.
  - 이용자 조사: 설문조사, 포커스 그룹 등을 통해 이용자 만족도와 인지된 유용성을 파악한다.
  - 인구 통계 분석: 지역사회의 인구 통계 변화를 파악하여 장서 요구 변화를 예측합니다. 공공도서관은 지역사회 인구의 변화에 따라 다양한 언어의 자료를 수집해야 할 필요성을 파악해야 한다.
- 장서 중심 평가*Collection-Based Analysis*
  - 서지 확인: 특정 주제 분야의 핵심 서지 목록과 실제 소장 자료를 비교하여 누락된 자료나 강점 영역을 파악한다.
  - 물리적 검토: 자료의 물리적 상태를 평가하여 보존 또는 제적 필요성을 판단한다.
- 마케팅 활동

도서관이 제공하는 자료와 서비스에 대해 이용자에게 알리는 마케팅 활동도 장서 활용도 평가의 중요한 부분이다.

6.2 보존*Preservation*

공공도서관 자료의 장기적인 접근성을 보장하기 위해 보존은 필수적이다.

• 물리적 자료 보존: 서적 및 기타 물리적 자료의 보존은 손상 방지, 복원, 마이크로필름 변환 등을 포함한다. 공공도서관은 희귀 자료가 많지 않지만, 오래된 절판 도서 등 보존이 필요한 자료가 있을 수 있다.

- 디지털 자료 보존: 전자 자료는 소실되기 쉬우므로, 장기 보존을 위한 특별한 주의가 필요하다. 개별 공공도서관에서 디지털 자료를 개별적으로 관리, 서비스하는 것보다 국립중앙도서관의 디지털도서관과 같은 중앙 집중식 플랫폼을 통해 관리하는 것이 훨씬 효율적일 수 있다.
- 재난 계획: 화재, 홍수 등 재난 발생 시 장서를 보호하고 복구하기 위한 계획수립이 중요하다.

생각해 보기

1. 도서관 소장자료에 대한 이용자의 민원에 어떻게 대처해야 할까?
2. 전자자료 구매를 계획할 때, 인쇄자료와 비교하여 어떤 요소를 고려해야 할까?

06

공공도서관 서비스

박수희

이화여자대학교를 졸업하고 숭실대학교 중앙도서관에서 23년간 분류목록, 참고봉사, 이용자교육, 주제리에종서비스 등의 업무를 수행했다. 실무경험을 녹여낸 논문 『대학도서관 리에종사서 교육훈련 프로그램 모형 개발』으로 2012년에 이화여대에서 박사학위를 받았다. 강남구립역삼도서관장으로 일했으며, 현재는 (사)포럼 문화와도서관과 함께 공공도서관 정보서비스의 현장 적용 방안을 연구하며 출강하고 있다.

조혜전

이화여자대학교를 졸업하고 동 대학원에서 석사 및 박사 학위를 취득했다. 전농중학교 사서와 강남구립행복한도서관 관장으로 일했으며, 현재 대학에서 강의하고 있다. (사)포럼 문화와도서관에서 도서관 문화 발전을 위해 활동하고 있다.

곽미혜

은평구립도서관과 마포중앙도서관에서 사서로 근무했으며, 현재 이화여자대학교 대학원 석사 과정에 재학 중이다.

1. 공공도서관 서비스의 중요성

공공도서관 서비스란 무엇인가? 그 정의는 무엇이며, 범위는 어디까지인가? 우리는 도서관 서비스라는 용어를 빈번하게 사용하고 있지만 실제로 도서관 서비스의 의미가 무엇인지에 대해 좀 더 깊이 생각해 볼 필요가 있다. 이것은 더 좋은 서비스, 더 가치 있는 서비스를 만드는 데 중요한 시작점이 될 수 있기 때문이다.

한국도서관협회의 『문헌정보학용어사전』에서는 도서관 서비스란 '도서의 이용과 정보의 배포를 위하여 도서관이 제공하는 편의'라고 서술하고 있다. 그러나 사서라면 누구나 이 정의가 현재의 시점에서는 더 이상 적합한 설명이 아니라는 것을 알 수 있을 것이다. 도서관의 서비스가 도서의 이용과 정보의 배포에 제한되었던 것은 상당히 오래전 도서 중심의 정보제공으로 국한되었던 시기의 정의라 할 수 있기 때문이다.

해외의 자료를 보면 2011년 『IFLA 공공도서관 가이드라인』에서는 공공도서관의 기본 목적이 인간적 발전의 욕구를 충족시켜 주기 위하여 개인과 집단에게 다양한 유형의 자원과 서비스를 제공하는 것이라고 밝히고 있다. 그리고 이는 2022년 IFLA-UNESCO 공공도서관 선언에서도 동일하게 드러난다. 즉, 정보, 리터러시, 교육, 포용력, 시민 참여, 문화와 관련된 주요 임무가 공공도서관 서비스의 핵심이 되어야 하며 이러한 주요 임무를 통해 공공도서관은 지속 가능한 개발 목표와, 더욱 평등하고 인간적이며 지속 가능한 사회의 건설에 기여한다는 것이다.

국내와 해외의 공신력 있는 기관에서 명시한 도서관 서비스의 의미가 그 깊이에서 서로 다른 것을 통해 우리는 도서관을 바라보는 관점이 시대의 변화에 따라서 달라질 수 있고, 도서관이 추구해야 할 지향점이 무엇인지에 대한 판단 차이에서 올 수 있다는 것을 알 수 있다. 그리고 여전히 우리는 일부 도서관에서 시대착오적인 발상으로 '도서의 이용과 정보의 배포를 위하여 도서관이 제공하는 편의'의 수준으로 도서관 서비스를 제공하고 있는 광경을 발견하기도 한다. 이와 같이 도서관의 이념과 운영 목표가 어떻게 설정되는지에 따라 각 도서관은 마치 서로 다른 종교나 정당을 따르는 사람들처럼 서로가 전혀 다른 방향의 서비스를 개발하고 제공하게 될 수가 있다.

도서관의 서비스는 도서관 전체 경영을 위해 설정된 비전과 추구 목표에 뿌리를 두고 시행방안을 모색해야 한다. 이러한 목표와 방향성이 없는 서비스는 즉흥적이거나 일시적이며 흥미를 끄는 단순 홍보용이 되기 쉽다. 매스미디어에서 인기 있는 고액 강사, 떠오르는 키워드를 설명할 수 있는 특강자, 참석자를 많이 모을 수 있는 이벤트성 행사서비스 등은 도서관의 수가 많아지면서 더욱 경쟁적으로 생겨나는 문제점이다. 그러나 더이상 도서관 서비스가 무엇을 위해 준비하고 제공되어야 하는지에 대해 고민하지 않고, 순간적으로 외부의 관심을 끌어오는 데에만 급급하게 된다면 이것은 도서관을 혼란스럽게 만들 수가 있다. 도서관 자체의 가치를 지속가능하게 하기보다는 도서관의 정체성을 더욱 뒤흔드는 일이 될 수 있기 때문이다.

두 번째로 도서관 서비스가 중요한 이유는 이것이 공공도서관의 역할을 실제로 구현하는 핵심요소이기 때문이다. 도서관의 서비스는 단순한 정보 제공 또는 프로그램이 아니라 특정 도서관에서 계획하고 준비하는 총체적 활동과 역할을 도서관 소비자인 이용자가 직접 경험할 수 있게 만드는 상품과 같다. 즉, 도서관 전체의 각 파트에서 준비하는 활동을 모두 모아서 최종적으로 이용자에게 전달하는 과정을 도서관 서비스라고 할 수 있는 것이다. 도서관의 이용자들은 도서관 전체의 각 부서에서 일어나는 업무를 다 알지 못한다. 그들은 자신들이 마주하게 되는 도서관 서비스만을 최종적으로 체험할 뿐이다. 따라서 도서관 서비스는 도서관의 총체적 활동의 집약체로서, 도서관 전체의 운영요소를 모두 녹여내어 의미있게 설계되고 가치있게 전달되어야 한다.

본서에서는 여러 챕터를 통해 다양한 도서관 운영 요인을 살펴보았는데 공공도서관 서비스를 수행하기 위해서는 이 모든 요인들이 복합적으로 연결되고 어우러져야 한다. 공공도서관 서비스는 공공도서관의 존재이유를 구체적으로 실현하는 수단이며, 도서관 운영 전반을 관통하는 중심 개념이라 할 수 있기 때문이다.

우선 제1장에서는 「공공도서관의 역사와 이념」을 서술하고 있는데, 우리는 여기에서 도서관의 가치를 인지하고 방향성을 설정하는 방법을 파악하여 서비스에 녹여내야 하고 제2장의 「계획과 평가」에서는 이러한 방향성을 어떻게 구현하고 평가할지에 대한 세부 운영 계획하는 방법을 염두에 두고 서비스 개발을 해야 할 것이다. 이 두 개의 챕터를 통해서 개별도서관에서 선별한 운영 또는 경영전략이 도서관 서비스에 드러나 이용자에게 전달되도록 해야 한다. 여기에서 중요한 점은 도서관이 수시로 신종 서비스를 만들고 배포하는데 집중하기 보다는 그 서비스가 지니는 사회적 의미와 사회적 맥락을 종합적으로 살펴야 한다는 것이다.

특별히 제3장 「지역사회 분석과 이용자연구」는 공공도서관 서비스와 매우 중요하게 연결되어 있다. 도서관이 소재한 지역 커뮤니티를 특징을 분석하고 이용자의 요구와 특성에 대한 파악은 도서관 서비스 개발의 선결요건이기 때문이다. 제4장 「운영 관리」, 제5장의 「정보 자원 관리」, 제7장의 「공간의 이해」는 서비스 개발에 영향을 미치는 인력, 자료, 시설에 대한 기초 정보를 제공하는 중요한 부분이다. 이 중에서 '정보자원'은 과거부터 현재까지 지속적으로 도서관 서비스의 핵심요소로 여겨져 온 내용이며, '공간'은 최근에 도서관 서비스에 영향을 미치는 중요 요소로 여겨지고 있는 사항이다. 따라서 이 두 챕터는 제3장 「지역사회 분석과 이용자연구」와 더불어 도서관 서비스 개발에 포함할 내용을 고려할 때 근간을 이루는 중요한 내용이 된다. 또한 제8장의 「홍보와 마케팅」은 이상의 과정을 거쳐 개발된 신규 도서관 서비스가 이용자에게 도달될 수 있도록 흐름을 연결해주는 역할을 해준다.

앞에서는 본서의 전체 목차를 예시로 들며 각 업무 부분이 종합, 연결되어 도서관 서비스라는 최종 형태로 이용자에게 전달된다고 설명하였지만, 이것은 사실 모든 공공도서관의 경영에 있어서도 동일하다고 볼 수 있다. 즉, 공공도서관의 서비스는 도서관의 모든 활동을 집약하는 것으로서, 도서관 전체를 대표하여 이용자와 사서가 만나는 최종 접점이며, 이용자가 직접 보고, 인식할 수 있는 도서관의 얼굴이다. 도서관 현장에서는 이러한 인식을 가지고 서비스를 개발하고 제공하는 것이 매우 필요하다. 도서관 서비스는 도서관 전체의 존재를 발휘하고 가치를 높이는 토대가 될 수 있기 때문이다.

세 번째로 공공도서관 서비스의 중요한 점은 이것이 사서의 전문성을 이용자가 경험해 볼 수 있도록 하는 절호의 기회라는 것이다. 도서관에서 모든 사서가 전문성을 가지고 업무를 수행하고 있지만 이용자가 그 과정과 능력을 알아채기는 쉽지가 않다. 따라서 우리는 사서의 역할과 역량이 이용자에게 인식되고 충분히 활용될 수 있도록 도서관 서비스 속에서 사서가 이용자를 만나 전문성을 보여주고 이용자가 그 과정을 의미 있게 체험해 볼 수 있는 방안을 모색할 필요가 있다. 사서는 단순히 대출하고, 서가에 책을 꽂고, 공간을 관리하는 사람이 아니다. 이용자의 정보이용 행태와 질문 속에서 원하는 바를 파악해 필요한 자원을 준비하고 제공하는 사서의 역할은 이용자에 대한 이해와 정보자원에 대한 파악을 동시에 해야 하며 이를 연결해주는 소통이 핵심인 섬세하고 전문적인 일인 것이다.

도서관 서비스의 수준은 사서의 역할 발휘와 밀접히 연결되어 있다. 공공도서관 서비스의 수준을 높이려면 사서의 '인적 협조'를 통해 자료, 시설, 인력으로 구성된 도서관 체제가 최대한 기능할 수 있도록 이용자와 사서 간의 활발한 커뮤니케이션과 관계 형성이 선행되어야 한다. 도서관에는 이미 많은 정보자원, 훌륭한 공간과 편의시설이 마련되어있다. 이런 자원들을 이용자에게 연결하여 정적인 상태가 아니라 역동적으로 활용될 수 있도록 만들어 줄 수 있는 것이 도서관 서비스이며 사서의 역할이다. 이와 같이 사서는 자료가 갖고 있는 메시지가 살아 움직이도록 하여 이용자에게 내면화하게 하고, 이를 통해 그들의 삶이 변화하고 성장할 수 있도록 구현시켜 주는 과정을 돕는 중요한 책임을 갖고 있으므로 이를 충분히 발휘할 수 있도록 서비스 제공에 적극적으로 관여해야 할 것이다.

본 챕터에서는 공공도서관의 서비스의 유형을 사서가 도서관과 이용자 사이를 개입하여 연결시켜주는 역할에 집중해 선별하였다. 일반적으로 수서, 정리, 대출로 이어지는 자료제공서비스 및 상호대차서비스 외에 독서진흥서비스와 문화프로그램, 정보상담서비스와 이용자교육을 제시하였다. 이를 통해서 물리적 형태의 브로셔나 포스터 등으로 정적인 서비스 제공이 되거나, 사서는 보조역할만 수행하고 외부 초빙강사에 집중하게 되는 서비스를 지양하고 보다 적극적인 사서의 개입을 할 수 있는 서비스를 제안하고자 하였다.

앞으로 공공도서관 서비스가 그 의미를 새롭게 살피고 방향성을 갖고 진행하면서, 도서관 전체 활동의 대변인으로서 이용자와의 접점에서 활약하는 사명감을 가지고, 사서의 역량과 역할을 최대한 발휘하여 이용자와 교류하는 핵심요소로서 작용하기를 기대한다. 공공도서관 이용자가 공공도서관 서비스를 통해 개인과 지역사회가 성장하고 발전한다면 도서관은 그 존재 가치를 더욱 크게 발휘할 수 있을 것이다.

2. 공공도서관 서비스 유형

앞서 살펴본 바와 같이 공공도서관 서비스는 이용자의 삶의 질을 높이고 지역사회의 발전을 이끄는 핵심 기반을 형성한다. 이를 구현하기 위해 공공도서관은 자료제공, 정보상담, 독서문화진흥, 이용자교육, 문화프로그램 등 다양한 서비스를 운영한다. 본 장에서는 이러한 주요 서비스 유형을 정리하고 각각의 개념과 실제 운영 사례를 살펴보고자 한다.

2.1 자료제공서비스

자료제공서비스는 도서관이 수집하고 체계적으로 정리한 각종 정보자원을 이용자가 효과적으로 활용할 수 있도록 지원하는 모든 활동을 의미한다. IFLA-UNESCO 공공도서관 선언에서도 “공공도서관은 이용자가 모든 종류의 지식과 정보를 쉽게 활용할 수 있도록 하는 지역 정보의 중심지”라고 강조하고 있다.

자료제공서비스는 단순히 자료를 제공하는 데 그치지 않고, 지식과 정보에 대한 평등한 접근을 보장함으로써 정보격차 해소와 개인의 지적 성장 및 역량 강화를 뒷받침하는 역할을 한다. 열람, 대출, 상호대차 등은 자료제공서비스의 대표적인 형태이며, 최근에는 디지털 전환이 본격화되면서 다양한 서비스가 함께 확대되고 있다.

먼저, 열람서비스는 도서관 내에서 이용자가 원하는 자료를 이용할 수 있도록 지원하는 기본적인 서비스로, 자료 관리 방식에 따라 개가제와 폐가제로 구분된다. 개가제는 이용자가 직접 서가에서 자료를 선택하여 이용하는 방식으로, 자율적인 탐색을 통해 자료에 대한 관심과 이용을 유도할 수 있다는 장점이 있다. 다만 자료의 분실이나 훼손, 오배열 등 관리상의 어려움이 발생할 수 있다. 반면 폐가제는 이용자의 요청에 따라 직원이 자료를 제공하는 방식으로, 주로 보존 가치가 높은 자료를 보호하기 위해 보존서고와 같은 별도의 공간에 자료를 배치한다. 오늘날의 공공도서관은 개가제를 기본으로 하되, 보존 가치가 높은 자료에 한해 폐가제를 병행하여 운영하는 경우가 많다.

대출서비스는 이용자가 도서관 외부에서 자료를 일정 기간 이용할 수 있도록 지원하는 서비스이다. 일반적으로 도서관 회원으로 가입한 후 자료를 대출할 수 있으며, 회원 자격, 대출 권수와 기간, 예약 및 연장, 연체 규정 등은 도서관별로 다소 차이가 있다.

최근에는 하나의 회원증으로 전국 공공도서관 어디서나 자료를 대출할 수 있는 '책이음' 서비스가 활성화되어, 이용자는 지역에 구애받지 않고 편리하게 도서관 자료를 이용할 수 있게 되었다. 더 나아가 자가대출반납기, 예약대출반납기, 스마트도서관 등 자동화 시스템이 보편화되면서 이용 편의성도 크게 향상되었다. 특히 예약대출반납기와 스마트

도서관은 지하철역이나 버스정류장 등 유동 인구가 많은 곳에 설치되어, 이용자들이 시간과 장소의 제약 없이 자료를 대출하고 반납할 수 있도록 돕고 있다.

상호대차서비스는 이용자가 원하는 자료가 해당 도서관에 없을 경우, 협약을 맺은 다른 도서관의 자료를 공동으로 이용할 수 있도록 지원하는 서비스이다. 이는 개별 도서관이 한정된 예산과 공간 제약으로 인해 모든 자료를 소장하기 어려운 한계를 보완하는 수단이다. 구체적으로 동일 지역 내 도서관들이 협력하여 운영하는 지역 단위 상호대차와 국립중앙도서관이 주관하는 전국 단위의 국가상호대차 서비스가 있다. 국가상호대차는 '책바다'라는 명칭으로 운영되며, 일정 비용이 발생하지만 협약을 맺은 전국의 공공도서관과 대학도서관 등 다양한 기관의 장서를 이용할 수 있다는 점에서 활용도가 높다.

정보통신기술의 발전과 디지털 환경의 가속화에 따라 도서관의 자료제공서비스도 크게 변화하고 있다. 전통적인 인쇄 매체뿐만 아니라 전자책, 오디오북, 전자저널, 웹 데이터베이스 등 다양한 형태의 전자자료가 서비스의 중요한 축으로 자리 잡았으며, 모바일 기기 확산과 더불어 언제 어디서나 도서관 자료에 접근할 수 있는 환경이 마련되었다. 전자자료는 다수의 이용자가 시공간적 제약 없이 동시에 접근할 수 있고, 검색이나 텍스트 크기 조절, 메모 등 다양한 부가 기능을 통해 이용자의 편의성과 접근성을 높이고 있다. 이러한 변화는 자료제공서비스의 범위를 확장시키며, 공공도서관의 핵심 기능으로서 정보 접근의 역할을 더욱 강화하고 있다.

2.2 정보상담서비스

이전의 공공도서관의 서비스는 2.1 자료제공서비스에서 제시한 열람, 대출, 상호대차 등을 중심으로 제공되어 왔다. 그러나 정보의 유형이 다양화 되고, 정보 접근방식이 변화함에 따라 앞으로의 공공도서관은 자료제공에서 정보상담으로 서비스를 확대할 필요가 있다. 즉, 개인이 관심 분야의 정보 및 자료를 찾고자 할 때 도서관사서를 찾아가 상담하고 해결방법을 함께 찾도록 하는 것이다. 이것은 마치 우리가 법적인 문제나 의학적 질문이 생겼을 때 전문용어와 지식을 파악하고 해결책을 제시할 수 있는 법조인이나 의료진을 찾아 문의하고 답을 구하는 것과 유사하다.

과거에는 많은 정보가 책에 수록되어 있어 이용자들은 관련 서적을 찾고, 읽고, 지식을 쌓아 해당 분야에 대한 궁금증을 해소했다. 그러나 이제는 도서를 포함하여 각종 온라인 자료, 멀티미디어 자료, 학술데이터베이스, 관련집단 커뮤니티 등 다양한 정보원이 생성되고 있으며, 그 양상이 꾸준히 변모하고 있다. 따라서 정보를 탐색할 때 이용자들이 특정한 관심 분야의 정보자료 중에서 신뢰성 있고 권위 있는 정보가 어떤 것인지, 어디에서 찾을 수 있으며, 어떻게 찾을 수 있는지, 그 자료를 구할 수 방법은 무엇인지 등에 대한 가이드와 조언이 필요하게 되었다.

이러한 경향은 정보의 형태가 다양하고 복잡하게 되면서 좋은 정보를 구별하는 것이 어려워지면서 더욱 심화되고 있다. 특히 인터넷의 가짜뉴스나 최근 AI를 통한 할루시네이션*hallucination* 등이 사람들을 혼란시키고 있으므로 올바른 정보를 확인하고, 믿을 수 있는 정보를 전달해야 하는 사서의 역할은 점점 중요해지고 있다. 인터넷 정보, AI 정보 등 다양한 정보가 무수하게 생산됨에 따라서 이를 바르게 판단하고 걸러낼 수 있도록 돕는 도서관사서가 정보상담가로서 그 역할을 자리매김하고 상담데스크를 마련해야하는 시대가 된 것이다.

정보상담서비스의 내용과 수준은 매우 다양하지만 본서에서는 공공도서관에서 적용할 수 있는 1) 서지정보확인서비스, 2) 소장처 조사서비스, 3) 관심주제 자료조사서비스, 4) 정보레퍼럴서비스 등 4가지를 중심으로 살펴보고자 한다.

2.2.1 서지정보확인서비스

서지정보 확인이란 정보원에 대한 인용사항을 읽고, 식별하고 해석하는 과정이다. 여기에서 정보원이란 책이나 논문 등 인쇄자료를 주로 일컫지만 웹사이트나 영상자료 등도 포함될 수 있다. 정보가 점차 복잡하고 다양해짐에 따라 여러 경로를 통해 추천 또는 인용된 정보를 접하게 되면서 서지정보확인서비스에 대한 요구는 증가하고 있다.

대학이나 전문도서관에서는 오래전부터 서지정보확인서비스가 활발하게 제공되어 왔다. 그동안 공공도서관에서는 이런 서비스를 적극적으로 제공하지는 않았지만 분명히 이용자의 잠재적 요구는 존재할 것으로 판단된다.

도서관의 이용자들은 어떤 책을 읽다가 본문에서 저자가 추천하는 다른 책을 발견하거나, 특정 자료에 참고문헌으로 나와 있는 자료에 관심이 있는 경우 메모를 한다. 그런데 대부분의 사람들은 이때 자료 제목의 몇 단어 정도만 간단히 적어두어서 추후에 원문을 찾고자 할 때 어떤 자료인지 제대로 알 수 없는 경우가 자주 발생한다.

이와 같이 이용자들이 불충분한 서지정보 때문에 정확한 자료를 찾지 못하는 경우 제공할 수 있는 것이 서지정보확인서비스이다. 사서는 이용자가 가져온 단서를 토대로 KOLIS-NET이나 RISS 등 여러 종합

목록이나 각 도서관 장서목록을 활용하여 정확한 서지정보를 확인할 수 있다.

또한 서지정보확인서비스는 원문자료를 이용하는 것이 최종 목적이므로 상호대차서비스나, 문헌복사서비스 등과 같은 소장처 조사서비스와 연계하여 어느 도서관에 해당 자료가 비치되어 있는지를 확인하고, 그 자료를 활용할 수 있도록 안내해 줄 수 있다.

2.2.2 소장처 조사서비스

소장처 조사서비스는 상호대차와 문헌복사서비스를 통합하여 말한다. 상호대차와 문헌복사는 다른 도서관에 소장된 자료까지 이용할 수 있도록 자료의 범위를 확대해주는 서비스이다. 상호대차서비스*Inter-library Loan: ILL*는 다른 도서관의 자료를 대출해서 제공하고, 문헌복사서비스*Document Delivery Service: DDS*는 복사물을 받아 이용자에게 전달해준다.

상호대차나 문헌복사서비스는 단독으로 이용되기보다는 도서관의 다른 서비스를 통해 사서로부터 다양한 자료를 추천받은 후 그 자료의 실물을 입수하려고 할 때 사용하게 되는 등 도서관의 여러 서비스와 직간접적으로 연결되므로 개별 도서관 장서의 한계를 극복하고 서비스의 수준을 향상시키는데 큰 도움이 된다.

국내 공공도서관에서는 지역별 상호대차를 적극 활용하고 있으므로 이용자들도 '상호대차'라는 용어에 매우 익숙하다. 또한 지역 내의 도서관에 소장되지 않은 자료는 '책바다' 서비스를 통해서 다른 지역의 자료도 입수할 수 있음을 시민들이 인지하고 있는 수준에 이르러 있다. 그런데 도서관 사서는 한국의 공공도서관들 뿐 아니라 대학이나 전문도서관 등 다른 여러 관종의 도서관, 나아가 해외의 여러 도서관 자료까지 확대해서 자료를 제공할 수 있는 지식과 기술을 가지고 있다. 그러나 이용자들은 아직도 사서들이 그렇게 멀리까지 손을 뻗어 ILL, DDS를 연결해주고 도와줄 수 있다는 것을 잘 알지 못하고 있다.

시민들은 국내에서 출간되었지만 절판된 자료, 일부 도서관에만 기증되어 있는 자료, 국내에 소장되지 않은 해외 자료 등 입수하기 곤란한 자료들을 필요로 하는 일을 종종 겪게 된다. 이러한 문제는 사서들만이 해결해 줄 수 있고, 또 해결해 주어야 한다. 이를 위해 소장처 조사서비스를 널리 알리고 이용자들에게 널리 알리고 제공한다면 많은 이용자들이 당면한 정보 문제를 수월하게 해소할 수 있을 것이다. 이를 통해 그동안 특정도서관의 자관 소장자료 위주로 서비스를 수행하던 것에서 그 범위를 더욱 크게 확대할 수 있는 효과를 가져올 수 있을 것이다. 이것을 이미지로 표현하면 [그림 6-1]과 같다.

[그림 6-1] 소장처 조사서비스의 범위

2.2.3 관심주제 자료조사서비스

관심주제 자료조사서비스는 시민들이 관심을 갖고 깊이 알고 싶어하는 특정 주제분야 관련 정보를 도서, 멀티미디어, 웹사이트, 학술 데이터베이스, 유튜브, 인터넷 카페 등 다양한 형태의 정보원을 포괄하여 탐색하고 제공해주는 서비스이다.

예전에는 참고도서 조사서비스, 참고문헌 조사서비스 등과 같이 과제를 작성하거나 연구를 수행할 때 참고가 될 만한 문헌의 목록을 제공하는 서비스로 여겨져 왔고 대학이나 연구도서관에서 주로 수행되었다. 그러나 지금은 누구나 인터넷을 통해서 자료를 찾고 수집하는 시대이다. 따라서 개인의 관심 분야는 연구나 논문에 한정적이지 않고 모든 사람들의 관심거리, 취미, 교양 등과 연결된다. 따라서 이제 관심주제 자료조사서비스는 모두를 위한 서비스로 공공도서관에서 수행하는 것이 필요하다.

간혹 인터넷과 AI를 사용하는 현대의 시민들은 정보를 찾는 것이 매우 쉽다고 착각한다. 인터넷을 통해 자료를 찾으면 되는데 굳이 불편하게 사서에게 문의해야 하는지에 의문을 품기도 한다. 그러나 정보전문가인 사서는 도서뿐만 아니라 DVD 등 멀티미디어 자료, 유튜브 영상, 인터넷 웹사이트, 애플리케이션 등 여러 가지 정보의 매체에 따른 특징과 접근점을 파악하여 좋은 정보원과 그렇지 않은 정보원을 선별할 수 있다.

그 사례로서 용인 느티나무도서관의 예시를 살펴보고자 한다. [그림 6-2]은 느티나무도서관에서 받은 참고서비스 질문이다. 이용자의 관심주제는 친환경 농업자료를 찾는 것이었고, 이에 대한 영상자료를 요청하였으며, 친환경 농산물 인증마크에 대한 정보도 필요로 하였다.

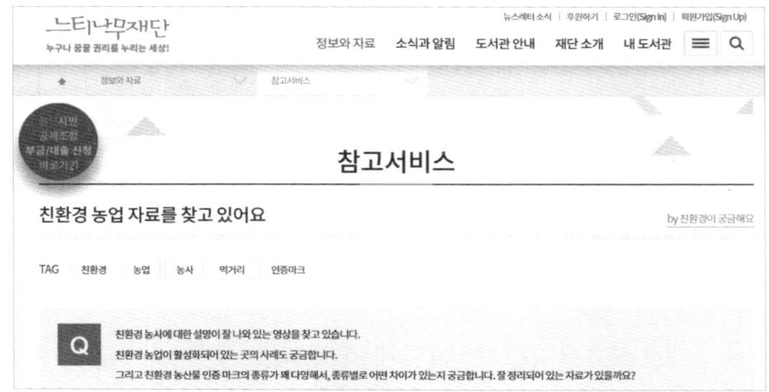

[그림 6-2] 느티나무도서관 참고서비스 질문

[그림 6-3] 느티나무도서관 참고서비스 답변

이에 대한 답변으로 도서관에서는 [그림 6-3]과 같이 '도시에서 농사짓기'라는 주제의 컬렉션 도서목록을 제공하며 이와 함께 관련 주제 영상과 웹사이트를 선별하여 소개하였다. 친환경 농업이나 농사짓기 관련 영상 및 웹사이트는 무수히 많지만, 그중에서 이용자의 요청에 가장 적합한 정보를 골라 제공하는 일은 사서의 정보전문가 역할의 중요한 부분이다. 앞으로도 점점 정보의 형태가 달라지고 매체는 다양화될 것이며, 정보의 수준이 고도화될수록 이용자는 필요한 자료를 구할 수 있도록 사서의 도움을 절실히 요청하게 될 것이다.

관심주제 자료조사서비스가 어떻게 활용되고 있는지 실제 서비스를 살펴보기 위해 아래의 링크를 통해 느티나무도서관과 인천 영종도서관의 사례를 참고하기 바란다.

관심주제 자료조사서비스 사례

- 느티나무도서관 – 참고서비스
  이용자의 질문을 받아 해결한 사례를 모음

- 인천광역시 영종도서관 – 고민해결冊
  이용자의 질문을 받아 해결한 사례를 모음

2.2.4 정보레퍼럴서비스(Information Referral)

대개의 경우 도서관에서는 정형화된 책, 신문, 논문 등의 자료중심 서비스로 한정하여 정보를 제공하고 있다. 이에 반해 정보레퍼럴서비스는 이용자의 일상생활에 필요한 현실적인 정보를 제공할 수 있도록 하는 것을 말한다.

정보레퍼럴서비스란 도서관의 소장자료가 아니지만 도서관 소재한 지역 커뮤니티 내 다른 기관, 즉 도서관 밖의 정보원을 이용자의 요구와 연결시켜 안내하는 서비스를 말한다. 국내에서는 이를 정보안내서비스 또는 지역정보서비스 등으로도 부르고 있다.

지역사회에 기반하는 공공도서관은 정보에 접근하고자 하는 이용자에게 도서관 내의 소장자료만을 제공하는 것은 한계가 있다. 특히 시민들의 일상생활과 관련된 정보는 도서관뿐 아니라 많은 기관에서 보유하고 있고, 이를 서비스로 제공하고 있다. 따라서 사서는 각 지역마다 분포되어 있는 주민센터, 복지관, 보건소, 문화센터 등 여러 공공기관에 관심을 가질 필요가 있다.

지금도 공공도서관에서는 지역사회의 중심역할을 수행하기 위해 지역 공공기관들과 협력을 통하여 여러 활동을 하고 있지만, 이제는 그 기관에서 제공하는 서비스와 정보도 면밀하게 살펴보아야 할 것이다. 사서들은 다양한 이용자들을 만나고 그들의 요구를 들을 수 있는 환경에 있으므로 지역의 다른 기관에서 제공하는 서비스와 우리의 이용자를 연결해 줄 수 있기 때문이다.

정보레퍼럴서비스를 수행단계를 살펴보면 [그림 6-4]와 같다. 먼저 지역사회에 어떤 기관들이 존재하는지를 파악하고, 각 기관이 기본적으로 시민들에게 제공하는 정보를 파악하고, 최근에 새롭게 마련된 서비스를 수시로 조사하는 과정이 필요하다. 이를 위해 각 기관을 방문하고, 담당자와 협력을 논의하고, 해당 기관의 브로셔나 안내문을 수집 또는 제공받아 비치하고, 이를 도서관 이용자의 요구에 맞게 적극적으로 홍보하는 등의 작업이 진행될 수 있는 것이다.

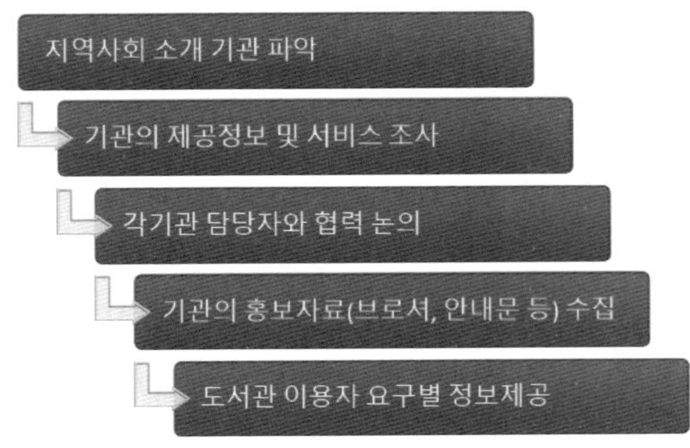

[그림 6-4] **정보레퍼럴서비스 수행단계**

예를 들어 건강정보에 관심 있는 이용자에게는 보건소에서 제공하는 '무료 건강검진'이나 '무료 건강관리 서비스'를 안내할 수 있다. 또한 재취업을 준비하는 중년층에게는 50+센터나 지역에서 개최 중인 '중장년을 위한 취업박람회' 등을 연결해 줄 수 있을 것이다. 심리적으로 취약한 '20대를 위한 상담서비스'를 도서관에 방문한 청년들에게 알려줄 수 있고, 지역의 '저소득층 보육지원서비스'를 그림책을 빌리러 온 아기엄마에게 안내할 수 있다.

또한 개별 기관의 정보나 서비스를 소개할 뿐 아니라 특정 이용자그룹 요구사항에 맞추어 여러 기관의 정보를 종합하여 제공할 수도 있다. 예를 들어 노인을 위한 정보를 수집함에 있어 보건소, 치매안심센터, 노인복지관 등에서 제공하는 서비스를 종합하여 코너를 마련해볼 수 있을 것이다. [그림 6-5]는 하나의 예시로서 중앙치매센터를 비롯한 여러 기관의 제공정보를 모아 노인을 대상으로 활용할 수 있는 정보를 제공하도록 작성해본 것이다. 이러한 포스터와 함께 관련기관의 안내문을 비치하거나 활용방법 등을 소개하는 데스크를 열어 상담을 제공한다면 보다 역동적인 서비스 활용이 될 것이다.

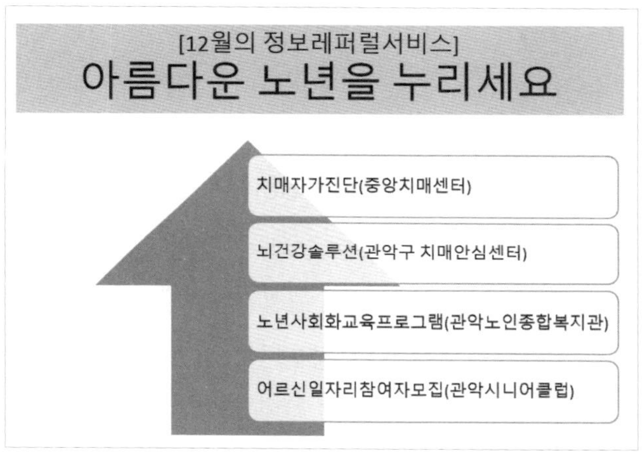

[그림 6-5] **정보레퍼럴서비스 예시 - 노인을 위한 지역정보**

이와 같이 공공도서관이 권역 내 정부기관, 복지기관, 치매예방센터, 50+센터, 국공립 문화기관, 보건소 등 다양한 기관과의 교류와 협력을 도모하는 리더십을 발휘하며 정보레퍼럴서비스를 제공한다면, 지역사회 주민을 위한 정보를 통합적으로 안내하는 정보게이트웨이로서 도서관 역할을 수행할 수 있을 것이다.

2.3 독서문화진흥서비스

독서문화진흥서비스는 이용자들이 독서 흥미를 유발하고 독서 습관을 형성하고 문화적 소양을 갖출 수 있도록 지원하는 서비스로서 독서와 관련된 다양한 활동이 여기에 포함된다.

2.3.1 도서 추천

1) 추천 도서 목록 작성

추천 도서 목록은 지역사회의 특징, 도서관 장서, 이용자의 연령, 독서 수준 및 독서 흥미, 요구 등을 고려하여 양질의 도서 정보를 이용자에게 제공하는 것이다.

이러한 추천 도서 목록은 주로 연령이나 주제에 따라 만들어지는데 유아나 어린이, 청소년의 경우에는 교과 내용을 참고하여 계절이나 절기, 행사, 사회적 이슈 등을 반영한 교과 주제 관련 도서가 포함되기도 한다. 특화 주제가 있는 도서관인 경우는 특정 주제를 세분화하여 목록을 구성하기도 한다. 이처럼 추천 도서 목록은 이용자의 연령별·주제별 추천 도서를 제시하여 이용자의 자료 선택을 지원하는 핵심적인 도서관 서비스이다.

목록 작성 시에는 공신력 있는 기관의 평가, 전문가 서평, 도서관 장서 구성을 참고하며, 다양성과 균형성, 신뢰성을 갖춘 선정이 필요하다.

추천 도서는 사서가 직접 읽고 검토하여 목록을 구성하는 것이 바람직하다. 사서는 도서의 내용을 보다 정확하게 파악하고, 이용자들의 요구와 특성을 분석·반영하여 여기에 전문적인 평가를 더해 양질의 추천 도서 목록을 구성한다. 이러한 추천 도서 목록은 도서관 이용자들의 신뢰를 높이고 독서 선택의 질을 향상시키며 다양한 독서 경험을 제공하는 데 도움이 된다.

이와 같이 선정된 추천 도서 목록은 구성 방식과 제공 방법이 다양하다. 추천 도서 목록은 서명, 저자, 출판사, 출판 연도 등 기본 서지정보 등을 제공하기도 하고 간단한 줄거리 요약, 해시태그를 활용한 핵심 키워드 등을 포함하여 구성하기도 한다. 청구기호를 함께 제공하기도 하여 이용자가 별도의 검색 과정 없이 원하는 도서를 쉽게 찾아 이용할 수 있도록 한다.

추천 도서 목록의 제공 방법 역시 다양한 경로를 통해 이루어진다. 오프라인에서는 대상 이용자들의 눈에 띄기 쉬운 장소에 비치하거나 관내 게시판 공간에 목록을 비치하기도 하고, 북 큐레이션 코너와 연계하여 추천 도서 목록을 제공하기도 한다. 온라인에서는 도서관 홈페이지의 추천 도서 메뉴에 올리거나 인스타그램이나 페이스북 등 도서관 SNS를 통해 소개하기도 한다. 최근에는 온라인과 오프라인에 모두 QR 코드를 삽입하여 이용자들이 즉시 추천 도서 정보에 접근할 수 있도록 하는 방식을 활용하기도 한다.

2) 북 큐레이션(Book Curation)

'큐레이션'은 라틴어 curare에서 유래한 용어로, 본래 예술 작품을 수집하고 전시하는 과정의 의미였지만 오늘날에는 그 의미가 확장되어, 다른 사람이 만든 콘텐츠를 목적에 따라 분류하고 배포하는 활동 전반을 아우르는 용어로 사용되고 있다. 북 큐레이션은 이러한 큐레이션 개념이 도서관 장서와 독자의 연결을 목적으로 적용된 사례라고 할 수 있다.

도서관에서 이루어지는 북 큐레이션은 사서가 특정한 주제나 상황에 맞는 도서를 선별하여 이용자들이 쉽게 열람하거나 대출할 수 있도록 전시 공간에 배치하는 활동을 말한다. 이는 단순히 책을 진열하는 것이 아니라, 이용자의 관심과 필요에 따라 도서관 장서를 효과적으로 연결하는 독자 맞춤형 책 선별 및 전시 활동이라 할 수 있다.

북 큐레이션의 유형은 크게 네 가지로 나눌 수 있다. 첫째, 기본 장서 큐레이션으로 사서가 양질의 도서를 선정하고 분류하여 서가에 배가하는 것으로, 도서관에서 자료를 구입하고 청구기호에 맞게 서가에 배열하는 것도 여기에 포함된다. 둘째, 신간 도서 큐레이션으로 입수된 도서를 선별하고 전시하여 이용자에게 소개하는 것이다. 셋째, 전시 도서와 함께 관련 오브제를 함께 전시하여 이용자들이 북 큐레이션의 정보를 보다 잘 이해할 수 있도록 하는 것이다. 넷째, 행사 및 특강 연계 큐레이션으로 저자 강연이나 동아리 모임, 독서 행사 등과 연계하여 관련 도서를 함께 전시하는 활동이다.

북 큐레이션은 '기준과 테마 설정', '도서 선별', '배열', '전시'순으로 진행된다. 단순히 책을 전시하는 것이 아니라, 왜 이 주제를 선택했는가, 누구를 위한 큐레이션인가를 먼저 고민해야 한다. 이를 기반으로 다양한 기준을 설정할 수 있으며 테마는 선별된 도서들을 하나의 일관된 주제로 엮어내는 역할을 한다.

도서 선별은 큐레이션의 핵심 활동으로, 일반적으로 최종 전시 수량의 3~5배 정도의 도서를 먼저 수집하고, 이 중에서 주제와 대상에 가장 적합한 도서를 최종적으로 선별하는 과정이다. 전시 도서의 수량이 지나치게 많을 경우 오히려 큐레이션 효과가 낮아지므로, 집중도 높은 구성이 중요하다. 선별에서 중요한 것은 최종적으로 가장 적절한 도서를 남기는 것이다.

배열은 도서를 어떻게 배치하는가에 따라 큐레이션의 의도와 효과가 달라질 수 있다. 이용자의 눈에 잘 띄는 위치에 전시하는 것이 중요하다. 주제의 흐름이나 중요도에 따라 구성하여, 이용자가 자연스럽게 관심을 가질 수 있도록 유도한다. 배열하지 못한 관련 도서는 북 큐레이션 주위에 목록으로 만들어 제공하는 것도 효과적이다.

전시는 단순한 도서 나열이 아니라 이용자들이 직관적으로 북 큐레이션의 의도를 파악할 수 있도록 전시해야 한다. 도서 외에 간단한 소개 문장이나 관련 키워드, 오브제 등을 활용하면 그 효과가 높다. 특히 어린이 대상 북 큐레이션에서는 시각적인 효과가 매우 중요하므로 친숙한 이미지나 오브제를 활용하면 아이들의 눈높이에 맞출 수 있다.

북 큐레이션의 기획은 보통 연말에 연간 단위로 계획을 수립하며, 월별 또는 격월 단위로 주제를 정해 운영한다. 그러나 때로는 예기치 못한 소식이나 이슈에 따라 탄력적인 북 큐레이션이 필요할 때도 있다. 예를 들어 작가의 생애와 업적을 기념하는 그림책 큐레이션으로 토미 웅거러와 존 버닝햄의 추모 그림책 큐레이션, 아스트리드 린드그렌 추모상을 수상한 백희나 작가와 한스 크리스티안 안데르센상을 수상한 이수지 작가의 그림책 큐레이션이 이에 해당한다. 이러한 경우는 미리 계획된 북 큐레이션은 아니지만, 작가의 사망이나 수상 직후에 시의성 있는 정보를 제공하는 도서관 서비스의 측면에서 의미 있는 북 큐레이션을 구성한 사례라고 할 수 있다.

최근에는 도서관 홈페이지나 SNS를 통해 이용자들에게 북 큐레이션을 제공하는 온라인 북 큐레이션도 있다. 이는 도서관 잠재 이용자들을 위한 적극적인 서비스라 할 수 있다. 최근에는 이용자들이 서가 브라우징을 통해 도서를 열람하고 대출하기보다 북 큐레이션에서 선택하는 경우가 많아지면서 기존 소장 도서가 이용자들의 주목을 받지 못하는 경우가 많다. 이에 신간 위주의 큐레이션보다 오히려 열람이나 대출이 적은 기존의 소장 도서에 대한 재조명이 중요하다는 인식도 커지고 있으므로 소장 도서를 활용한 북 큐레이션을 기획하는 것도 필요하다. 이용자들의 필요에 부응하여 열람과 대출로 이어질 수 있는 북 큐레이션을 구성하기 위해서는 이용자들의 관심사나 대출 기록, 독서 행태를 분석하여 주제를 선정하고 구성하는 것이 중요하다.

또한 이러한 북 큐레이션은 실물 도서뿐 아니라 전자책에 있어서도 그 필요성이 크다. 전자책은 특성상 이용자가 책을 살펴보고 선택하는 과정이 수월하지 않다. 수많은 책이 있어도 초기화면에 표지가 소개된 책 외에는 접근하는 것이 쉽지 않다. 따라서 사서가 숨어있는 양질의 전자책을 선별해서 온라인 또는 오프라인에서 큐레이션을 해준다면 전자책 이용 활성화에 실질적인 도움이 된다.

특히 오프라인에서 전자책 큐레이션을 할 때 QR코드를 사용하면 바로 전자책 접근이 가능하므로 활용도를 높일 수 있다. 또한 전자책 큐레이션은 일반적인 큐레이션처럼 물리적 공간을 차지하지 않고도 한 장의 포스터로 큐레이션을 할 수 있으므로 여러 공간에서 동시에 자료를 소개할 수 있어서 매우 효과적이다. 더불어 이 전자책 큐레이션 포스터를 브로셔처럼 작은 버전으로도 동일하게 만들어 배포한다면 이용자들이 휴대하면서 주제별로 선별된 전자책에 바로 접근하여 이용할 수 있으므로 좋은 가이드 자료로 활용할 수 있다.

3) 서평 작성

서평은 도서관의 장서와 이용자를 연결해 주는 중요한 서지 정보원으로, 도서의 존재를 알리고, 도서가 담고 있는 내용과 관련 정보, 고유한 특성을 독자에게 제공하고 도서의 가치를 평가한다. 서평은 주로 신간 도서를 대상으로 하지만 도서관에 소장된 양질의 도서를 서평함으로써 이용자들에게 도서의 존재를 알려 독서 흥미를 자극하기도 한다.

서평은 유형에 따라 기술적, 분석적, 사회학적 서평으로 나눌 수 있다. 기술적 서평은 정보 제공과 소개를 목적으로 하며 서지정보, 줄거리, 장르 등 도서의 객관적인 정보에 관한 서술이다. 분석적 서평은 평가적 서평이라고도 하며 도서 내용에 대한 비판적인 검토와 해석, 가치평가 등 서평자가 자신의 견해를 가지고 서평 대상 도서에 대해 가감없이 비평하는 서평이다. 독자가 이해하기 어려운 도서의 내용에 관한 설명도 분석적 서평에 포함된다. 사회학적 서평은 서평 대상 도서가 특정 계층, 대중성, 논란성, 가치관 등 사회적 맥락 속에서 파악하고 해석, 평가하는 서평이다. 이러한 유형들은 한 서평 안에서 복합적으로 사용된다.

서평의 한계점으로는 출판 시기와 서평과 시간적 차이가 존재한다는 점, 서평자에 따라 서평의 질이 달라질 수 있다는 점, 출판된 모든 도서를 서평할 수 없다는 점 등이 있다. 특히 모든 도서를 서평할 수 없는 점은 서평이 특정 도서를 홍보하는 수단이 될 수 있다는 위험성을 가진다. 그러므로 공정하고 권위 있는 서평을 작성하기 위해서는 서평자의 역량이 매우 중요하다. 서평자는 도서의 주제 분야에 대한 전문성과 함께 글쓰기 능력, 문학적 감각, 도서 내용을 정확히 파악하고 기출판된 도서들과 비교하는 비평 능력 등을 길러야 한다. 서평은 사서의 주관적 판단이 반영되는 자료이므로, 정치나 종교 등 민감한 주제일수록 명확한 입장을 가지되 가능한 편견 없이 균형 잡힌 시각으로 서평을 작성해야 한다. 또한, 다른 문화권에 대한 포용적 태도와 관심, 지식을 갖춘 문화적 역량도 필수적이며 독자에 대한 이해와 사회적 통찰력을 기반으로 한 도덕적 책임감, 작품에 대한 존중과 성실한 자세가 필요하다.

서평은 이용자가 책의 정보에 대해 쉽게 파악하여 자신의 흥미와 수준에 맞는 책을 선택하는 데 도움을 준다. 나아가 일반 독자들이 발견하기 어려운 책의 숨겨진 의미나 저자의 창작 의도를 심층적으로 분석하고 해석함으로써 도서 내용에 대한 전문적이고 비판적인 관점을 제시하여 깊이 있는 독서 경험을 가능하게 한다. 서평은 독서 동기를 자극하고 독자의 관심을 유도하여 도서관의 장서 이용률을 높이는 역할을 하며 다양한 책과 주제에 대한 균형 잡힌 이해를 돕고 편견을 줄이는 데 기여한다. 또한 다양한 시각과 문화를 소개하여 독자의 인식 범위를 확장하고 비판적이며 개방적인 태도를 형성하도록 돕는다.

이용자에게 제공되는 서평은 해당 도서를 수서하고 장서를 관리하는 사서가 작성할 때 그 효과가 더욱 크다. 이는 사서가 이용자의 요구와 도서관 장서의 특성을 종합적으로 이해하고 있기 때문이다. 서평 작성에는 전달하고자 하는 핵심 메시지를 중심으로 내용을 구조화하는 과정이 필요하다. 이 과정에서 서평의 주제가 글 전체에 일관성있게 반영되고 있는지 점검하는 것이 중요하며, 간결하게 서술하는 것이 바람직하다. 나아가 서평은 이용자가 쉽게 이해할 수 있는 표현과 정서적 공감을 이끌어내는 문장을 바탕으로 작성되어야 한다. 서평 안에 도서 본문의 일부를 인용하기도 하는데, 이는 서평의 핵심 내용을 정확하게 전달하고 이용자의 이해를 돕는 효과가 있다. 이러한 요소들은 서평이 이용자에게 의미 있는 정보로 전달되도록 돕는다

4) 독서동아리 운영

독서동아리는 책을 매개로 사람들이 모여 생각과 감정을 나누며 소통하는 독서 공동체로, 개인적인 독서를 사회적 독서로 확장하는 독서 활동의 한 형태이다. 다양한 미디어의 등장으로 독서량이 감소하는 추세 속에서 독서동아리 활동은 독서 생활화를 촉진하는 사회 분위기를 조성하는 효과적인 실천 전략으로 주목받고 있다.

『제4차 독서문화진흥기본계획(2024-2028)』에서는 독서동아리를 비독

자의 독서 참여를 유도하고 지역사회와 연계된 독서생태계를 조성하기 위한 핵심 매개체로 삼아 다양한 정책을 제시하고 있다. 구체적인 내용으로는 생애주기별 맞춤형 독서 참여 기회의 제공, 육아 및 돌봄과 연계된 독서 모임 확대, 지역 기반의 독서 모임 조직 및 운영 지원, 학교 및 직장 독서동아리 운영 지원, 중장년층 맞춤형 특화 독서 모임 지원, 노인층을 위한 커뮤니티 기반 독서 모임 지원, 독서 소외인을 위한 독서동아리 지원, 비대면 독서 모임 개설 및 운영 지원 등이 있다.

독서동아리는 독서에 대한 긍정적인 태도를 형성하고 정독 습관을 통해 깊이 있는 독서를 가능하게 한다. 다양한 장르와 주제의 도서에 대한 접근을 확대하며, 책에 대한 다양한 관점과 해석을 나눔으로써 사고의 폭을 넓히며 타인과의 소통과 협업의 장을 마련한다. 이러한 과정을 통해 자아 성찰과 타인에 대한 이해를 바탕으로 전인적 성장을 이루며 개인 삶의 질적 향상, 사회문화적 변화에 능동적인 대응 역량 강화, 지역사회 내 문화적 소통을 활성화하고 도서관과 연계된 독서 공동체 기반을 조성하는 데 중요한 역할을 한다.

독서동아리는 다양한 기준에 따라 나눌 수 있다. 대상별로는 어린이, 청소년, 성인, 직장인, 노년층 등이 있으며 주제별로는 인문학, 과학, 역사, 미술사, 사회과학 등 다양한 주제별로 나눌 수 있다. 취미나 관심 분야에 따라서도 구성되며 영어나 일본어 원서 읽기 등 언어별 동아리도 운영된다. 활동 방식에 따라서는 다독, 필사. 낭독, 체험 등으로 구분할 수 있다.

독서동아리 활동 유형은 독서 활동과 독후 활동으로 구분할 수 있다. '모여 읽기'와 '모여 듣기'는 함께 책을 읽거나 들은 후 간단하게 책을 소개하거나 책에 대한 의견을 나누는 방식으로 독서 활동과 독후 활동을 참여자들이 모여서 진행하는 형태이다. 이러한 형태는 사전에 책을 읽어야 한다는 부담이 없어 잠재 독자를 독서로 유도하고 읽기에 서툰 이용자들도 쉽게 참여할 수 있다. 하지만 시간 제약으로 읽는 분량이 적고 참여율이 낮아지기 쉽다. 책의 내용을 충분히 숙지하기 어려워 독서 후 의견 공유나 심도 있는 토론이 어렵다. '감상 나누기', '토론하기', '통합 활동형'은 개별적으로 읽은 후 도서관에 모여서 함께 독후 활동을 하는 형태이며, 독후 활동은 토론, 체험, 탐방, 전시, 저자와의 만남, 서평 작성 등 다양한 방식으로 이루어진다. 각자 책을 미리 읽어 오기 때문에 참여자들은 생각할 여유가 충분하고 다른 사람과의 의견 공유를 통해 다양한 관점과 해석이 가능하며, 여러 독후 활동으로 확장적인 독서 경험을 할 수 있다

코로나 19 이후에는 온라인 독서동아리가 증가하는 추세이다. 온라인 독서동아리는 시간과 장소의 제약이 없이 참여할 수 있는 반면, 오프라인 독서동아리에 비해 현장감이 떨어져 집중력이 저하되고 참여자들의 유대감 형성에 어려움이 있다. 도서관에서는 온라인과 오프라인 독서동아리의 약점을 보완하고 장점을 활용하여 독서동아리 운영 방안을 수립하여야 한다.

독서동아리는 도서관의 다른 프로그램과는 달리, 비교적 긴 기간에 걸쳐 다양한 배경과 경험을 가진 사람들이 모여 독서를 매개로 함께 꾸려나가는 자발적이고 자율적인 공동체이다. 독서동아리가 일관성 있게 운영되고 구성원 간의 원활한 협력 관계가 유지되기 위해서는 운영 규정을 마련할 필요가 있다. 운영 규정의 주요 내용에는 목적, 회원 구성, 운영시간과 방법, 운영 주기, 도서 선정 방법, 활동 계획, 동아리 활동 기록 등이 포함된다.

사서는 도서관의 독서동아리에 적극적으로 참여하는 것이 바람직한데, 이는 지역사회의 특성과 이용자의 요구를 정확히 파악하고 이를 바탕으로 이용자의 실질적인 필요에 부응하는 서비스를 계획할 수 있기 때문이다. 나아가 독서동아리 운영 과정 중에 발생할 수 있는 다양한 문제를 사전에 예방하고 실제 발생 시 적절히 대처할 수 있다. 사서가 독서동아리에 참여하며 도서관 이용자들과 독서 경험을 공유하는 것은 도서관과 이용자간의 유대관계를 강화하고 이를 통해 이용자들을 도서관 운영의 든든한 협력자로 이끌어낼 수 있다.

2.3.2 독서 프로그램

독서 프로그램은 도서관의 장서를 좀 더 적극적으로 활용할 수 있도록 하는 도서관 서비스이다. 이 프로그램은 단순한 도서 대출 서비스를 넘어서 이용자에게 독서 동기를 부여하며 정보 이해력, 비판적 사고력, 창의적 표현력 등을 기를 수 있도록 돕는다. 또한 도서관의 장서도 이용자에게 홍보하는 효과도 있어 도서 열람과 대출로 이어지는 중요한 서비스라고 할 수 있다. 독서 프로그램을 활동 방식에 따라 나누면 저자 강연, 낭독, 필사, 독서지도 등이 있다.

저자 강연 프로그램은 저자를 도서관에 초청하여 집필 배경, 창작 과정, 책과 관련한 다양한 에피소드 등을 직접 듣고 이용자와 저자가 서로 소통을 하는 프로그램이다. 이를 통해 이용자는 저자의 생생한 이야기를 통해 좀 더 책에 대한 흥미와 관심을 높이며, 나아가 작품 이해의 폭을 넓힐 수 있다.

낭독 프로그램은 책을 소리 내서 읽고 함께 듣는 프로그램으로, 낭독자가 혼자 낭독을 하기도 하고, 참여자가 순서를 정해 돌아가며 낭독을 하기도 한다. 이 프로그램은 낭독자의 목소리를 통해 책에 대한 흥미와 몰입감, 공감력을 유발할 수 있으며 참여자 간의 문화적 유대감을 형성할 수 있다. 모든 연령층을 대상으로 하는 프로그램이지만 특히 유아에게는 언어 발달, 집중력 향상, 창의적 사고력이 신장되고, 노년층에게는 인지 자극과 정보와 지식에 대한 접근성 향상, 사회적 유대감 증진 등의 효과가 있다.

필사 프로그램은 책의 내용을 그대로 베껴 쓰는 활동이다. 참여자들이 인상 깊은 글을 선택하여 쓸 수도 있고 책 전체를 순서대로 베껴 쓸 수도 있다. 필사만을 진행하기도 하고 필사 후 인상 깊은 구절을 참여자들이 돌아가며 읽기도 한다. 필사는 책 내용을 그대로 베껴 쓰는 것이므로 누구나 부담 없이 할 수 있는 활동이다. 천천히 읽으면서 따라 쓰는 과정에서 집중력도 길러지고 긴 글을 읽는 훈련도 된다. 또한 언어 능력이 개발되는데 책 내용에 대한 이해력도 풍부해지고 관찰력, 논리력, 분석력도 길러진다. 필사를 통해 마음의 위로를 얻을 수 있으며 한 권의 책을 필사함으로써 성취감도 얻게 된다.

독서지도는 학습자가 독서 활동을 통해 책의 내용과 자신의 현실 생활에서 경험하는 다양한 상황을 연관 지어 느끼고 생각하는 능력을 기르도록 돕는 교육적 활동이다. 공공도서관에서 독서지도 프로그램은 주로 영유아 및 어린이, 청소년을 대상으로 운영되며 그 핵심 목표는 독서를 통해 바람직한 인격을 형성하고 궁극적으로는 평생 독자가 되도록 이끄는 것이다. 어린 시절의 긍정적인 독서 경험은 자발적인 독서 습관을 형성하게 하며 이는 평생 독자로 이어질 수 있는 중요한 바탕이 된다.

독서지도는 이용자가 올바른 독서 습관을 갖추도록 돕고, 주도적이고 자발적인 독서 태도를 기를 수 있도록 한다. 또한 다양한 독서 자료를 접함으로써 도서 선택의 능력을 길러준다. 책에 대한 이해력과 감상력을 증진시켜 독서 효과를 높이고 독서 내용을 실제 생활에 적용할 수 있도록 이끄는 것에도 의의가 있다.

독서지도 프로그램은 이용자의 발달 단계나 흥미, 개별적 특성 등을 고려하여 독서 능력 발달 단계, 독서 흥미 발달 단계에 적절하게 기획된다. 독서 과정별로 독서지도를 구분하면 독서 전, 독서 중, 독서 후 활동으로 나누어서 진행된다.

독서 전 활동은 책에 대한 흥미와 동기 유발, 책과 관련된 정보들을 숙지하는 데에 초점을 두고, 독서 중 활동은 독해 정도의 확인과 이를 촉진시키는 활동에 초점을 두고 지도한다. 독후 활동은 책 내용과 주제에 대한 올바른 파악과 분석, 종합 등을 통한 내면화와 실생활 적용 능력에 대해 초점을 두고 지도한다. 도서관 이용 및 활용 교육 즉, 학습자들을 도서관 이용에 익숙하게 하는 것도 독서지도의 하나이다. 독서지도는 이용자에게 책에 대한 흥미를 높이고 이해력과 비판력, 사고력, 문제 해결력, 창의력 및 사회적 상호작용을 통한 학습 능력의 신장에 긍정적인 효과를 기대할 수 있다.

일반적으로 독서지도 프로그램은 6명 이상의 인원이 참여하는 것이 바람직하며 일반적으로 연령이나 학년별로 나누어 운영된다. 책을 개별적으로 읽고 함께 모여서 활동하는 경우도 있고 독서지도 프로그램 내에서 책을 같이 읽으며 진행하기도 한다.

독서문화진흥 서비스 사례

- 문화체육관광부 - 길 위의 인문학
  공공도서관에서 인문학 관련 강연, 체험, 지역 탐방 등을 통해 인문학을 일상에서 접하는 프로그램

- 국립어린이청소년도서관 - 사서 추천 도서
  유아·초등생·청소년 대상 신간 사서 추천 도서

- 강남구립도서관 - 강남 북 큐레이션
  공공도서관별 특화 주제 도서로 구성된 북 큐레이션

- 경기도사이버도서관 - 사서들의 책 이야기
  경기도사서서평단 서평 활동 모음

- 국립어린이청소년도서관 - 책 읽기 도움 자료
  어린이 대상 독서지도 프로그램 운영 사례

- 학교도서관저널 - 독서동아리 운영에 대해 알고 싶은 것들
  현직 사서들에게 듣는 독서동아리 운영 팁

2.4 이용자교육

도서관의 이용자교육은 과거에는 '도서관'에 대한 교육으로 한정하였지만 지금은 '정보'에 대한 것으로 확대되고 있다. 과거에는 정보를 보유하고 있는 곳이 도서관으로 한정되어 있어서 도서관 이용이 곧 정보 이용을 의미했지만 지금은 확연히 달라졌기 때문이다.

일부에서는 이제 인터넷이나 각종 매체를 통하여 누구나 정보습득을 쉽게 할 수 있기 때문에 도서관이나 사서의 필요성이 감소되었다고 생각하는 경우도 있다. 그러나 오히려 이렇게 다양하게 접근할 수 있는 정보가 그 양과 형태에 있어 크게 확대되었으므로 이를 활용하는 방법에 대한 교육은 더욱더 중요하다고 볼 수 있다.

즉, '정보'의 의미는 더욱 폭넓게 확대되어 도서관의 정보, 일반적인 인터넷 정보*visible web*, 고가의 학술데이터베이스 정보*invisible web*[6], 다양한 애플리케이션 활용 정보, 최근의 AI 활용 정보까지 포괄하게 된 것이다. 따라서 '교육'에 있어서도 특정 정보의 이용법을 알려주는 것에서부터 여러 매체의 정보 중에서 이용자의 목적에 알맞은, 좋은 정보를 골라내어 내 생각과 결합시켜 새로운 아이디어를 낼 수 있도록 돕는 리터러시*literacy* 교육으로 까지 확대되었다.

도서관에서 수행하는 이용자교육은 매우 다양한 구분이 있지만 공공도서관에서 적용할 수 있는 이용자교육은 다음의 3가지로 구분해보고자 한다. 첫 번째는 도서관 이용 초보자를 위한 '도서관 오리엔테이션'이며, 두 번째는 특정 도서관의 제공 서비스를 최대한 활용하고 싶은 이들을 위한 '도서관교육', 그리고 세 번째는 특정 주제에 관한 자료를 찾고자 하는 이들을 위한 '정보리터러시 프로그램'이다. 각 유형별 목적, 대상, 교육내용, 교육방법의 세부내용은 다음의 〈표 6-1〉과 같다.

6) Visible web은 누구나 이용할 수 있고 인터넷 검색엔진으로 접근 가능한 인터넷자료를 의미하는 한편, Invisible web은 유료 학술데이터베이스 등과 같이 특정 권한을 가진 사람들에게만 접근 가능한 고급 인터넷 정보를 말한다.

<표 6-1> 이용자교육 유형별 세부내용

구분	목적	교육내용	대상	교육방법
도서관 오리엔테이션	도서관 적응	• 시설 및 규정 안내 • 대출/반납 이용법 • 분류법 이해 • 도서관 자료 검색법 • 기타 여러 서비스 소개	도서관 신규회원	강의 및 투어
도서관교육	특정 도서관의 활용법 숙지	• 전자책 활용법 • 국회원문/국중원문검색 시스템 활용 • 책바다, 책이음, 책나래 등 각종 서비스 사용법 등	특정 도서관을 최대한 활용하고 싶은 이용자	강의 및 활용실습
정보리터러시 프로그램	정보접근, 분석, 평가, 활용, 소통 등 정보활용능력 총망라	• 정보의 특성 • 좋은 정보 구별법 • 주제별 정보원 • 정보탐색 기술 • 정보 윤리 적용 등	정보활용 능력을 향상시키는데 관심 있는 이용자	강의 및 주제가이드 작성실습 등

2.4.1 도서관 오리엔테이션(library orientation)

도서관 오리엔테이션은 처음 도서관을 접하는 이용자들이 도서관 이용에 잘할 수 있도록 도서관을 소개하는 교육이다. 오리엔테이션에서는 도서관의 시설을 소개하고 이용 규칙 등을 안내하며, 대출반납 방법, 도서분류법, 도서관의 자료 검색을 위한 홈페이지, 애플리케이션, 열람실과 각종 서비스에 대한 간단한 설명을 전달한다. 도서관의 규모가 크고 서비스가 방대할수록 도서관의 이용법이 복잡하므로 신규이용자를 위한 오리엔테이션의 중요성은 더욱 강조된다.

일반적으로 도서관 오리엔테이션은 인근 어린이집이나 유치원에서 도서관에 방문하여 견학하고 어린이들에게 도서관이 어떤 기관인지를 소개하는 경우가 대부분이다. 그러나 최근 들어 도서관을 처음 접하는 노인 인구가 점차 증가하고 있으므로 도서관 오리엔테이션 교육의 대상을 좀 더 확대할 필요가 있다. 또한 오리엔테이션 강좌를 정기적으로 개설하여 도서관 이용증을 신규 발급 받은 이용자들이 수강을 신청할 수 있도록 과정을 마련하는 것도 필요하다.

오리엔테이션의 교육방법은 짧은 강의와 투어로 진행하는 것이 일반적이다. 투어를 하면서 도서관의 각 서비스 포인트를 방문하여 실제로 눈으로 보고, 설명을 듣는 것이 강의로만 진행하는 것보다 도서관 활용과 적응력에 도움이 될 수 있기 때문이다.

2.4.2 도서관교육(library instruction)

도서관교육은 도서관 오리엔테이션보다 더 깊이 있게 도서관을 활용하고자 하는 이용자에게 제공하는 교육형태이다. 규모가 클수록 도서관에서 제공하는 서비스의 질과 양이 다양한데 이것을 짧은 오리엔테이션 시간에 모두 담아내기는 어렵다. 도서관 홈페이지를 통해 접속하여 사용할 수 있는 여러 전자자원이나 서비스의 신청 및 사용방법을 익히기 위해서는 심도깊은 교육이 필요한 것이다.

예를 들어 도서관 홈페이지에서 자료검색을 하는 것은 오리엔테이션만으로도 충분히 방법을 안내할 수 있지만, 전자책과 전자책 뷰어의 설치 및 활용법 등은 상세한 설명이 필요할 수 있다. 또한 많은 도서관에서 설치하여 제공하고 있는 국회도서관 원문검색시스템이나 국립중앙도서관 원문검색시스템 활용법은 설명을 듣지 않으면 어떻게 사용하는지 알기가 매우 어렵다. 이런 내용을 알려주는 교육이 별도로 필요한 것이다.

또한 도서관에 따라서는 KISS나 DBPIA 같은 학술데이터베이스를 구독하기도 하므로 좀 더 깊이 있는 교육을 마련하여 구독비용 대비 이용 효과를 극대화할 필요가 있다. 더불어 책바다, 책이음, 책나래 등 각종 서비스에 대한 소개도 필요하다. 이러한 다양한 서비스를 이용자들이 활용할 수 있도록 별도로 도서관교육 프로그램을 마련하여 이용자들이 도서관의 서비스 사용법을 충분히 습득하여 최대한 활용할 수 있도록 해야 할 것이다.

도서관교육의 가장 바람직한 교육방법은 강의와 실습을 병행하는 것이다. 전자책, 학술데이터베이스, 원문검색시스템, 책바다 서비스 등은 모두 컴퓨터나 스마트폰을 사용하여 온라인으로 활용하는 서비스이므로 프로그램에 접속하고, 가입하고, 신청하고, 서비스를 받는 과정을 실제 연습을 통해 체험하도록 하는 것이 필요하기 때문이다. 실습을 위해서는 개인별로 컴퓨터가 필요할 수도 있어서 예전에는 이용자교육시설을 따로 마련하기도 하였으나, 최근에는 개인 노트북이나 탭을 소지한 이용자가 상당히 많고, 핸드폰을 이용해서도 실습이 가능한 경우가 많으므로 일반적인 강의실을 사용해도 충분히 도서관교육을 진행할 수 있다.

2.4.3 정보리터러시 프로그램(information literacy program)

리터러시는 어떤 자료에 접근하고, 내용을 분석하고, 평가하고, 생각을 독려하고, 이를 활용하여 소통할 수 있는 종합적인 능력을 의미한다. 즉, 자료를 찾고 읽어내는 것뿐 아니라 그것에 대해 비판적으로 생각하고, 나의 생각을 도출해 다른 이들에게 전달할 수 있는 것까지 나타낸다.

최근 리터러시는 미디어 리터러시, 뉴스 리터러시, 디지털 리터러시, 정보 리터러시 등 다양하게 표현하며 사용하고 있다. 그러나 결국 리터러시란 각각 다른 명칭을 사용하고 있지만 각종 매체를 통해 전달되는 내용에 대하여 그 상황적 맥락을 파악하고, 비판적으로 사고하고 분석하여 진위를 가려내고, 이를 자신의 것으로 해석하여 새로운 문제를 만났을 때 해결할 수 있는 도구로 활용할 수 있도록 하는 것이라는 공통점을 담아낸다고 할 수 있다.

정보리터러시 프로그램에서는 유형별 정보의 특성, 좋은 정보 구별법, 주제별 핵심 정보원, 정보탐색 기술, 정보윤리 적용 등을 다룰 수 있다. 선진국에서 Big6 등과 같은 정보리터러시 모델을 개발하여 보급하고 있고, 여러 도서관이나 학교에서 Bi6 모형에 기반한 정보리터러시 프로그램을 만들어 실시하고 있다.

Big6 모형은 과제정의, 정보탐색 전략 수집, 정보소재확인 및 접근, 정보이용, 정보종합, 정보평가 등의 6단계로 구성되어있으나 상세한 내용을 본서에서 다루기는 어렵고, 경기도도서관의 '북매직'사이트에 나와 있는 사례를 참고하는 것을 추천하고자 한다. 아래의 사례에서 제시한 북매직 사이트에서는 경기도의 유능한 여러 사서 및 연구진이 협력하여 개발한 이용자교육 프로그램을 소개하고 있으며, 각 도서관에서 실제로 이것을 활용할 수 있도록 교사용 자료와 학생용 활동지까지 마련되어있으므로 누구나 쉽게 적용해 볼 수 있을 것이다.

이용자 교육 사례

- 경기도도서관 - 북매직 〉 도서관을 알려줘요

1) 도서관여행 - 도서관 오리엔테이션(유아, 초등 저학년용)
2) 열려라도서관 - 정보리터러시 프로그램(초등 고학년용)
3) 청소년 정보활용교육 프로그램 - 정보리터러시 프로그램(청소년용)

2.5 문화프로그램

문화프로그램은 도서관에서 진행되는 독서 관련 프로그램을 제외한 다양한 프로그램을 의미하며, 교육강좌, 체험학습, 강연, 공연, 영화 상영, 전시, 워크숍, 견학, 탐방 등 여러 가지 형태로 운영된다. 이는 도서관이 단순히 책을 읽는 공간을 넘어 지식과 문화를 체험하고 나누는 복합 문화공간으로서의 기능을 수행하고 있음을 나타낸다. 도서관에서 이루어지는 다양한 분야의 프로그램은 이용자들의 지적, 예술적인 성장을 이끌어 낼 뿐만 아니라 교육과 문화의 균형적인 발전을 도모한다. 이러한 문화프로그램은 공동의 관심사를 가진 지역 주민 간의 소통과 연대를 촉진하여 공동체 의식 함양에도 크게 기여한다. 이는 도서관이 모든 연령층을 대상으로 하는 평생교육의 장이자 지역사회의 중심 거점으로 기능을 확장하고 있음을 보여준다.

문화프로그램은 도서관의 사명과 목적을 충실히 반영하여 구현하도록 해야 한다. 도서관은 이용자, 시설, 재정, 인력 등의 환경과 역량을 고려해서 문화프로그램을 기획하여 다양한 프로그램을 기획하되 대다수 이용자의 관심과 흥미가 있는 주제와 내용, 공공의 이익과 지역사회 발전을 지향하여야 한다. 문화프로그램은 연령이나 다문화, 장애인 등 특수한 계층의 다양한 이용자별로 운영되며 운영 간격에 따라 집중형, 단기형, 중기형, 선택형 등으로 진행된다.

문화프로그램은 곽철완 등의 연구에서 제시한 바와 같이 총 5 과정 12단계를 거쳐 운영된다. 첫째, 기획 과정에서는 프로그램 개발의 필요성 확인과 기존 프로그램 점검을 통해 새로운 프로그램의 추진 여부를 결정한다. 일정 계획 수립과 관리, 역할 분담 및 세부 일정 계획을 통해 프로그램이 효율적으로 운영되도록 한다. 도서관 내·외의 환경을 평가·

분석하고 자문위원회 구성을 통해 다양한 분야의 전문 인력과 협력적 관계를 구축한다. 이용자의 특성과 요구 조사, 분석을 통해 프로그램 개발의 기초 자료로 활용한다. 둘째, 설계 과정에서는 지역사회 이용자의 요구와 프로그램의 핵심이 반영된 실현 가능한 목표를 설정하고 주제 선정한다. 효과적인 프로그램 구성안 및 실행 계획을 마련한다. 셋째, 마케팅 과정에서는 프로그램에 필요한 적정 예산을 계획하고, 이용자에게 적극적으로 홍보할 수 있는 마케팅을 실행한다. 넷째, 실행 과정에서는 효과적인 프로그램 형식을 선정하고 운영 매뉴얼에 따라 실행한다. 마지막으로 평가 과정에서는 프로그램의 결과에 대한 참가자들의 평가를 실시한다. 평가 결과를 분석하여 향후 프로그램을 위한 개선 방향을 도출한다. 실제 도서관 현장에서는 이러한 흐름대로 진행되기도 하고 도서관의 여건과 상황에 따라 각 과정이 유연하게 조정되어 운영되기도 한다.

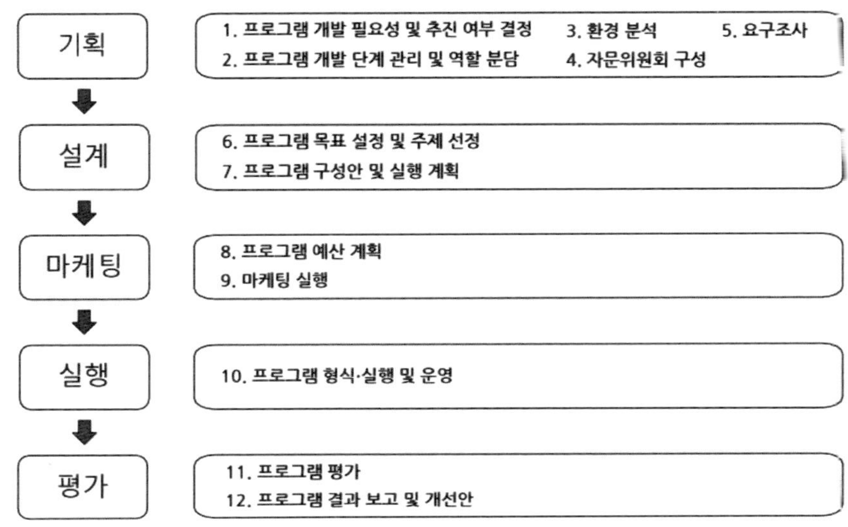

[그림 6-6] 문화프로그램 운영 단계(곽철완 외 2009 재구성)

공공도서관의 문화프로그램 진행에서 겪는 어려움 중 하나는 신청 후 실제로 참여하지 않는, 이른바 '노쇼*no-show*'에 대한 문제이다. 이는 프로그램 운영에 어려움을 주고 다른 이용자들의 참여 기회를 제한하게 되어 이에 대한 적절한 대처가 필요하다. 도서관에 따라 문화프로그램 운영 규정을 따로 만들어 이용자들에게 안내하고 있으나 강제성을 띠지 않기 때문에 실질적인 효과를 거두는 데에 한계가 있다. 이를 해결하기 위해서는 도서관 이용자를 대상으로 하는 프로그램 참여에 관한 사전 교육이 필요하며, 이를 기반으로 하는 도서관과 이용자의 긴밀한 협력은 보다 안정적이고 효율적으로 문화프로그램을 운영하는 데 도움이 된다.

문화프로그램 사례

- 강남구립 개포하늘꿈도서관 - 보드게임
- 부산광역시립시민도서관 - 소장 고문헌 전시
- 은평구립 구산동도서관마을 - 어린이영화제작워크숍
- 도봉구립 김근태도서관 - 인디영화 특별상영
- 전주도서관 - 서학예술마을탐방

3. 공공도서관 서비스 대상

공공도서관 서비스는 수혜 대상에 따라 달라지며, 각 도서관마다 중점적으로 지원하는 이용자층이 다를 수 있다. 본 장에서는 공공도서관 서비스의 핵심이 되는 주요 대상자 그룹을 나누어, 각 그룹별 서비스의 필요성과 특징, 고려해야 할 사항, 그리고 실제 사례를 차례로 살펴보고자 한다. 도서관마다 제공하는 서비스는 상이할 수 있지만, 주요 이용자 그룹의 특성과 고려사항을 정리함으로써 개별 도서관이 어떤 서비스를 우선적으로 추진해야 할지 결정하는 데 참고자료로 활용할 수 있을 것이다.

3.1 영유아 및 어린이

영유아와 어린이를 정의하는 연령은 관련법에 따라 다소 상이하다. 영유아는 「모자보건법」에 의하면 출생 후 6년 미만의 사람을 의미하며, 「영유아보육법」에 따르면 7세 이하의 취학 전 아동을 뜻한다. 유아는 「유아교육법」에 따라 만 3세부터 초등학교 취학 전까지 어린이를 의미하고 어린이는 「도로교통법」에 따라 13세 미만의 사람으로 규정한다. 또한 「아동복지법」에서는 아동을 18세 미만의 사람으로 정하고 있다. IFLA의 『어린이 도서관 서비스 지침』은 0세에서 18세까지를 대상으로 하고 있다. 하지만 통상적으로는 도서관 현장에서는 36개월 미만은 영아로, 36개월부터 취학 전까지의 연령은 유아로, 학령기는 어린이로 구분한다. 예전에는 도서관 어린이실을 아동실이라고도 하였으나 현재는 어린이실로 통칭한다.

영유아기는 언어와 인지가 급격하게 발달하고 양육자와의 정서적인 관계를 형성하고 사회성을 배워나가는 시기이다. 이때는 생애 처음으로 독서 자료를 접하며 소근육의 발달이 충분하지 않다. 특히 글자 해독이 어렵고 주의 집중 시간이 제한적이어서 주로 양육자와 함께 독서 경험을 한다. 『IFLA 영유아를 위한 도서관 서비스 가이드라인』에서는 영유아의 언어 발달 촉진, 영유아와 양육자의 다양한 자료 접근 보장, 독서 친화적 환경 조성, 다양한 문화와 언어를 반영한 자료 제공, 영유아와 양육자의 포용적인 커뮤니티 공간 구현 등을 주요 방향으로 제시하고 있다.

이러한 관점을 바탕으로 도서관은 영유아가 책에 관한 관심과 긍정적인 인식을 가질 수 있도록 다양한 형태의 도서를 제공하여 자연스럽게 독서 환경을 조성해야 한다. 영유아는 글자 중심보다 오감을 자극할 수 있는 책으로 다양한 감각 훈련을 할 수 있는 자료가 필요하다. 다양한 실생활 경험과 연결된 도서를 구비하여 영유아가 사회를 이해하고 소통할 수 있는 바탕이 될 수 있도록 해야 한다.

또한 영유아는 혼자 도서관을 이용하기 어렵기 때문에 대체로 양육자와 함께 방문한다. 이 시기는 영유아가 양육자와의 친밀한 상호작용을 통해 정서적 안정을 느끼고 언어 발달이 이루어지는 중요한 시기이므로, 도서관은 양육자가 영유아와 함께 독서할 수 있는 환경을 조성해야 한다. 이러한 점에서 영유아 대상 도서관 서비스는 양육자도 함께 고려되어야 한다. 영유아의 연령 및 발달 단계별 도서를 배포하는 '북스타트(Bookstart)'는 영유아기에 양육자와 함께 독서의 즐거움을 경험할 수 있도록 하는 대표적인 도서관 서비스이다. 또한 육아로 도서관 이용이 자유롭지 못한 양육자를 대상으로 온라인을 활용한 비대면 도서관 서비스는 잠재 이용자를 위한 좀 더 적극적이고 확장적인 도서관 서비스라고 할 수 있다.

어린이 시기는 독서준비도를 갖추고 언어 능력과 사고력이 급격히 발달하면서 본격적인 독서 활동이 일어난다. 이 시기의 언어 능력은 단순한 읽기 단계에서 벗어나 점차 논리적이고 창의적으로 생각하고 표현하는 능력으로 발전한다. 초기에는 구체적이고 단순한 이야기나 소재에 흥미를 보이지만, 점차 추상적 사고가 가능해지면서 복잡하고 논리적인 이야기와 다양한 주제의 책에 관심을 갖게 된다. 또래와의 관계를 통해 사회성을 배우고, 자신의 가치 기준을 형성해 나간다. 도서관은 이러한 발달적 특성을 고려하여 어린이를 위한 다양한 독서·문화 프로그램을 제공해야 한다. 이는 청소년기의 비판적·추상적 사고 능력으로 이어지는 중요한 밑거름이 되며, 이 시기의 독서 경험은 평생 독자로 성장할 수 있는 기초가 되기 때문에 발달 단계와 흥미에 적절한 도서를 추천하는 것이 매우 중요하다.

이 시기의 어린이는 양육자의 도움이 없이 스스로 도서관을 방문하여 독서를 즐길 수 있는 자율적이고 능동적인 이용자로 성장한다. 이에 다라 도서관은 어린이의 자료 검색과 활용을 지원하는 정보 활용 교육 프로그램을 운영할 필요가 있다. 책을 통해 다양한 간접 경험을 쌓고, 사고의 범위를 개인의 삶에서 지역·국가·세계로 확장할 수 있도록 돕는 역할을 해야 한다. 더불어 디지털 네이티브 세대로서 과학기술과 미디어에 대한 탐구심을 충족시키고, 올바른 미디어 활용법과 정보 윤리 의식을 기를 수 있는 프로그램을 기획·운영하는 것도 중요하다.

특히 초등학교 중학년에는 독서 흥미의 개인차가 뚜렷하게 나타난다. 도서관은 어린이가 독서 흥미를 잃지 않도록 다양한 주제와 형식의 자료, 독서동아리, 체험형 프로그램 등을 통해 지속적인 독서 동기를 부여해야 한다. 또한 도서관 내 모임과 활동을 통해 다른 사람과 협력하고 작은 사회를 경험하며, 공동체의 일원이 되는 법을 배울 수 있도록 지원해야 한다. 이러한 과정을 통해 도서관은 어린이가 사회적 성장을 이룰 수 있도록 돕는 공간으로서 자리매김할 수 있다.

영유아 및 어린이 서비스 사례

- 전주도서관 - 생애 첫 도서관 이야기
  6~48개월 영유아 및 부모 대상 육아 지원 프로그램

- 국립어린이청소년도서관 - 이야기가 있는 코딩
  그림책과 코딩교육을 통해 독서흥미와 컴퓨터 활용능력, 창의력을 기르는 초등생 대상 프로그램

3.2 청소년

청소년에 대한 정의도 관련 법률에 따라 다르게 규정된다. 『청소년기본법』에 의하면 9세부터 24세 이하의 연령, 『청소년보호법』에서는 만 19세 미만의 연령에 해당하는 사람을 청소년으로 정의한다. 그러나 도서관 현장에서는 일반적으로 중고등학생에 해당하는 연령을 청소년으로 구분하며, 학교 밖 청소년과 이주배경청소년도 범주에 포함된다. 학교 밖 청소년은 학교에 적을 두지 않은 청소년을 의미하며, 이주배경청소년은 부모 혹은 본인이 이주의 경험이 있는 9세부터 24세 이하의 연령에 속하는 사람을 뜻한다.

『IFLA 청소년을 위한 도서관 서비스 가이드라인』에 따르면 청소년을 위한 서비스는 어린이 서비스에서 성인 서비스로의 전환이 매끄럽게 이루어지도록 노력해야 한다. 이러한 서비스는 청소년의 교육적, 정보적, 문화적, 여가적 요구를 충족할 수 있어야 하며 리터러시, 평생학습, 정보 리터러시와 책 읽기의 즐거움을 경험할 수 있도록 해야 한다.

청소년기는 사춘기와 함께 급격한 신체 변화가 일어나는 시기이다. 심리적으로는 양육자로부터 독립하고자 하는 욕구가 커지고 또래 집단과의 관계가 중요한 의미를 지닌다. 이 시기에는 자아정체성과 주체성을 확립하기 위한 자아 탐색이 활발하게 이루어진다. 또한 양육자의 보호를 받는 어린이 시기를 지나 성인으로 성장하기 위해 필요한 자율성과 주도성, 책임감을 기르며 자신의 정체성을 찾아가는 중요한 시기이다. 인지적인 발달이 심화되어 추상적이고 논리적인 사고가 가능하다. 자신의 미래에 대한 성찰 능력이 발달하며, 사회에 대한 관심과 더불어 비판적인 시각을 갖는다. 미래에 대한 불안감과 학업에 대한 부담으로 정서적으로 불안정하고 예민한 시기이기도 하다.

이러한 도서관의 청소년 서비스 목표와 발달적 특징을 고려할 때 청소년을 위한 도서관 서비스는 청소년의 성장 과정을 지원하는 역할을 충실하게 해야할 필요가 있다. 다양한 지식과 정보를 탐색할 수 있는 학습공간이자, 자아 탐색과 심리적·정서적 성장을 도모할 수 있는 문화공간으로서 기능해야 한다. 도서관은 청소년이 다양한 관점과 문제 해결 능력을 기르며, 디지털 시대에 필요한 리터러시 역량과 창의력, 사고력을 개발할 수 있도록 지원하는 역할을 해야 한다. 또한 타인과 의견을 공유하고 사회적 관계를 맺을 수 있는 장을 제공해야 하며 진로 탐색의 장과 미래에 자신의 비전을 구체화할 기회를 마련해 줄 수 있어야 한다. 나아가 청소년이 민주 시민으로 성장할 수 있도록 하는 교육적 역할도 수행해야 한다. 또한 학업과 미래에 대한 불안함과 부담감을 해소해줄 수 있는 공간으로서 기능해야 한다.

『제4차 독서문화진흥 기본계획(2024~2028)』의 추진전략인 '독서 습관 형성 지원'에서는 정책과제인 '생애주기별 독서 습관 형성 지원'을 통해 청소년기 독서 습관 유지 및 강화를 주요 내용으로 제시하고 있다. 여기에는 자율형 비경쟁 독서 프로그램, 독서 캠페인, 학교 밖 청소년을 위한 독서 프로그램, 센터 연계 독서 프로그램 지원 등이 포함되어 있다.

청소년을 위한 도서관 서비스는 청소년 이용자들이 손쉽게 접근할 수 있는 다양한 이용 경로를 개발하여 청소년들이 존중과 환대를 경험할 수 있도록 노력해야 한다. 특히 학교도서관 이용이 어려운 학교 밖 청소년을 위한 여러 지역 유관 기관과의 연계 프로그램을 기획하고, 다문화 청소년을 위한 다양한 언어 지원 서비스와 자료 제공, 디지털 세대를 위한 온라인 기반의 도서관 서비스의 개발 등을 할 필요가 있다.

청소년을 위한 공공도서관이나 일부 공공도서관에 독립된 청소년 전용 공간이 마련되어있으나, 여전히 많은 도서관에서는 청소년을 위한 장서나 서비스가 독립적으로 운영되지 못하고 있다. 청소년의 목소리를 반영하는 도서관 서비스가 필요하며, 청소년 이용자들을 위한 장서들이 개발이 강화되어야 한다. 학업과 경쟁으로 피로해진 청소년에게 정서적인 위안을 제공할 수 있는 공간과 또래들과 창의적인 아이디어를 모색할 수 있는 활동 공간을 조성할 필요가 있다.

이러한 서비스가 실제로 구현되기 위해서는 청소년에 대한 이해와 존중을 바탕으로, 청소년의 발달 단계와 흥미에 적합한 자료와 프로그램에 대한 지식과 정보를 갖춘 사서의 전문성이 필수적이다. 더불어 학교, 지역의 청소년 유관 기관과 협력하여, 청소년이 성장을 지원할 수 있는 핵심 기관으로서 도서관이 역할을 수행해야 한다.

청소년 서비스 사례

- 국립어린이청소년도서관 – 학교 밖 청소년 프로그램
  독서경험을 통한 인지·정서발달과 진로탐색 지원

3.3 청년

최근 우리 사회에서는 청년층에 대한 관심이 증가하고 있으며, 청년의 연령 범위 또한 정책적·사회적 맥락에 따라 점차 확장되고 있다. 「청년기본법」에서는 청년을 19세 이상 34세 이하로 규정하지만, 일부 정책에서는 사회 진입 시기의 지연과 경제적 불안정성을 고려해 39세 또는 49세까지 청년으로 포함하기도 한다. 이는 청년층이 처한 복잡한 사회경제적 상황을 반영한 것으로, 연령 기준보다는 생애 단계로서의 청년을 이해할 필요가 있음을 보여준다.

청년층은 학업을 마친 후 사회에 진입하는 과정에서 취업과 창업, 직장 생활, 주거 마련, 자산 관리 등 다양한 과제에 직면한다. 그들은 디지털 환경에 익숙하고 새로운 정보와 사회 변화에 민감하게 반응하며, 자기 주도성과 사회적 관심이 높은 특성을 보인다. 이러한 점을 고려할 때 공공도서관은 정보 제공에 그치지 않고, 청년들의 소통과 참여, 문화적 경험을 지원하는 역할을 수행할 필요가 있다.

청년층을 위한 도서관 서비스는 그들의 현실적 요구를 반영한 실용적인 내용을 중심으로 구성되어야 한다. 진로 탐색, 취업 준비, 창업 지원과 같은 프로그램이 기본이 되며, 금융 관리, 자기계발 등 일상생활에서 도움이 되는 교육 프로그램도 함께 운영할 수 있다. 예를 들면 모의 면접, 이력서 및 자기소개서 작성법, 직무 탐색 특강 등은 청년층의 구체적인 요구를 충족시키는 데 효과적이다. 아울러 독서 동아리, 북콘서트, 예술 워크숍, 음악 공연 등 문화프로그램은 청년들의 문화적 감수성과 사회적 연대를 강화하는 데 기여한다.

디지털 전환이 가속화되면서 청년층은 시간과 장소의 제약 없이 도서관 서비스를 이용할 수 있기를 기대한다. 이에 따라 공공도서관은 모바일 앱과 온라인 플랫폼을 통해 자료 검색, 프로그램 신청, 온라인 강좌 운영, 맞춤형 정보 제공 등 디지털 기반 서비스를 강화하고 있다. 특히 청년의 관심사와 정보 수준을 반영한 맞춤형 큐레이션과 주제 전시는 정보 탐색의 접근성을 높여, 청년들이 자료를 능동적으로 이해하고 선택할 수 있도록 한다.

또한 프로그램 기획 단계에서 청년들의 의견을 반영하고 운영 과정에서 그들의 적극적인 참여를 유도하는 것도 필요하다. 청년을 단순한 참여자가 아닌 공동 기획자로 참여시키는 것은 서비스의 완성도를 높이고 도서관에 대한 소속감을 강화하는 효과가 있다. 이를 위해 도서관은 청년의 관심과 요구를 지속적으로 수렴할 수 있는 소통 채널을 마련해야 한다.

마지막으로 청년 대상 프로그램은 일회성 행사에 그치지 않고 장기적으로 운영되는 것이 바람직하다. 정기적인 프로그램 운영은 청년 이용자와의 신뢰를 형성하고, 도서관을 청년 세대의 일상적 생활 공간으로 자리매김하게 한다. 청년 주도의 독서 동아리, 학습 모임, 자원봉사 활동 등은 지식 공유와 사회 참여를 촉진하며, 청년의 성장과 지역사회 발전을 동시에 지원하는 공공도서관의 역할을 실질적으로 구현하는 사례가 될 수 있다.

청년 서비스 사례

- 부천시립 원미도서관 - 청년 서비스 '원미청정구역'
  청년을 대상으로 한 진로·취업·창업 역량 강화와 공동체 활동 지원

3.4 신중년

신중년은 정부가 2017년에 과도기적 생애 특성을 반영하여 새로 정의한 용어로, 일반적으로 50세 전후에서 72세 사이의 세대(5060세대)를 의미한다. 이들은 주로 50세 전후로 본업에서 퇴직하고 재취업 또는 다양한 경제활동을 이어가거나 노동시장에서 은퇴 과정을 경험하고 있는 세대로, 과거에는 장년층과 노인층으로 나뉜 연령 구분에서 신중년

이라는 개념이 새롭게 정립되었다. 또한 단순히 연로한 고령자의 의미보다는, 여전히 일할 수 있는 체력과 능력을 갖춘 긍정적 의미로 받아들여지며, 현재 다양한 경제활동과 사회활동에 적극적으로 참여하고 있는 세대로 인식되고 있다.

우리나라는 최근 초고령사회로 진입하였으며 평균 기대수명도 증가 추세이다. 하지만 이러한 환경에서 신중년은 빠르게 변화하는 과학기술에 대한 적응, 미흡한 은퇴 준비, 재취업 등의 여러 도전에 직면한 세대이기도 하다. 이러한 상황에서 신중년의 시기는 지나온 삶을 되돌아보고 도래할 삶을 새롭게 설계해야 하는 생애전환기라고 할 수 있다. 이 시기에는 심리적인 안정과 회복, 자기효능감을 경험함으로써 앞으로 다가올 삶에 대한 자신감을 가질 수 있도록 준비하는 과정이 필요하다. 이러한 맥락에서 도서관의 역할이 매우 중요하다.

특히 신중년의 생애전환기에 필요한 역량 형성을 위해서는 린다 그래튼*Lynda Gratton*과 앤드루 스콧*Andrew Scott*이 제시한 노년의 삶을 위해 필요한 무형자산을 참고할 필요가 있다. 이러한 무형자산은 도서관의 다양한 프로그램과 서비스를 통해 지원할 수 있다. 무형자산에 대해 구체적으로 살펴보면, 활력 자산은 건강, 우정, 인간관계 등으로 정신적·신체적인 건강과 관련된 자산이다. 변형 자산은 자기 인식, 다양한 네트워크 접근성, 새로운 경험에 대한 개방적 태도 등을 포함한다. 마지막으로 생산 자산은 지식, 기술, 공감, 판단력, 격려 등으로 개인의 성장을 촉진하고 사회에 긍정적인 영향을 미치는 자산이다.

도서관에서는 이러한 신중년의 무형자산 형성을 적극 지원하기 위해 독서 치유 및 건강 관련 프로그램, 동아리 모임, 진로 설계 프로그램, 디지털 리터러시, 정보 활용 교육, 창업 관련 강좌 등의 프로그램 등을 다양하게 운영한다. 이를 통해 신중년은 생애전환기의 시기를 지나 다가올 삶에 대해 재도약할 수 있는 기회를 마련할 수 있다.

신중년 서비스 사례

- 한국도서관협회 - 도서관 4050 중장년 독서 살롱
  생애전환기에 독서를 매개로 한 인생 재설계 프로그램

- 성남시 중앙도서관 - 책과 떠나는 심리여행
  40~65세 여성 대상 독서 치유 프로그램

3.5 노인

노인의 연령대에 대한 정의는 시대와 기관의 관점에 따라 매우 다양하나 최근의 경향은 대략 65세에서 70세를 노년기의 시작점으로 간주하고 있다. 그러나 고령화사회가 되고 건강하고 활발한 노인을 일컫는 신중년이라는 용어가 사용되기 시작하면서, 상대적으로 노인 그룹은 정신적, 신체적 건강이나 사회활동이 급격히 낮아지고 위축된 이들을 일컫는 용어가 되었다.

최근 도서관 이용자 중 노인의 비중은 점점 증가하는 추세이다. 다양한 정보를 활용할 수 있는 도서관이 은퇴자 노인들의 선호도 높은 장소가 되면서 도서관에는 여러 능력과 경험을 갖춘 노인 이용자가 늘어나게 되었다.

노인의 특징은 신체적 변화와 정신적 변화, 그리고 사회적 적응 감소의 3가지로 구분해 볼 수 있다. 우선 신체적 변화는 시력과 청력이 약화되고, 거동이 점점 불편해진다는 것이다. 이러한 신체적 노화에 따른 한계점은 노인들에게 심리적 위축을 가져다준다. 둘째, 정신적 변화는 신체적 변화와 동반하여 나타날 수가 있는데 젊은 시절과 다른 체력저하로 인하여 우울함, 무기력, 예민함 등이 발현될 수 있기 때문이다. 셋째, 사회적 적응 감소의 문제는 사회활동이 저하되면서 사회변화에 둔감해지고, 교류가 적어지면서 새로운 기술과 지식을 습득하는데 뒤처지는 것에 대해 자기효능감이 떨어지고 소외감을 느끼는 데서 나타난다.

노인의 특징에 따라 도서관에서 고려해야 할 사항이 있다. 우선 신체적 변화에 대한 문제는 물리적인 시설 설치로 대처할 수 있다. 큰글자책, 전자책, 오디오북 등을 비치하여 독서활동을 돕고, 서가 및 열람실에 휠체어 접근이 편안한 공간과 시설을 마련하여 이동하는데 무리가 없도록 하는 것이 필요하다. 노년을 위한 시설적 확보는 장애인 등 다른 사회적 약자 그룹의 도서관 이용에도 도움이 될 수 있다.

그런데 도서관 노인서비스의 가장 중요한 지점은 여러 가지 신체적, 사회적 상황변화로 기존의 중심축에서 멀어진 노년층이 다른 세대와 함께 호흡하면서 사회의 일원으로서 심리적으로 안정감 있는 노후생활을 영위할 수 있도록 하는 것이다. 이를 위해서 우선 도서관 이용이 원활하지 않은 세대를 살아온 노년층에게 도서관을 충분히 활용할 수 있도록 별도의 도서관 오리엔테이션을 제공하고, 도서관이라는 물리적 한계를 벗어나서 더 넓은 정보로 접근하고 나아갈 수 있도록 노인 맞춤형 정보 리터러시 교육도 제공하는 것도 매우 중요하다. 또한 노인들의 관심사를 조사, 분석하여 취미, 건강, 여가, 경제활동 등에 적합한 장서를 마련하고 관련 강사를 초청하여 전문지식을 얻고 상담할 수 있는 장을 마련하는 것도 중요한 부분이다.

한편, 노인에게는 소속감과 연대감을 바탕으로 사회활동을 유지하는 것이 중요하다. 이를 위해 공공도서관은 노인의 독서모임 참여를 독려하고, 노인들만을 대상으로 한 특정 주제별 동아리 활동을 구성하여 지원하는 것이 필요하다. 또한 노인들이 사회 속에서 자기효능감을 발휘할 수 있도록 어린이들에게 책을 읽어주거나 학습을 돕는 활동 등 그동안 축적해 온 경험과 역량을 활용할 수 있는 장을 마련하는 것도 필요하다.

노인 서비스 사례

	• 마포중앙도서관 – 책마중 북실북실: 신체불편한 65세이상 노인을 위한 맞춤형 정기구독서비스
• 마포 서강도서관 – 세대교류 그림책 독서모임: 청년과 노인이 함께 하는 독서	
	• 은평구립도서관 – 아동-시니어 세대통합 예술심리치료 프로그램 '하모니'

3.6 장애인

공공도서관은 모든 사람이 차별 없이 지식과 정보를 이용할 수 있도록 보장해야 하는 사회적 공간이다. 장애인 이용자가 자료 탐색과 서비스 이용 과정에서 불편을 겪지 않도록 환경을 정비하고 필요한 지원을 제공하는 일은 법적 책무를 넘어 공공도서관이 지향해야 할 기본적인 역할이라 할 수 있다.

국제적으로도 장애인의 정보 접근권 보장은 중요한 이슈로 인식되고 있다. IFLA-UNESCO 공공도서관 선언은 "공공도서관의 서비스는 모두를 위한 접근의 평등에 기초하여 제공된다."고 밝히며, 일반 서비스를 이용하기 어려운 사람을 위한 별도의 서비스 제공 필요성을 언급한다. 이는 공공도서관이 장애인의 정보 접근권을 적극적으로 보장해야 함을 분명히 한 국제적 기준으로 이해할 수 있다.

우리나라의 「도서관법」 역시 이러한 흐름을 반영하고 있다. 「도서관법」 제7조는 지식정보 격차 해소를 도서관의 책무로 규정하며, 장애인을 포함한 지식정보 취약계층이 도서관 서비스를 차별 없이 이용할 수 있도록 해야 함을 명시하고 있다.

장애인 서비스는 도서관 이용 과정에서 발생할 수 있는 다양한 불편과 제약을 종합적으로 고려하여 설계되어야 한다. 국립장애인도서관의 「도서관 장애인 서비스 매뉴얼」에서 제시한 분류에 따르면, 장애인 서비스는 물리적 접근, 자료 접근, 의사소통 지원의 세 영역을 중심으로 구성된다. 이러한 구분은 도서관 이용 과정에서 나타나는 제약의 유형이 서로 다르다는 점을 반영한 것으로, 장애인의 특성과 상황에 맞는 서비스 설계가 필요함을 보여준다.

먼저, 물리적 접근성은 장애인 서비스의 기본 전제이다. 지체장애인이나 휠체어 이용자를 위해 경사로, 저상 서가, 장애인 전용 열람석 등이 마련되어야 하며, 장애인 전용 주차 공간, 명확한 안내 표지판, 점자 표기, 음성 안내 장치 등도 갖추어야 한다. 이러한 환경 조성은 장애인뿐 아니라 노인, 임산부, 유아 동반 가족 등 다양한 이용자를 배려하는 유니버설디자인의 원칙과도 맞닿아 있다.

자료 접근의 제약을 줄이기 위해서는 다양한 형태의 대체자료 제공이 필요하다. 시각장애인을 위한 점자 도서, 큰 글자 도서, 오디오북, 촉각

도서와 함께 발달장애인을 위한 쉬운 글 도서와 그림책 등도 비치되어야 한다. 더불어 도서관 방문이 어려운 장애인 이용자를 위해 '책나래 서비스'와 같은 비대면 자료 제공 서비스도 병행되어야 한다.

의사소통 지원 측면에서는 안내 체계의 다양화와 보조기기 구비, 웹 접근성 개선이 중요하다. 도서관 웹사이트나 모바일 앱에는 화면 낭독, 자막 제공 등 접근성을 고려한 기능이 포함되어야 하며 이를 통해 장애인 이용자가 장소에 구애받지 않고 도서관 서비스를 이용할 수 있도록 해야 한다.

아울러 장애인 이용자를 위한 맞춤형 프로그램 운영 역시 중요한 영역이다. 시각장애인을 위한 오디오북 토론회, 청각장애인을 위한 수어 북클럽, 발달장애인을 위한 쉬운 글쓰기 교실 등은 장애인 이용자가 문화 활동에 참여하고 타인과 교류할 수 있는 기회를 제공한다. 또한 장애인과 비장애인이 함께 참여하는 통합 프로그램은 서로에 대한 이해를 넓히고, 포용적인 도서관 문화를 형성하는 데 도움을 준다.

이와 같은 서비스가 안정적으로 운영되기 위해서는 지역 내 특수학교, 복지관, 국립장애인도서관 등 관련 기관과의 협력이 필요하다. 프로그램 공동 기획, 대체자료 공유, 서비스 연계 등을 통해 협력 체계를 구축하면 보다 폭넓은 지원이 가능해진다. 또한 도서관 직원이 장애인 이용자와 원활히 소통할 수 있도록 관련 교육을 정기적으로 실시하고, 장애인 이용자가 서비스 개선 과정에서 의견을 제시할 수 있는 통로를 마련한다면 보다 실효성 있는 서비스로 나아갈 수 있을 것이다.

장애인 서비스 사례

- 라이브러리 피치: 느린 학습자를 위한 도서관
  느린 학습자를 위한 프로그램 운영 및 의사소통 지원, 관계자 대상 정보 공유 지원

3.7 다문화

우리나라는 오랫동안 단일 민족 국가로 인식되어 왔으나, 외국인 노동자, 결혼이민자, 유학생 등 다양한 국적과 문화적 배경을 지닌 이주민의 꾸준한 유입으로 다문화 사회로 진입하고 있다. 2024년 법무부 통계에 따르면 국내 체류 외국인은 약 265만 명으로 전체 인구의 약 5.2%를 차지한다. OECD는 이주배경 인구가 전체 인구의 5%를 넘으면 해당 국가를 다문화 사회로 분류하며, 이러한 기준에서 볼 때 한국 사회는 이미 다문화 사회로 전환했다고 볼 수 있다.

이와 같은 사회적 변화 속에서 공공도서관의 역할은 더욱 중요해지고 있다. 공공도서관은 사회 구성원 모두가 차별 없이 지식과 정보에 접근할 수 있도록 지원하는 기관으로, 지역사회 구성원 간의 이해와 공존을 촉진하는 역할을 수행한다. 특히 다양한 문화적 배경을 지닌 이용자가 한국 사회에 안정적으로 적응하고 지역사회 구성원으로 자리 잡을 수 있도록 지원하는 것은 공공도서관의 중요한 책무라 할 수 있다. IFLA는 2006년 다문화 도서관 선언을 통해 도서관이 문화적·언어적 배경에 관계없이 지역사회의 모든 구성원에게 봉사해야 함을 분명히 하고 있다. 우리나라의 「도서관법」 제6조와 제7조 또한 지식정보 격차 해소를 도

서관의 책무로 규정하며, 다문화가족을 지식정보 취약계층에 포함하고 있다.

공공도서관이 지원해야 할 다문화 이용자는 외국 국적자뿐 아니라 결혼이민자, 귀화자, 난민, 북한이탈주민 등 다양한 형태의 이주민들을 포함한다. 이들은 언어 장벽과 문화적 차이로 인해 정보 접근과 공공 서비스 이용에 어려움을 겪는 경우가 많으며, 이러한 어려움은 사회적 차별과 정보 격차로 이어질 수 있다. 따라서 공공도서관은 다문화 이용자가 지역사회 안에서 일상생활을 영위하는 데 필요한 정보와 자원을 제공해야 한다.

다문화 이용자를 위한 공공도서관의 서비스는 자료 제공, 프로그램 운영, 생활 정보 제공을 중심으로 마련될 필요가 있다.

먼저, 언어와 문화적 배경이 다양한 이용자를 고려하여 한국어 학습 자료, 한국 사회 이해 자료, 모국어 자료, 다국어 자료 등을 균형 있게 갖추는 것이 필요하다. 이러한 자료는 단행본뿐 아니라 신문, 연속간행물, 시청각자료, 디지털 콘텐츠 등 여러 매체 형태로 제공되어야 하며, 누구나 쉽게 접근할 수 있도록 체계적인 분류와 안내가 함께 이루어져야 한다.

이와 더불어 프로그램 운영을 통해 다문화 이용자의 사회 적응을 지원하고, 지역사회 구성원 간의 교류를 촉진할 수 있다. 예를 들어, 한국어 교육이나 디지털 리터러시 프로그램은 이주민의 일상생활과 정보 활용에 직접적으로 도움이 되는 프로그램이며, 독서 동아리나 문화교류 프로그램은 지역 주민과의 만남을 통해 상호 이해의 폭을 넓히는 기회가 될 수 있다. 문화체육관광부의 '도서관 다문화 서비스 활성화 지원 사업'은 이러한 프로그램이 현장에서 운영될 수 있도록 실질적인 뒷받침이 되고 있다.

또한 다문화 이용자의 일상생활과 밀접한 정보 제공 역시 중요한 서비스 영역이다. 출입국 절차, 건강보험, 노동법, 자녀 교육 등 생활정보를 다국어로 제공하고, 도서관 웹사이트나 모바일 환경을 통해 접근할 수 있도록 지원하는 것이 필요하다. 특히 다국어 참고봉사 서비스를 통해 이용자가 필요한 정보를 정확하게 안내받을 수 있도록 지속적인 지원 체계를 마련해야 한다.

다문화 서비스를 안정적으로 운영하기 위해서는 지역사회의 다문화 구성과 이용자의 특성을 파악하고 이를 반영한 서비스 설계가 이루어져야 한다. 이를 위해서는 전담 인력 배치와 도서관 직원들을 대상으로 한 다문화 감수성 교육도 함께 추진될 필요가 있다. 아울러 다국어 표기, 직관적인 안내 체계, 문화적 다양성을 고려한 공간 구성을 통해 다양한 이용자가 편안하게 이용할 수 있는 물리적 환경을 조성하는 것도 중요하다. 지역 내 다문화가족지원센터, 아동센터 등 관련 기관과의 협력은 서비스의 지속성과 전문성을 높이는 데 기여한다.

다문화 서비스 사례

- 도서관정책기획단 - 도서관 다문화프로그램 공유시스템
  지역별 다문화 프로그램, 우수사례, 교육자료집 공유

생각해 보기

1. 관심 있는 공공도서관의 자료 대출 규정(권수, 기간, 연장, 연체 등)을 조사하여 서로 비교하고 의견을 나눠보세요.
2. 도서관에 소장되지 않은 자료를 필요로 하는 이용자에게 사서가 제공해야 할 정보의 범위를 설명해 보세요.
3. 최근 사회적으로 이슈가 되는 주제를 하나 선정하여 이용대상별로 북 큐레이션을 기획해 보세요.
4. 공공도서관의 서비스는 시대에 따라 달라지고 새로운 서비스가 개발됩니다. 그러면 우리 사서들은 어떤 가치를 추구하며 서비스를 만들어야 할까요? 함께 생각을 나누어 보세요.

07

공공도서관의 평가

표순희

이화여자대학교에서 도서관학 학사, 문헌정보학 석사 및 박사 학위를 취득하였고, 서울대학교 경제연구소, 이화여자대학교 국제정보센터, 성균관대학교 정보관리연구소에서 다양한 실무 및 연구 경력을 쌓았다. '공공도서관의 경제적 이용가치 측정 방안에 관한 연구'로 박사학위를 받았으며 현재까지 도서관 평가와 도서관의 경제적 가치 측정 등과 같은 분야의 연구를 활발히 수행하고 있다. 현재 숭의여자대학교 문헌정보과 조교수로 재직 중이다.

1. 평가의 의의와 필요성

1.1 평가의 의의

도서관의 평가는 도서관이 설정한 목표와 실제 성과 간의 차이를 측정하고, 그 결과를 향후 계획과 운영에 반영하는 순환적 과정으로 앞서 기술한 다양한 도서관 계획이 잘 수행되고 있는가를 모니터링하고 결과를 확인하는 과정이다.

도서관 평가는 단순히 통계적 수치를 산출하는 것을 넘어, 도서관의 존재 가치와 사회적 영향력을 종합적으로 판단하는 활동으로 도서관이 지역사회 또는 모기관에서 수행하는 역할의 중요성과 효과성을 입증하는 과정이다. 즉, 평가는 계획-실행-평가-개선으로 이어지는 도서관 운영의 주기적인 순환 구조 속에서 도서관의 지속적인 성장을 가능하게 하는 과정이다.

특히, 공공도서관 평가는 도서관의 사회적 가치와 공공성을 실현하는 핵심적인 수단으로 도서관이 지역사회에 미치는 긍정적인 영향력을 입증하고, 서비스 품질을 지속적으로 개선하며, 자원 배분의 합리성을 확보하는 데 필수적인 경영활동이다. 평가를 통해 도서관 간 벤치마킹과 혁신을 촉진하고, 법적·제도적 기반을 강화함으로써 공공도서관의 지속가능한 발전을 이끌어 낼 수 있다. 이러한 맥락에서 공공도서관 평가는 단순한 행정적 절차가 아니라, 도서관의 존재 이유와 미래 발전을 위한 전략적 활동이라 할 수 있다.

1.2 평가의 필요성

공공도서관의 평가는 첫째, 지역사회에 대한 책무를 강화하는 수단으로서 공공도서관이 지역사회의 요구에 부합하는 서비스를 제공하고 있는지, 공공의 자원을 효과적으로 활용하고 있는지 점검하기 위한 것이다.

다음으로 평가는 도서관 서비스의 질적 수준을 진단하고, 혁신적 사례를 발굴·확산하는 역할을 통해 서비스 품질 제고와 혁신을 촉진한다. 특히 최근에는 단순한 통계 중심의 정량평가에서 벗어나, 도서관 서비스의 혁신성과 사회적 영향력을 반영하는 정성평가의 중요성이 강조되고 있는데 이를 통해 도서관은 창의적이고 차별화된 서비스를 개발할 동기를 부여받고, 이용자 중심의 서비스 개선을 지속적으로 추진할 수 있다.

또한, 공공도서관은 한정된 예산과 인력, 공간 등 자원을 효율적으로 배분함으로써 자원 배분의 합리화와 정책 지원의 근거를 제공한다. 평가는 도서관 운영의 투명성과 합리성을 확보하고, 예산 지원의 근거를 마련하는 데 중요한 역할을 하는데 평가 결과는 정부나 지방자치단체의 도서관 정책 수립과 지원 방향 설정에 활용되어, 도서관 발전을 위한 정책적 지원을 이끌어 낸다.

마지막으로 평가를 통해 우수 도서관을 선정·포상하고, 혁신 사례를 공유함으로써 도서관 간 벤치마킹과 질적 성장을 견인한다. 평가를 통해 도서관 간 선의의 경쟁을 유도하고, 각 도서관이 스스로의 운영을 점검·개선하는 자기진단의 기회를 제공할 수 있다. 이와 같이 공공도서관의 평가는 도서관 운영의 전 과정을 체계화하고, 계획-실행-평가-개선의 선순환 구조를 정착시키는 데 기여함으로써 단기적 성과뿐 아니라 중·장기적 발전 전략을 수립하고, 변화하는 사회 환경에 능동적으로 대응할 수 있다.

최근 「도서관법」 개정으로 공공도서관 운영평가가 법적 의무로 명시되면서, 평가의 제도적 기반이 한층 강화되었다. 이는 도서관의 공공성과 책무성을 제고하고, 평가 결과에 따라 예산 지원이나 포상 등 실질적 인센티브가 제공되어 도서관 발전을 촉진하는 중요한 장치임을 확인할 수 있다.

2. 평가의 목적과 모형

2.1 평가 목적

많은 시간과 노력이 필요한 평가는 목적성을 갖는다. 평가가 추구하는 궁극적인 목적은 기관의 설립 목적을 잘 달성하였는가를 보는 것 즉, 조직의 성과를 평가하는 것이다.

공공도서관의 성과 달성을 위한 평가의 목적을 몇 가지로 더 구체화하면 첫째, 현재 상황의 진단, 현 상태에 대한 파악을 위한 것, 둘째, 문제 상황을 개선하기 위한 것, 셋째, 유사한 다른 기관과 비교하여 우열을 가리는 것, 마지막으로 도서관의 성과를 내외부에 알리는 것으로 구분할 수 있다.

이와 같은 구체적인 평가 목적에 따라 평가 전략을 달리할 수 있다. 먼저 도서관 현재의 상태를 파악하기 위한 평가는 주로 도서관 내부 운영의 효율성에 초점을 맞춘다. 효율성*efficiency*은 비용 혹은 시간과 같이 정량적인 투입 대비 산출을 기준으로 하는 개념이며 효과성*effectiveness*은 효율성에 더하여 좋은 결과를 이끌어 냈는가를 보는 개념으로 정성적인 성과를 포함한다. 효율성이 갖는 속성은 도서관 내부 운영에 초점을 맞춘 내부 평가에 더 많이 활용될 수 있다. 효율적인 장서관리, 수서 및 자료 정리처럼 도서관 업무에 얼마큼의 시간 혹은 비용을 투입하여 수행했는가를 본다.

이와 같이 효율성이 시간이나 비용 대비 작업 건수가 얼마나 더 향상했는가를 보는 정량적인 차원에 중요성을 둔 반면에 효과성은 '더 잘' 했는가 하는 성과를 추가적으로 평가한다. 도서관 내부의 효율적 작업이 도서관 전체 또는 도서관 외부의 시각에서 통합적 운영에 효과적으로 잘 수행했다는 것을 볼 수 있다.

다음으로 도서관의 우수성을 보기 위한 비교 평가를 목적으로 할 경우 효율성과 효과성을 모두 봐야 하며 도서관 내외부의 모든 관점에서 평가해야 한다. 도서관 운영이나 서비스가 우수하다는 것은 상대적인 개념으로 비교 대상의 도서관이 존재해야 하며 도서관의 우수성은 내부 운영의 효율성과 외부의 관점에서 지역사회와 이용자에게 제공하는 서비스의 효과성을 통합적으로 평가한다.

마지막으로 도서관 성과를 내외부로 알리기 위한 평가를 위해서는 도서관이 서비스하는 지역사회와 지역주민에게 소통하기 수월한 방법으로 평가하고 그 결과를 알려야 한다. 이 경우 도서관의 성과를 효과적으로 알리기 위해서 화폐나 수치와 같은 정량적인 값으로 표현할 수 있도록 평가한다.

2.2 평가 모형

공공도서관 성과를 평가하기 위한 관점을 어떻게 설정하고 평가를 시작할까에 대한 고려 사항들은 관련 연구자들의 평가 모형을 통해서 기본적인 평가 수행의 틀을 잡는 것이 큰 도움이 된다. 대표적으로 오르*Richard Orr*의 모형, 그리피스*Griffith*와 킹*King*의 평가메트릭스, 오스틴*Alexander Astin*의 평가 모형 등이 있는데 오르의 도서관 시스템 모형은 이후 도서관 평가틀을 설명하는데 기본이 되고 있다.

오르는 도서관 경영을 투입*input*, 처리*process*, 산출*output*이라는 일련의 과정으로 도식화하였다. 오르의 평가 모형은 도서관 서비스의 품질을 종합적이고 체계적으로 평가할 수 있는 논리적 틀을 제공하는데, 크게 자원, 역량, 활용, 유익한 효과, 품질, 수요라는 6가지 핵심 구성 요소로 이루어져 있다. 이 모형은 또한 투입*Input*-과정*Process*-산출*Output*-결과*Outcome*-영향*Impact* 모델로도 불린다. 투입은 시설, 인력, 예산과 같은 자원, 과정은 목록, 프로그램 수와 같은 서비스, 산출은 대출, 방문자 수와 같은 도서관 운영의 1차적인 성과를 의미한다. 이 모델은 도서관 성과 평가에 가장 자주 인용되고 널리 활용되는 모델 중 하나이다.

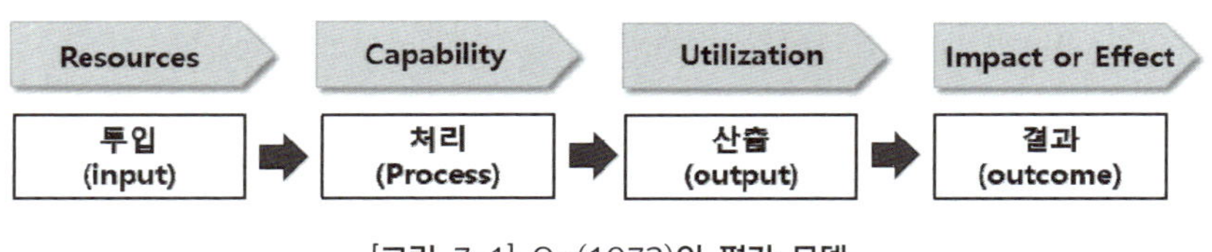

[그림 7-1] Orr(1973)의 평가 모델

1973년 오르의 도서관 서비스 평가 모델에서 시작된 이 개념은 현대에 이르러 켈로그*W.K. Kellogg* 재단의 가이드라인을 통해 표준화되었으며, 특히 공공도서관의 전략적 계획 수립과 성과 측정의 핵심 도구로 자리잡고 있다.

도서관 서비스의 효과성과 효율성을 평가하기 위해 논리모델*Logic Model*은 오르의 모델 이후 체계적인 프레임워크로 널리 활용되고 있는 모델이다. 논리모델은 기본적으로 프로그램의 기대, 가정, 원칙과 프로그램 혹은 서비스의 활동, 과정에서 장·단기를 포함하는 결과 또는 영향을 논리적으로 연결시키는 평가 모델이다. 이 모델은 프로그램의 결과를 평가하는 측정용 도구로 처음 활용되었지만, 이후 프로그램 전반에 영향을 미치는 조건이나 성과를 측정하는 성과 측정 모델로 발전하였다. 매튜스*Joseph R. Matthews*는 이러한 논리모델을 투입에서 결과까지 한 방향으로 제시한 오르의 평가 구성 요소에 더해 계획의 과정이 영향력이나 결과에서 시작하여 서비스로 이어지는 쌍방향의 실질적인 성과 기반 도서관 서비스를 개념화하여 [그림 7-2]와 같이 정리하였다.

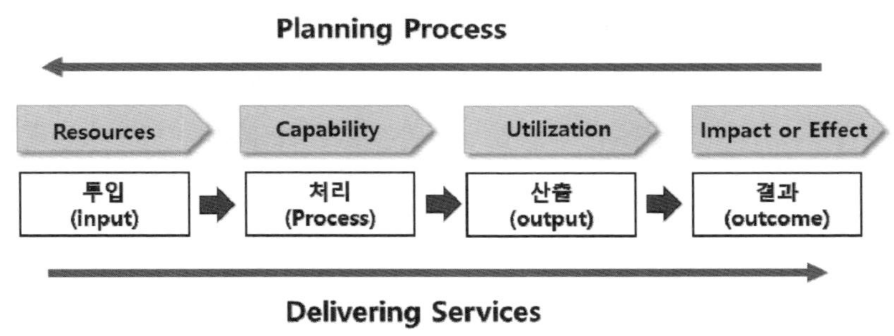

[그림 7-2] **논리 모델**(Matthews 2018)

3. 평가의 기준과 지표

평가는 도서관의 미래 지향적인 방향성을 제시하는 도구로 사용될 수 있으며, 지표는 평가 대상의 수준이나 상태를 나타내는 기준이 된다. 효과적인 평가를 위해서는 서비스 향상 여부를 판단할 수 있는 명확한 출발점과 기준이 필요한데 이는 관련 법규, 전문 기관의 기준, 또는 국제 표준 등이 그 역할을 할 수 있다.

공공도서관 성과측정을 위해 국제기구·전문기관이 제시한 대표적인 지표 체계로는 ISO 11620(국제표준), UNESCO/문화 SDGs 지표가 있으며 IFLA는 ISO 11620, 국가 평가체계 등과 연계해 균형성과표·논리모형 기반의 통합 성과평가체계 도입을 지지하며, 투입-과정-산출-성과 전 영역을 포괄하는 지표 구조를 권고하고 있다.

국가 차원에서도 평가를 위한 기준과 지표, 측정 도구들을 개발하여 제공하는데 미국 공공도서관협회*PLA*의 'Project Outcome'은 공공도서관 성과·결과*Outcome* 측정용 설문 지표를 표준화해 제공하고 있으며 영국은 문화매체체육부*DCMS*, 호주는 호주도서관협회 산하 공공도서관연맹*Australian Public Library Alliance*이 도서관 성과 측정을 위한 기준과 가이드라인을 제공하고 있다.

국내에서는 기본적으로 「도서관법」이 도서관 평가를 위해 기본적인 기준을 제시하고 있으며 실질적으로 관종별로 개발되어 시행하고 있는 도서관 운영평가의 평가지표가 그 역할을 하고 있다.

국제기구 및 각국의 도서관 성과 측정 지표들

- ISO 11620:2023. Information and documentation—Library performance indicators
- UNESCO. RECOGNIZING THE ROLE OF CULTURE TO STRENGTHEN THE UN POST-2015 DEVELOPMENT AGENDA
- 미국. ALA. Project Outcome의 영향력 지표
- 영국. DCMS. Guidance Full (recommended) Benchmarking Framework for library services
- 호주. APLA-ALIA. Standards and Guidelines for Australian Public Libraries

4. 평가의 수행

4.1 평가를 위한 측정

평가를 위해서는 공공도서관이 수행한 성과를 측정하는 일이 선행되어야 한다. 측정은 도서관의 운영과 서비스를 통해 산출된 결과를 객관적인 수치로 나타내거나 데이터로 전환하여 평가할 수 있도록 하는 작업이다. 측정 대상은 도서관의 관리 범주 안에 있는 것, 이용자와 도서관에 의해 같이 결정되는 것, 이용자에 의해 결정되는 것으로 구분할 수 있다.

먼저, 도서관의 관리 관점에서 측정 가능한 평가 질문과 그 내용은 얼마나 많이*how much/many*, 얼마나 경제적으로*how economical*, 얼마나 즉각적인가*how prompt* 등이 될 수 있다. 주로 전술한 오르의 모형에서 투입, 처리 및 산출 중심의 측정 작업이고 효율성에 초점이 맞춰져 있다.

다음으로 이용자의 관점에서 측정할 수 있는 대표적인 평가 질문들은 전적으로 이용자의 인식과 이에 대한 표현에 기반한다. 도서관에 대한 기대, 이용자가 느끼는 도서관의 편안함, 사서의 친절함과 같은 만족도 질문이 대표적이다.

세 번째는 도서관과 이용자 두 관점에서 측정할 수 있는 평가 질문들이다. 이러한 질문은 최종적으로 이용자가 도서관 이용으로 얻게 되는 실질적인 이익으로 얼마나 가치가 있는가, 얼마나 신뢰할 수 있는가? 얼마나 정확한가? 얼마나 잘하고 있는가와 같은 질문이다. 이는 도서관의 성과를 이용자와 도서관이 공동으로 측정하고 최종적인 평가는 도서관 산출 데이터와 결합하여 나타난다.

〈표 7-1〉은 헤론*Heron* 등이 2014년에 제안한 도서관 평가의 범위와 내용을 요약한 것이다.

<표 7-1> 도서관 평가를 위한 측정의 내용

관점	평가 질문	구성 요소	측정 내용
도서관	많은가	크기, 양, 비용 변화	• 인력, 공간, 장서 등 • 인구 대비 도서관 등록자 • 총등록 이용자 대비 이용자 비율
	경제적인가	사용된 자원	• 처리 당 비용, 이용 당 비용 • 장서 구입 비용, 목록 비용, 상호대차 비용
	빠른가	처리시간, 전환시간, 기대 시간	• 주문에서 배가 시간 • 목록처리 시간 • 상호대차 처리 시간 • 분, 시간, 일 단위의 시간
이용자	배려하는가	세심함, 공손함, 환대	• 이용자의 기대. 경험에 따른 실망, 만족 등의 축적된 인식
	반응적인가	공감, 선제적인 도움	• 이용자가 문제 노출 전에 선제적으로 인지하고 해결 제공 여부 • 문제 노출 이후 얼마나 잘 도서관이 이에 응답하는가?
	만족하는가	서비스 만족	• 자료, 시설, 이용 전반에 기대에 맞음 • 안락함, 재이용 의향
도서관 & 이용자	가치있는가	노력 대비 편익	• 이용 및 비이용 가치 • 재정 및 비재정적 가치
	믿을만한가	신뢰, 정확, 접근, 현시성	• 신뢰 있고 일관성 있는 사서의 응대 • 접근 일관성
	정확한가	완성도, 포괄성	• 도서관 서비스의 품질
	잘하는가	기대에 맞는 성과	• 영향력의 정도, 행동, 기술, 태도, 지식, 능력의 변화. • outcome에 가까운 이용자의 주관적 관점의 혜택

4.2 도서관 중심 평가

도서관 중심의 평가란 무엇인가? 도서관이 평가하는 것, 도서관을 평가하는 것이라는 두 가지의 관점에서 해석할 수 있는데 이 책에서는 도서관 중심의 평가를 도서관 운영의 성과에 중점을 두고 도서관을 평가하는 것으로 이해하고자 한다. 도서관을 평가하는 것은 현재 서비스 상태 진단, 처리 및 서비스 개선을 위한 평가로 오르의 모형에 기반하여 볼 때 투입, 처리, 산출 평가를 의미한다. 또한, 이 평가를 위해 주로 활용되는 데이터는 도서관이 생산한 데이터다. 평가를 위해 측정되는 대상은 주로 정량적인 수치 데이터로 증가한 방문자 수, 증가한 대출 건수, 프로그램 참여자 수와 같은 증가된 산출에 집중한 평가를 의미한다. 따라서, 이 관점에서의 평가 대상은 도서관 운영을 효율적으로 잘했는가를 보는 것이 핵심이다.

도서관 중심의 투입 효율성 평가를 위한 자료포락분석*Data Envelopment Analysis, DEA*은 도서관을 포함한 다양한 조직의 효율성을 평가하는 데 유용하다. 핵심은 '상대적 효율성'을 측정하는 것으로, 여러 조직을 비교하여 누가 가장 효율적으로 자원을 활용하는지를 파악하는데 DEA는 특히 여러 종류의 자원을 투입하여 다양한 결과를 만들어내는 시스템을 평가한다. 예를 들어, 도서관의 사서 인력, 자료 구입 예산, 시설 규모 등의 투입 요소와 이용자 수, 대출 건수, 프로그램 운영 횟수 등의 산출 요소를 고려하여 각 도서관의 효율성을 평가할 수 있다.

DEA는 각 도서관을 둘러싸는 '포락면'이라는 가상의 경계면을 만들고, 이 경계면을 기준으로 각 도서관의 효율성을 측정하는데 포락면 위에 있는 도서관은 가장 효율적인 도서관으로 평가되며, 다른 도서관들은 이 경계면으로부터 얼마나 떨어져 있는지에 따라 효율성이 결정된다.

DEA의 장점은 여러 투입 요소와 산출 요소를 동시에 고려할 수 있고, 복잡한 수학적 모델 없이도 분석이 가능하다는 점이며 또한, DEA 분석 결과는 비효율적인 도서관에 개선 방향을 제시하는 데 도움이 될 수 있다. 하지만 DEA는 상대적인 평가 방법이기 때문에 절대적인 효율성을 측정하는 데는 한계가 있고, 이상치에 민감하게 반응할 수 있다는 단점이 있다. 따라서 DEA를 사용할 때는 투입 및 산출 요소를 신중하게 선택해야 한다.

도서관 운영의 대표적인 산출인 방문자 수, 대출권 수, 등록회원 수, 프로그램 참여자 수 등을 통해 도서관 중심의 성과를 평가할 수 있다. 지역사회 구성원 대비 등록 회원 수 비율, 대출 권 수, 방문자 수로 볼 수 있는데 기준을 지역사회 구성원으로 할 경우 도서관의 성과를 지역사회 차원에서 설명하기 용이하다. 반면, 이러한 산출 결과를 전년 대비로 비교할 경우 즉, 전년 대비 증감으로 볼 경우 도서관 자체의 운영 성과로 설명하기 용이하다.

국내에서는 공공도서관 평가가 1990년 후반 문화체육부에서 박물관, 미술관, 도서관과 같은 문화시설평가의 일부로 수행되었다. 이후, 2007년 설립된 도서관정보정책위원회가 처음으로 독립적인 도서관 평가 수행을 위해 평가지표를 개발하였고, 2008년 이후 현재까지 공공도서관 운영평가가 실시되고 있다. 현재는 공공도서관 운영평가가 대표적인 도서관 중심의 정량적 평가로 볼 수 있다.

4.3 이용자 중심의 성과 평가

이용자 중심의 성과 평가는 도서관 서비스로 인해 이용자가 얻게 되는 성과 혹은 결과를 평가하는 것이다. 이용자의 성과 혹은 결과는 전적으로 이용자가 판단하고 평가하는 것으로 대표적으로 이용자 만족도나 LibQual과 같이 이용자 인식을 토대로 측정되는 도서관의 품질 평가를 들 수 있다. 그러나 만족도나 품질을 측정하는 평가도 도서관의 성과를 이용자가 측정한다는 차이가 있을 뿐 이용자의 삶에 미치는 도서관의 기여도에 대한 실질적인 정보를 제공하지는 못하고 있다.

지역사회에 대한 도서관의 실질적인 기여 즉, 이용자의 혜택이나 가치를 평가하려는 현실적인 목적의 평가는 단순히 이용량에 의해 산출되었던 도서관의 성과와는 달리 무형적이고 장기적인 특성으로 수량적인 결과로 나타내기 어렵고, 다양한 외부 변수에 의한 영향 또한 배제하기 힘들다. 그럼에도 불구하고 1990년대 이후 이러한 무형의 편익에 대한 측정과 평가에 환경경제학이나 공공서비스에서 활용되는 비용편익분석과 같은 다양한 측정 방법들이 도서관의 성과 측정에 도입이 되면서 도서관의 영향력이나 가치와 같은 실질적인 이용자 혜택을 측정하려는 많은 연구가 진행되었다.

이용자 중심의 평가는 도서관 운영의 궁극적인 목적이 도서관을 이용함으로써 이용자가 얻게 되는 성과와 편익이며, 도서관의 평가는 결국 이용자의 편익을 평가하는 것이라는 의미이다. 이용자의 편익은 결과*outcome*, 성과*performance*, 영향력*impact*, 혜택*benefit*, 가치*value* 등으로 표현될 수 있는 성과로 오르의 모형에서 결과 영역에 해당하는 것이다.

이용자가 얻는 성과에 초점을 맞춘 도서관 평가는 핵심적인 변화를 요구한다. 과거에는 도서관이 얼마나 많은 자료를 보유하고 있는지, 얼마나 많은 사람들이 도서관을 방문하는지와 같은 단순한 통계에 집중했으나 이용자 중심 평가에서는 도서관이 실제로 이용자들의 삶에 어떤 긍정적인 변화를 가져오는가에 초점을 맞춘다. 핵심은 도서관 서비스가 이용자들에게 제공하는 가치를 측정하는 것으로 여기서 가치는 단순히 책을 빌리고 정보를 얻는 것을 넘어, 삶의 질 향상, 지역 사회 참여 증진, 경제적 기회 확대 등 다양한 긍정적인 영향을 의미한다.

특히, 도서관이 이용자에게 제공하는 혜택을 숫자나 화폐로 나타낼 수 있는 가치는 최근 도서관의 성과를 가장 명확하게 제시해 주는 효과적인 방법으로 그 중요성이 커지고 있다. 도서관의 가치는 도서관을 직접 이용하는 사람들에게서 얻는 이용가치*use value*와 도서관의 존재 자체로 인해 지역 사회 구성원 모두가 누리는 비이용가치*non-use value*로 나눌 수 있는데 이러한 가치는 이용자들의 행동 즉, 이용량을 통해 간접적으로 측정하거나 직접 의견을 묻는 방법 등을 사용한다. 예를 들어, 도서관에서 책을 빌리지 않았다면 다른 방법을 통해 정보를 얻기 위해 얼마나 많은 비용과 시간을 소비해야 하는지를 측정하거나, 가상의 상황을 설정하여 도서관에 대한 지불의사*willingness to pay*를 묻는 방법이 있다.

궁극적으로 이용자 중심 평가는 도서관이 단순한 정보 제공 공간을 넘어, 지역 사회의 성장과 발전에 기여하는 핵심적인 역할을 수행하고 있는지를 보여주는 데 목표가 있다. 최근에는 경제적 가치뿐 아니라 사회적 가치까지 측정하려는 시도가 늘어나고 있으며, 사회적투자수익*Social Return on Investment, SROI*과 같은 지표를 활용하여 도서관의 사회적 기여도를 정량적으로 평가하려는 노력이 활발히 진행되고 있다.

생각해 보기

우리나라 공공도서관 운영을 평가하는 전국 공공도서관 운영평가의 내용과 앞으로의 방향성에 대해서 생각해 봅시다.
https://www.libsta.go.kr/main

08

공공도서관 공간의 이해

박현숙

이화여자대학교를 졸업하고 동대학원에서 기록관리 석사 학위를 취득했다. 서울도서관, 국가기록원 등을 거쳐 세종시청 도서관건립TF 팀장, 세종시립도서관 도서관정책팀장으로 일했으며, 사서 공무원 명퇴 후 김근태기념도서관, 강동중앙도서관 관장 및 개관TF 총괄 등 새로운 이력을 쌓아가고 있다

1. 공간으로서의 공공도서관

1.1 도서관의 공간적 개념

공공도서관은 단순한 '물리적 장소'가 아니라 지식, 사람, 경험이 상호작용하는 사회적 플랫폼이다. 과거 공공도서관이 '자료를 보존하고 열람하는 공간'이었다면 현대의 공공도서관은 이용자의 경험을 설계하고 커뮤니티를 촉진하는 공간으로 진화하고 있다. 이러한 변화는 공공도서관 공간을 ① 자료중심공간 → ② 이용자 활동의 중심 공간 → ③ 지역사회 플랫폼 공간이라는 단계적 발전과정으로 이해할 수 있게 한다. 즉 공간은 더 이상 서비스의 배경이 아니라 서비스 그 자체를 구현하는 핵심 수단이 되고 있다. 이러한 변화 속에서 도서관 공간의 가치를 새롭게 정의할 필요성이 제기되었고, 단순한 자료의 열람 및 대출을 넘어 문화 강좌, 교육, 전시, 여가 활동을 포괄하는 새로운 개념의 공간으로 변모하게 되었다. 특히 지방자치제의 확산과 맞물려 도서관은 국가적인 공공기관의 성격을 넘어, 지역 주민을 위한 공간으로 거듭났다. 이 과정에서 도서관은 '도시의 거실'이라는 새로운 정체성을 확보하게 되었으며, 모두를 위한 공공성과 잠재적 다양성을 갖춘 공간으로서 중요한 역할을 수행하게 되었다. 이러한 패러다임의 전환은 통계적 수치에서도 명확히 드러난다. 국가도서관통계에 따르면 2010년 말 759개 관이었던 국내 공공도서관 수는 2024년 기준 1,296개 관으로 양적 성장을 이루었으며, 이는 단순히 도서관 건물 수의 증가를 넘어 지역사회의 지식·문화 거점으로서 공공도서관의 중요성이 증대되었음을 의미한다.

도서관 공간은 크게 세 가지 측면에서 이해할 수 있다. 첫째, 자료 보존 및 열람 공간으로서의 기능이다. 도서관의 가장 기본적인 역할은 자료를 안전하게 보관하고 이용자들이 자유롭게 접근하여 열람할 수 있도록 하는 것이다. 둘째, 학습 및 연구 지원 공간으로서의 기능이다. 개인의 학습뿐만 아니라 그룹스터디, 세미나, 토론 등 다양한 형태의 학습 활동을 지원하는 공간을 제공한다. 셋째, 커뮤니티 및 문화 활동 공간으로서의 기능이다. 지역 주민들이 만나 소통하고, 문화 예술 활동을 향유하며, 다양한 프로그램에 참여할 수 있는 열린 공간으로서의 역할을 수행한다.

도서관 공간의 개념은 시대와 사회의 변화에 따라 진화해 왔다. 과거의 도서관이 엄숙하고 조용한 분위기 속에서 자료 중심의 공간이었다면, 현대의 도서관은 더욱 개방적이고 유연하며, 이용자의 다양한 요구를 충족시키는 다목적, 다기능 공간으로 변화하고 있다. 이는 도서관이 더 이상 수동적으로 정보를 제공하는 곳이 아니라, 능동적으로 지식을 창출하고 문화를 향유하는 공간으로 거듭나고 있음을 의미한다.

1.2 공공도서관 공간기획의 기본요소

성공적인 도서관 공간기획은 무엇보다 이용자 개개인이 필요로 하는 목적에 적극적으로 대응하는 데서 출발한다. 과거의 공급자 중심적이고 폐쇄적인 공간 구성에서 벗어나, 현대 도서관은 데이터에 기반한 과학적 접근 방식을 통해 이용자의 실제 행태와 요구를 파악하고 이를 공간 디자인에 반영한다.

공공도서관 공간을 기획할 때는 단순히 미적인 측면뿐만아니라, 이용자의 편의성, 기능성, 그리고 미래 확장 가능성 등을 종합적으로 고려해야 한다. 주요 기본요소는 다음과 같다.

• 건축적 고려 : 건축적 측면에서 도서관의 규모는 봉사 대상 인구수와 법정 최소 면적을 기준으로 산정하며, 지역별 인구 특성에 따라 맞춤형으로 계획하는 것이 중요하다. 성공적인 도서관 공간은 건축가의 설계 역량과 사서의 서비스 전문성이 긴밀하게 결합 될 때 구현된다. 사서는 이용자 서비스와 운영 경험을 바탕으로 공간의 실제 활용을 제시하고, 건축가는 이를 공간 언어로 구현한다. 양자 간의 지속적인 소통과 경험 공유는 도서관 공간의 완성도를 높일 뿐 아니라, 운영 단계에서의 시행착오를 줄이는 데에도 중요한 역할을 한다.

• 이용자 중심성 : 도서관 공간은 궁극적으로 이용자를 위해 존재한다. 따라서 공간기획의 모든 과정에서 이용자의 동선, 연령대별 특성, 장애 유무 등을 고려하여 접근성과 편의성을 최우선으로 해야 한다. 어린이를 위한 공간, 청소년을 위한 공간, 성인을 위한 공간, 그리고 고령층을 위한 공간 등 각 이용자층의 특성을 반영한 세심한 설계가 필요하다.

• 유연성 및 가변성 : 현대 사회는 빠르게 변화하며, 이용자의 요구 또한 끊임없이 변화한다. 따라서 도서관 공간은 고정적이기보다 유연하게 변화할 수 있는 구조를 가져야 한다. 이동식 가구, 모듈형 벽면 등을 활용하여 필요에 따라 공간을 분할하거나 확장할 수 있도록 설계하는 것이 중요하다. 이는 미래의 새로운 서비스 도입이나 공간 재구성을 용이하게 한다.

• 접근성 및 개방성: 도서관은 누구나 쉽게 접근하고 이용할 수 있는 열린 공간이어야 한다. 물리적인 접근성(주차 공간, 대중교통 연계 등) 뿐만 아니라, 심리적인 접근성(친근한 분위기, 쉬운 안내 사이니지*signage* 등) 또한 중요하다. 또한, 내부 공간이 개방적으로 설계되어 이용자들이

자유롭게 드나들며 다양한 활동을 할 수 있도록 유도해야 한다.

• 쾌적성 및 안전성 : 이용자들이 도서관에서 편안하고 안전하게 머무를 수 있도록 쾌적한 환경을 조성해야 한다. 충분한 자연채광과 환기, 적절한 실내 온도 및 습도 유지, 소음 관리 등이 요구된다. 또한, 비상상황에 대비한 안전시설(소화기, 비상구 등)과 보안 시스템을 철저히 갖춰야 한다.

• 지역사회 연계: 공공도서관은 지역사회의 핵심적인 문화 시설이다. 따라서 공간을 기획할 때 지역 주민들의 의견을 수렴하고, 지역의 특성과 차별화된 문화를 반영하여 도서관이 지역사회와 유기적으로 연결될 수 있도록 해야 한다. 지역 주민들이 함께 참여하고 만들어가는 공간이라는 인식과 공감대를 형성하는 것이 중요하다.

• 기술 통합 : 현대 도서관은 정보기술 IT의 발전과 떼려야 뗄 수 없는 관계에 있다. 무선 인터넷, 디지털 자료 열람 시스템, 스마트 키오스크 등 다양한 디지털 기술을 공간에 자연스럽게 통합하여 이용자들이 최첨단 서비스를 편리하게 이용할 수 있도록 해야 한다.

2. 공공도서관 공간의 기능과 유형

공공도서관의 공간은 단순히 책을 보관하는 서고와 열람실로만 구성되지 않는다. 정보 접근과 지식 확산을 위한 공간, 학습과 창의 활동을 지원하는 문화 교육 공간, 그리고 도서관 운영을 위한 업무 관리 공간 등 다양한 기능과 유형을 복합적으로 갖추게 된다. 이러한 공간들은 서로 유기적으로 연결되어 이용자들에게 풍부한 경험을 제공한다.

2.1 정보접근과 지식확산을 위한 자료이용 공간

도서관의 가장 핵심적인 기능은 자료의 제공과 이용에 있다. 이를 위한 자료이용 공간은 다음과 같은 유형으로 세분화될 수 있다.

• 자료 열람 공간*Reading Area* : 도서, 잡지, 신문 등 다양한 형태의 자료를 이용자들이 자유롭게 열람할 수 있는 공간이다. 개방형 열람실, 칸막이가 있는 개별 열람 공간, 편안한 소파와 테이블이 있는 라운지형 열람 공간 등 다양한 형태가 있다. 이용자의 집중도와 편의성을 고려하여 적절한 조명과 소음 관리가 중요하다.

• 자료 검색 및 대출·반납 공간*Information & Circulation Desk* : 이용자가 원하는 자료를 쉽게 찾을 수 있도록 돕는 검색용 PC와 온라인 데이터베이스 접속이 가능한 공간이다. 또한, 자료의 대출과 반납이 이루어지는 데스크가 위치하며, 이용자들이 도서관 서비스에 대한 문의를 할 수 있는 안내데스크의 역할도 겸한다. 자동화된 무인 대출·반납기를 설치하여 이용자의 편의를 높이기도 한다.

• 멀티미디어 자료실*Multimedia Room* : DVD, CD, LP, 오디오북 등 시청각 자료를 열람하고 이용할 수 있는 공간이다. 개별 헤드폰 사용이 가능한 좌석과 소규모 그룹이 함께 시청할 수 있는 공간이 마련될 수 있다. 또한, 디지털 콘텐츠 제작 및 편집이 가능한 장비를 갖춘 미디어 창작 공간으로 확장될 수도 있다.

• 신문 및 연속간행물존*Newspaper & Periodical Zone* : 최신 신문과 다양한 주제의 잡지를 비치하여 이용자들이 빠르게 정보를 접할 수 있도록 하는 공간이다. 정기적으로 업데이트되는 자료의 특성상 깔끔하고 정돈된 분위기 유지가 중요하다.

2.2 학습과 창의활동을 지원하는 문화교육 공간

현대 공공도서관은 단순한 자료 제공을 넘어 이용자들의 교양을 함양하고 평생학습을 지원하는 복합문화공간으로서의 역할을 수행한다. 도서관은 정규 교육 과정을 벗어난 방법으로 정보 격차를 좁히고 지식에 대한 접근성을 높이는 중요한 사회적 기반 시설이다. 이를 위해 다양한 문화 체험 기회를 제공하며, 인문학 강좌, 저자 초청 강연, 독서 모임 등을 통해 시민의 삶의 질을 향상시키는데 기여한다. 미국의 뉴욕공공도서관은 도서관 내 공연장에서 음악회, 미술전시회, 무용 공연 등 다채로운 문화행사를 제공하는 복합문화센터로 명성이 높다. 이러한 문화행사는 지역사회의 아마추어 예술가와 협력하거나 유명 작가들의 참여를 끌어내며 시민들의 자발적인 참여를 유도한다.

• 스터디룸 및 그룹 토의실*Study Room & Group Discussion Room* : 개인 학습이나 소규모 그룹 스터디, 프로젝트 회의 등을 위한 독립적인 공간을 제공할 수 있다. 화이트보드, 모니터 등 학습에 필요한 기본적인 설비를 갖추고 예약 시스템을 통해 효율적으로 운영된다.

• 문화 강좌실 및 다목적 홀*Culture Lecture Room & Multi-purpose Hall* : 강연, 교육 프로그램, 워크숍, 공연, 전시 등 다양한 문화 교육 행사가 이루어지는 공간이다. 음향 및 영상 장비, 조명 시스템 등 전문적인 설비를 갖추어 다양한 행사를 소화할 수 있도록 설계된다.

• 어린이 자료실 및 유아 공간*Children's Library & Toddler Zone* : 어린이들의 눈높이에 맞춘 도서와 학습 자료를 비치하고, 독서 활동뿐만 아니라 놀이와 체험을 통해 창의력을 키울 수 있는 공간이다. 안전하고 밝은 색감의 인테리어, 부드러운 바닥재, 놀이 시설 등을 갖춰 아이들이 즐겁게 도서관을 이용할 수 있도록 한다. 유아를 위한 수유실, 기저귀 교환

대 등 편의시설도 필수적이다.

• 청소년 전용 공간*Teen Zone* : 청소년들의 취향과 문화를 반영한 공간으로, 학습과 휴식, 친구들과의 교류가 자유롭게 이루어질 수 있도록 설계된다. 디지털 기기 사용이 편리한 환경, 보드게임이나 웹툰 열람 공간 등을 제공하여 청소년들이 도서관을 친숙하게 느낄 수 있도록 유도한다. 청소년기는 자아가 형성되는 시기이므로 청소년들만 출입가능한 독립공간으로 조성하는 경우도 있다.

청소년 전용공간 사례 https://see-art.org/space-t/

도서문화재단 씨앗에서 추진하고 있는 space T 프로젝트는 12~16세의 청소년들이 자유롭게 탐색하며 창작할 수 있는 전용 공간을 공공도서관에 조성하는 사업이다. 전주 '우주로 1216'개관을 시작으로 현재 수원 트윈웨이브, 세종 이도(IDO), 대구 그린대로, 영등포 사이로까지 총 5곳의 space T가 운영되고 있다.

• 창작 공간*Makerspace* : 3D 프린터, 코딩 교육용 로봇, 디지털 편집 장비 등 다양한 제작 도구를 갖추고 이용자들이 아이디어를 현실로 구현해 볼 수 있는 공간이다. 워크숍, 멘토링 프로그램 등을 통해 창의적인 활동을 지원한다. 때로는 청소년 공간과 함께 운영되기도 하며, 디지털 장비 외에도 각종 재료를 활용한 만들기, 그리기, 쓰기 등 다양한 작업을 지원한다.

2.3 도서관 운영을 위한 업무관리 공간

도서관의 원활한 운영을 위해서는 이용자의 눈에는 잘 띄지 않지만 필수적인 업무관리 공간이 필요하다.

• 사무실*Office* : 도서관 직원들이 행정 업무를 처리하고, 회의를 진행

하는 공간이다. 효율적인 업무 환경을 조성하고 직원들의 복지를 고려한 설계가 필요하다.

• 자료 정리 및 보존실*Processing & Storage Room* : 새로 들어온 자료를 분류하고 등록하며, 손상된 자료를 보수하는 공간이다. 또한, 이용 빈도가 낮은 자료나 귀중 자료를 안전하게 보관하는 서고도 포함된다. 자료의 특성을 고려한 온도 및 습도 조절, 방충 시스템 등이 중요하다.

• 전산실*IT Room* : 도서관의 전산시스템, 서버, 네트워크 장비 등을 관리하는 공간이다. 안정적인 서비스 제공을 위해 항온항습 및 보안 시스템이 철저하게 갖춰져야 한다.

• 휴게 공간*Staff Lounge* : 직원들이 휴식을 취하고 재충전할 수 있는 공간이다. 직원들의 사기 진작과 업무 효율성 증진에 기여한다.

2.4 다양한 서비스 경험 설계와 공간 기능의 연계

현대 공공도서관은 단순히 각각의 공간을 나열하는 것을 넘어, 이용자에게 유기적으로 연결되어 서비스 경험을 제공하는 방향으로 진화하고 있다. 공간 유형은 '분리형', '부분통합형', '완전통합형'의 세 가지로 나눌 수 있으며, 최근의 도서관은 부분통합형 또는 완전통합형을 지향하는 추세이다. 이는 도서관 공간이 하나의 유기체처럼 서로 연결되어 이용자의 자연스러운 동선을 유도해야 한다는 것을 의미한다.

이용자의 동선을 과학적으로 분석하는 것은 공간 기능 연계 설계의 중요한 기초자료가 된다. 스마트폰의 와이파이 위치 정보를 활용한 동선 분석 연구에 따르면, 이용자의 동선은 로비와 어린이 열람실 간의 연계가 가장 높게 나타났다. 이는 도서관을 방문하는 이용자 중 상당수가 가족 단위임을 시사하며, 단순히 개별적 활동 공간이 아닌 가족 구성원 모두의 활동이 일어나는 복합적인 장소임을 의미한다. 따라서 공간기획 시 어린이 자료실 옆 로비에 부모들이 쉴 수 있는 라운지를 배치하거나 문화강좌나 공연장과 연결된 소규모 카페를 운영하여 이용자들이 편리하게 휴식과 교류를 할 수 있도록 하는 시도는 매우 효과적일 수 있다. 또한, 디지털 사이니지*digital signage*를 통해 각 공간에서 진행되는 프로그램 정보를 제공하고, 모바일 앱을 통해 공간 예약 및 길 안내 서비스를 제공하는 등 스마트 기술을 활용하여 이용자 경험을 더욱 풍부하게 만든다.

3. 공공도서관 공간의 기획과 운영

공공도서관 공간은 설계만큼이나 효과적인 기획과 운영이 중요하다. 아무리 훌륭하게 지어진 공간이라 할지라도 이용자들의 필요를 반영하지 못하고 비효율적으로 운영된다면 그 가치를 제대로 발휘하기 어렵다. 이용자 중심의 운영, 커뮤니티와의 연계, 그리고 다양한 활용 방안 모색을 통해 공공도서관은 지역사회에 없어서는 안 될 핵심 시설로 자리매김할 수 있다.

3.1 이용자 중심의 공간 운영

이용자 중심의 공간 운영은 도서관의 존재 이유와 직결된다. 이용자들이 도서관을 편안하고 즐겁게 이용하며, 자신의 필요를 충족시킬 수 있도록 공간을 운영해야 한다.

• 개방 시간 및 접근성 확대 : 많은 도서관에서 이용자들이 도서관을 편리하게 방문할 수 있도록 개방 시간을 확대하고, 주말 및 공휴일에도 운영하고 있다. 또한 장애인, 노약자, 임산부 등 사회적 약자를 위한 경사로, 엘리베이터, 점자 안내판, 전용 좌석 및 화장실 등 물리적 접근성을 보장하는 시설을 완비해야 한다.

• 유연한 공간 활용 정책 : 특정 공간이 항상 같은 기능으로만 사용되는 것이 아니라, 시간과 상황에 따라 유연하게 기능을 전환할 수 있도록 운영 정책을 수립해야 한다. 예를 들어, 평일 낮에는 로비나 라운지로 사용되던 공간이 저녁이나 주말에는 지역 동아리의 모임 장소나 소규모 공연장으로 활용될 수 있도록 하는 것이다.

• 이용자 교육 및 안내 : 새롭게 조성된 공간이나 도입된 서비스에 대해 이용자들이 충분히 이해하고 활용할 수 있도록 교육 및 안내 프로그램을 제공해야 한다. 공간별 특징, 이용 방법, 주의사항 등을 명확히 안내하여 이용자들이 혼란 없이 도서관을 이용할 수 있도록 돕는다. 아울러 도서관 견학을 정규 프로그램으로 운영하여 도서관 건립 스토리와 공간 운영에 대한 철학과 취지 등을 홍보하는 곳도 늘고 있다.

• 이용자 참여 유도 : 공간 운영 과정에 이용자들의 참여를 유도하여 주인의식을 높이는 것도 중요하다. 예를 들어, 자원봉사자 프로그램을 운영하거나, 공간 개선 아이디어 공모전을 개최하는 등 이용자들이 직접 공간의 활용법을 발견하고 만들어 갈 수 있도록 하는 기획이 필요하다.

3.2 커뮤니티 연계와 협력적 운영

공공도서관은 지식정보의 전달자를 넘어, 다양한 기관과 시민을 연결하는 지식 및 문화 플랫폼이다. 이는 도서관이 단독으로 존재하는 섬이 아니라, 지역사회 생태계의 핵심적인 연결점이 되어야 함을 의미한다. 이를 위해서 효과적인 방법은 도서관 네트워크를 구축하여 공공도서관과 다양한 커뮤니티, 유관기관들이 유기적으로 연결되고 프로그램을 함께 운영하며 상호 협력 관계를 증진하는 것이다.

• 지역사회 단체와의 협력 : 지역의 학교, 문화센터, 복지관, 주민자치센터 등 다양한 기관 및 단체와 협력하여 도서관 공간을 활용한 프로그램을 기획하고 운영한다. 예를 들어, 학교와 연계하여 학생들의 독서동아리 활동을 지원하거나, 지역 예술가들의 작품 전시회를 개최하는 등 상호 시너지를 창출할 수 있다.

• 지역 자원 활용 : 지역의 인적, 물적 자원을 적극적으로 활용하여 도서관 프로그램을 풍성하게 만든다. 지역 전문가를 초빙하여 강연을 진행하거나, 지역의 단체, 협동조합 등에서 생산한 물품을 활용한 전시 또는 체험 행사를 개최하는 등 지역성을 반영한 공간 활용 프로그램을 개발할 수 있다.

• 커뮤니티 공간 제공 : 지역 주민들이 자유롭게 모여 소통하고 교류할 수 있는 커뮤니티 공간을 제공한다. 동호회 모임, 주민 간담회, 자율학습 그룹 등을 위한 장소를 제공하여 도서관이 지역 주민들의 사랑방 역할을 할 수 있도록 한다.

• 지역 행사와의 연계: 지역 축제, 박람회 등 주요 지역 행사와 연계하여 도서관 공간을 활용한 특별 프로그램을 운영한다. 이를 통해 도서관을 지역사회에 널리 알리고, 더 많은 주민들이 도서관을 방문하도록 유도할 수 있다. 최근에는 도서관의 입지에 따라 공원, 광장, 옥상 등 외부공간을 활용한 야외도서관 행사도 늘고 있는 추세이다.

3.3 공간기획의 실제 방법과 사례

도서관 공간의 가치는 단순히 건축물의 아름다움에 국한되지 않는다. 그 본질은 운영 전략과 공간 활용성에 따라 결정되는 동적인 개념이다. 훌륭한 건축 디자인은 도서관의 잠재력을 높여주지만, 그 잠재력이 실제로 실현되기 위해서는 무엇보다 이용자의 경험을 최우선으로 고려한 운영이 뒷받침되어야 한다.

도서관은 정적인 '건물'이 아니라 끊임없이 진화하고 적응하는 살아 있는 플랫폼이다. 공간은 단순한 배경이 아니라 입체적인 미디어로 기능하며, 그 자체가 하나의 콘텐츠가 된다. 공간을 통해 전달되는 메시지가 명확할 때, 이용자는 도서관이 왜 그러한 공간을 조성했는지 이해할 수 있고, 운영 철학에 공감함으로써 공간 활용도 또한 높아진다. 이 과정에서 맥락을 부여하는 스토리텔링은 매우 중요한 역할을 한다.

특히 다양한 콘셉트로 구성된 도서관 공간은 이용자가 책을 고르듯 자신의 취향과 목적에 맞는 공간을 선택할 수 있는 '옵션'을 제공한다. 공공도서관 공간기획의 핵심은 이용자가 공간을 어떻게 경험하는가에 있으며, 이용자 경험*User Experience, UX*은 단순한 만족도를 넘어 동선, 체류 시간, 선택의 자유, 몰입도, 재방문 의지까지 포괄하는 종합적 개념이다. 이용자의 상황과 선택에 따라 경험이 유연하게 전환되도록 설계된 다층적 공간 구조는 도서관 공간에 차별화된 콘셉트와 정체성을 부여한다. 이러한 정체성은 단순한 표어나 장식이 아니라, '이 도서관은 무엇을 지향하는가'라는 메시지 공간을 통해 전달하며 이용자에게 고유한 경험을 제공하는 핵심 요소가 된다. 나아가 공간 운영은 도서관의 정체성을 실질적으로 구현하는 수단이자, 지역사회에 미치는 사회적 영향력을 확장하는 기반이 된다.

3.3.1 도서관 공간기획의 핵심: 개방성, 포용성, 유연성, 기능성

공공도서관은 자료제공 기능을 기반으로 학습과 문화, 커뮤니티 활동이 함께 이루어지는 복합적 공간으로 기능하고 있다. 이러한 기능을 효과적으로 담아내기 위해, 공간기획은 네 가지 핵심가치인 개방성*Openness*과 포용성Inclusivity, 유연성Flexibility, 기능성Functionality을 중심으로 이루어져야 한다.

• **개방성 및 포용성**

개방성과 포용성은 현대 공공도서관 공간을 규정하는 핵심 설계 원칙이다. 개방성은 도서관이 물리적·심리적·사회적 장벽을 낮추어 지역사회와 적극적으로 연결되는 공간적 태도를 의미하며, 포용성은 사회적·문화적 다양성을 존중하고 모든 이용자가 차별 없이 이용할 수 있도록 하는 가치 지향적 원칙이다. 공공도서관은 특정 집단을 위한 시설이 아니라, 누구나 환영받는 공공 인프라로 기능해야 한다.

이를 위해 도서관 공간에는 장애인, 노인, 이주민, 정보취약계층 등 다양한 이용자를 고려한 유니버설 디자인이 적용되어야 하며, 성별·연령·문화적 배경과 관계없이 모두가 존중받는 환경이 조성되어야 한다. 이러한 포용적 공간은 단순한 편의 제공을 넘어, 도서관이 사회적 연대와 공존의 가치를 실천하는 공적 장소임을 드러낸다. 개방성과 포용성은 다음과 같은 방식으로 공간에 구현된다.

- 물리적 개방성 : 외벽을 유리창으로 설계하여 자연채광을 극대화하고 내부 활동을 외부에 드러냄으로써 심리적 장벽을 낮춘다. 도서관 입구를 광장이나 공원과 직접 연결해 접근성을 높이며, 정숙 공간과 활동 공간은 벽이 아닌 가구 배치나 소음 흡수 설계를 통해 구분함으로써 공

간의 연속성과 흐름을 유지한다(㉨ 핀란드 오디 도서관).

- 사회적 개방성 : 영유아실, 청소년 전용공간, 다문화 자료 공간 등 이용자 특성에 맞춘 공간을 마련하여 모든 세대와 계층이 도서관을 자신의 공간으로 인식하도록 한다. 이는 도서관을 단순한 이용 시설이 아니라, 다양한 삶이 공존하는 지역사회의 공적 플랫폼으로 확장시키는 기반이 된다.

• **유연성**

유연성은 도서관 공간이 미래의 예측 불가능한 요구와 다양한 프로그램에 맞게 쉽게 변형되고 적응할 수 있는 능력을 의미한다.

- 가변적 설계 : 이동과 조합이 용이한 모듈형 책장과 가구를 사용하여, 평소에는 열람 공간으로 사용하다가 필요에 따라 강연장, 세미나실, 전시 공간 등으로 빠르게 변형할 수 있도록 한다. 특정 기능에 한정되지 않는 다목적 홀과 미디어 월 등을 설계하여 공간 활용도를 극대화한다.

- 기술적 적응성 : 무선 인터넷, 충분한 전원 콘센트, 이동형 디스플레이 장비 등 기술 변화에 쉽게 대응할 수 있는 스마트인프라를 공간 전반에 구축한다.

• **기능성**

기능성은 도서관이 핵심 서비스인 자료 제공과 학습 지원을 넘어, 지역사회의 요구에 부합하는 새로운 기능을 효과적으로 수행하는 능력을 의미한다.

- 특화 기능의 명확화 : 도서관의 비전과 지역사회의 특성을 반영하여 메이커 스페이스, 미디어 스튜디오, 북카페 등 특화된 핵심 기능을

명확히 설정하고 이에 맞는 공간과 장비를 배치한다. (㉑ 의정부미술도서관의 미술 전문화)

- 효율적 동선 : 이용자가 자료 검색, 열람, 서비스 이용, 휴식 등 각 기능을 이용할 때 불필요한 이동을 줄이고 편리하게 목적을 달성할 수 있도록 논리적인 동선 계획을 수립한다.

3.3.2 차별화된 도서관 공간의 실제

공공도서관은 가정과 직장 외의 '제3의 공간*Third Place*'으로서 지역 커뮤니티의 구심점 역할을 수행하며 일, 학습, 놀이, 창작의 영역을 통합하는 복합문화 플랫폼으로 작동하고 있다.

• 사회적 자본 구축을 위한 네트워크 허브 기능

도서관 공간은 지역사회 단체, 비영리 조직, 주민 소모임 등을 위한 만남과 협력의 장을 제공함으로써 지역사회의 사회적 자본과 커뮤니티를 구축하는 핵심 인프라로 기능한다.

- 사례 (해외) : 미국 시카고 공공도서관*Chicago Public Library, CPL*은 지역 비영리단체와 협력하여 이민자를 위한 언어 교육, 취업 상담, 주택 지원 프로그램 등 맞춤형 사회 복지 서비스를 제공하며 커뮤니티의 포용성을 강화한다.

• 로컬리티 기반의 정체성 강화 공간

도서관은 지역의 고유한 역사, 문화, 인물 등을 담은 로컬 아카이브*Local Archives*를 축적하고 이를 기반으로 한 전시, 강연, 프로그램을 기획하여 지역의 정체성을 강화하고 시민들의 자긍심을 높인다.

- 사례 (국내) : 정독도서관 등 국내 일부 공공도서관은 '서울 미래유산'을 주제로 한 전시나 지역 작가의 작품을 상설 전시하며 도서관을

지역문화의 창고로 활용하고 있다. 파주중앙도서관은 마을아카이브 수집을 체계적으로 추진 중이며, 부산도서관의 '부산애(愛)뜰' 공간은 부산 관련 문학, 역사, 예술 자료를 아카이빙하고 수집 결과를 전시하여 지역성을 특화한 대표적인 공간이다.

- **일, 놀이, 창작을 통합하는 하이브리드 공간 혁신**

도서관은 전통적인 독서 기능뿐 아니라, 생산적인 창작과 학습, 놀이를 지원하는 복합문화공간으로 변모하고 있다. 이러한 혁신은 공간의 제약을 극복하고 창작 활동을 지원하는 두 가지 주요 유형으로 나타난다.

- 도서관의 메이커 스페이스

도서관은 메이커 스페이스를 도입하여 창작 실험실의 역할을 수행한다. 이는 3D 프린터, 레이저 커터, 영상 편집 장비 등을 갖춰 이용자들이 아이디어를 현실화하는 공간이다. 해외 사례로, 미국 시카고 공공도서관은 'YouMedia'라는 이름의 청소년 전용 공간을 운영하며 미디어 제작, 코딩, 로봇 공학 등 창작 활동을 지원한다. 국내에서는 일산 대화도서관이 3D 프린터, VR, 웹툰 창작 등 AI·미래산업 특성화 프로그램을 적극 운영하며 교육부 등 관계 기관으로부터 우수사례로 선정된 바 있으며, 이와 같은 디지털 기반 창작·체험 프로그램은 현재 다수의 공공도서관으로 확산되어 활발히 운영되고 있다.

- 팝업 도서관 및 야외도서관

팝업도서관이나 야외도서관은 물리적 공간의 제약을 벗어나 이동형 서비스를 제공하여 잠재 이용자를 발굴하고 도서관의 브랜 드 이미지를 확장한다. 국내외 다양한 야외 도서관이 공원이나 축제 현장에서 운영되는데, 서울도서관과 부산도서관의 사례가 대표적이다.

• **도서관 공간 혁신의 실제 사례**

공공도서관은 지역사회의 특성과 요구를 반영한 맞춤형 복합문화공간으로 거듭나고 있으며, 다음은 이러한 공간 기획의 다양한 사례들이다.

- 의정부미술도서관 : 도서관 + 미술관 (예술 전문 특화) 의정부미술도서관은 건축 단계부터 도서관과 미술관 기능을 통합한 새로운 콘셉트를 도입했다. 미술 전문 서적 및 도록을 소장하고 있으며, 1층 '아트그라운드'는 전시와 열람 기능을 결합한 공간이다. 특히, 신진 작가 오픈스튜디오를 운영하여 작가들에게 작업실을 제공하고 그 결과물을 전시실에서 공유하는 창작-전시-공유를 통합 지원하는 모범적인 사례로 평가받는다.

강동중앙도서관 소리곳(LP,CD 감상)

의정부 미술도서관 아트 그라운드

[그림 8-1] 강동중앙도서관(좌), 의정부 미술도서관(우)

- 서울 강동중앙도서관 : 감성 문화 향유 공간 강동중앙도서관은 조용한 학습 공간이라는 기존 도서관의 고정관념에서 벗어나, 감성적 문화 향유에 초점을 맞추었다. LP 음악 감상 공간 '소리곳', 필사 공간 '생각곳' 등 이색적인 감성 체험 공간을 기획했으며, 열린미술관, 북카페 공간을 활용한 소규모 공연장까지 마련하여 시민들이 창작과 문화예술을 일상적으로 향유 할 수 있는 공간으로 변신했다.

- 인제 기적의 도서관 : 강원도 인제에 조성된 인제 기적의 도서관은

책 읽는 공간을 넘어, 지역사회 구성원들이 다양한 문화적 경험을 공유하고 상호작용하는 복합문화플랫폼형 공공도서관을 목표로 설계되었다. 이 도서관은 도서관을 단일 기능의 시설이 아니라, 지역의 삶과 감각을 담아내는 열린 장소로 재해석한 사례로 평가된다. 공간의 가장 큰 특징은 높은 천고와 구조적 적응성이다. 12m 이상의 천고를 확보하고, 어린이 공간에는 복층 구조를 도입함으로써 공간 활용의 다양성과 프로그램 확장 가능성을 동시에 확보하였다. 이러한 공간적 성과는 외부에서도 높이 평가되어 한국문화공간상(2024년)을 수상하였으며, 개관 이후 약 9개월간 18만 명 이상이 방문하는 등 지역을 넘어 전국적인 문화 거점으로 자리매김하였다.

인제 기적의 도서관 | 제3의 시간

[그림 8-2] 인제 기적의 도서관(좌), 제3의 시간(우)

- 제3의 시간 : 서울 대학로에 위치한 '제3의 시간'은 도서문화재단 씨앗이 설립한 어린이·청소년 특화도서관이다. 이는 가정과 학교를 벗어난 '제3의 공간'을 넘어, 스스로를 탐색하고 표현하는 '제3의 시간'을 제공하는 데 중점을 둔다. 3개 층(3F, 4F, 5F)이 각각 다른 콘셉트의 창작 활동을 지원하는 복합 플랫폼으로 운영된다. 스토리 라이브러리(12-19세)는 '내 이야기가 책이 되는 시간'을 주제로, 감정을 기록하고 스스로에게 솔직해지는 깊은 사색과 기록을 위한 공간이다. 스토리 스

튜디오는 '내 이야기로 마음껏 만들어보는 시간'을 주제로, 음악 감상, 그림 그리기 등 다양한 도구를 활용하여 자유롭게 창작 활동에 몰입하도록 지원하는 공간이며, '모야'(9-13세)는 '일상의 영감을 손으로 표현하는 시간'을 주제로 저연령층의 어린이들이 손작업을 통해 영감을 표현하도록 돕는 공간이다. 이처럼 '제3의 시간'은 책 읽기를 강요하기보다 이야기를 탐색하고 창작하는 경험 자체를 도서관의 핵심 기능으로 설정하여, 미래 도서관이 경험과 몰입을 제공하는 플랫폼으로 나아갈 방향을 제시하는 실험적인 사례이다.

공공도서관은 이처럼 기술, 콘텐츠, 그리고 무엇보다 '사람'을 중심에 두고 끊임없이 혁신함으로써 미래 사회의 지속가능한 발전을 이끌어가는 핵심적인 공간이 될 것이다.

3.4 친환경 도서관과 지속가능성

기후 위기 시대에 맞춰, 도서관은 지속가능성(Sustainability)을 핵심 가치로 삼고 친환경적 공간을 구축해야 한다. 이는 단순한 건물 에너지 절약을 넘어, 지역사회와 환경의 생태적 연결고리를 강화하고 환경 교육을 실천하는 복합적인 역할로 확장된다.

3.4.1 그린 빌딩*Green Building* 설계 및 기술 적용

친환경 도서관의 기반은 건축 단계에서부터 에너지 효율을 극대화하는 그린 빌딩 설계에 있다.

• 자연 채광 및 환기 : 건물의 방향과 창호 설계를 최적화하여 자연 채광을 극대화하고, 냉난방 부하를 줄이는 패시브 설계*Passive Design*를 적용한다.

• 신재생 에너지: 태양광 발전, 지열 시스템 등을 도입하여 건물의 에너지 자립도를 높이며, 빗물 재활용 시스템을 통해 조경 및 화장실 용수로 활용하는 등 건축과 운영 전반에서 친환경적 노력을 통해 지구의 지속가능성에 기여해야 하는 사회적 책임을 가진다.

• 제로 에너지 건물*Zero-Energy Building, ZEB* : 국내외의 많은 신축 도서관들은 건물 운영에 필요한 에너지 소비를 최소화하고 신재생 에너지 생산을 통해 연간 에너지 자립률 100%를 달성하는 ZEB 인증을 목표로 설계되고 있다. 국내 대표 사례로는 충남 아산중앙도서관이 전국 도서관 중 최초로 패시브 건축물 인증을 모두 획득한 곳으로 2018년 녹색건축대전에서 최우수상을 수상한 바 있다. 단열 구조 및 기밀성 강화로 에너지 사용을 대폭 절감하고 탄소배출량을 현격히 줄여 친환경 운영을 실현하였다는 평이다.

• 친환경 자재 사용 : 건축 자재 선택 시, 재활용 건축 자재나 지역에서 생산된 자재를 우선적으로 사용하여 운송 과정에서 발생하는 탄소배출을 줄이고, VOC(휘발성 유기화합물)가 적은 친환경 마감재를 사용하여 실내 공기 질을 개선한다.

3.4.2 생태적 연결고리 및 공간 활용

도서관은 도시 생태계의 허브 역할을 수행함으로써 이용자에게 심리적 안정감을 제공하고 생태적 감수성을 높이는 공간이 된다.

• 녹지 공간 조성 : 도서관 내외부의 옥상 정원, 실내 녹화*Vertical Garden*, 생태 연못 등은 도시의 열섬 현상을 완화하고 생물 다양성을 높이는 데 기여한다.

• 사례 : 서울 남산도서관은 옥상 정원 '남산 하늘뜰'을 조성하여 이

용자의 휴식 공간으로 제공하며, 공공건물의 친환경적 가치를 보여주는 동시에 도심 속 자연을 만나는 장소로 기능한다.

성북구 오동공원 내 목재파쇄장 부지를 활용해 만들어진 오동숲속도서관은 '2024년 서울시별시 건축상'에서 최우수상을 수상한 친환경 도서관으로 숲을 내부로 끌어들인 구조로 독서와 산책, 공동체 활동까지 아우르는 생활.문화 집합소의 역할을 하고 있다. 또한, 구리 인창도서관 등 국내 일부 도서관은 미세먼지 저감 및 공기정화 효과를 위해 실내 수직 정원*Vertical Garden*을 설치하여 이용자 쾌적도를 높이고 있다.

3.4.3 운영 및 프로그램의 지속가능성 실천

도서관은 하드웨어(건물)뿐만 아니라 소프트웨어(운영 및 프로그램) 측면에서도 지속가능성을 실천한다.

• 자원 절약 운영 : 대출증 대신 모바일 회원증을 도입하고, 영수증 없는 대출 시스템을 활성화하여 종이 사용을 최소화한다. 또한 고효율 LED 조명 교체, 구역별 조명 제어 시스템 등을 통해 운영 전반에서 에너지 절약을 실천한다.

• 환경 리터러시 강화 : 환경 관련 도서 및 자료를 집중적으로 큐레이션하고, 기후 위기, 탄소 중립, 재활용 교육 프로그램 및 강연을 운영하여 지역사회 주민들의 환경 의식 함양에 기여한다.

• 순환 경제 거점 : 용인 느티나무도서관의 경우 도서관이 주도하여 업사이클링*Upcycling* 워크숍과 '쓰레기 생활자의 마을 사용 설명서','삶을 바꾸는 시민기술','미래는 마을로 온다' 등의 기후위기 관련 프로그램을 운영하며, 환경교육을 지역사회 안에 뿌리내리는 모델로 발전시키고 있다. 미국 미시건의 앤아버 공공도서관은 각종 공구를 대여해주는 물품 공유 플랫폼인 Tool Library를 운영하는 등 지역사회 차원의 자원 순

환과 공유 경제를 실천하는 거점 역할을 수행한다.

종합적으로, 친환경 도서관은 건축 기술과 생태적 공간, 그리고 교육 및 운영 전략을 통해 미래 세대를 위한 지속 가능한 삶의 방식을 제시하고, 지역사회의 환경 문제 해결에 적극적으로 참여하는 사회적 책임 이행 플랫폼으로 진화하고 있다.

3.5 디지털 기술과 스마트 도서관

디지털 기술의 발전은 도서관 공간의 개념과 이용 방식을 근본적으로 변화시키고 있다. 현대의 도서관은 물리적 공간으로서 오프라인 거점 역할을 유지하면서도, 디지털 플랫폼과 자동화 기술을 결합하여 정보 접근성과 이용 편의성을 획기적으로 확장하고 있다. 이는 도서관을 단순한 '자료 보관 공간'에서 '언제 어디서나 연결되는 지식 서비스 플랫폼'으로 전환시키는 핵심 동력이라 할 수 있다.

먼저, 데이터 기반의 맞춤형 서비스는 스마트 도서관을 구성하는 핵심 요소이다. 인공지능AI과 빅데이터 기술을 활용해 이용자의 대출 이력, 검색 기록, 관심 분야 등을 분석함으로써 개인 맞춤형 도서 추천과 큐레이션이 가능해진다. 이러한 서비스는 이용자가 능동적으로 자료를 탐색해야 했던 기존 방식에서 나아가, 도서관이 이용자에게 새로운 지식과 읽을거리를 제안하는 역할로 확장되었음을 보여준다. 즉, 도서관은 '책을 찾는 곳'을 넘어 '지식을 추천받고 탐색을 확장하는 공간'으로 기능하게 된다.

또한 가상현실VR과 증강현실AR 기술은 도서관의 학습 경험을 입체적으로 확장한다. VR 기술은 우주 탐험, 역사적 공간 체험, 과학 실험 시뮬레이션 등 현실에서 구현하기 어려운 학습 경험을 몰입형으로 제공하며, AR 기술은 도서관 서가나 자료에 스마트 기기를 비추는 것만으로 책의 상세 정보, 관련 영상, 저자 인터뷰 등 다양한 멀티미디어 콘텐츠를 연계해 제공한다. 이러한 기술은 물리적 공간의 한계를 넘어 도서관을 '체험형 학습 공간'으로 확장시키는 역할을 한다.

3.5.1 해외 디지털-물리 공간 융합 사례

핀란드 헬싱키의 오디*Oodi* 도서관에는 별도의 VR룸과 게임룸이 마련되어, 시민들이 고가의 VR 장비를 무료로 이용하며 학습과 엔터테인먼트를 경험할 수 있다. 오디 도서관은 아예 도서관 전체 공간의 일정 부분을 책이 아닌 시민들의 활동 공간과 디지털 제작 시설(3D 프린터, 녹음실 등)로 할애함으로써 물리적 공간의 목적을 재정의한 대표적인 사례이다. 또한, 호주의 맥쿼리대학교 도서관 역시 관내에 HTC Vive 등의 장비를 갖춘 VR 및 3D 프린터 체험장을 제공하여 이용자들이 예약 후 최신 기술을 활용한 창작 활동 및 학습을 진행할 수 있도록 지원하고 있다. 이러한 사례들은 물리적 도서관 공간과 디지털 경험을 융합한 대표적인 해외 모델로 평가된다.

3.5.2 한국 스마트도서관의 기능 구현 사례

한편, 한국의 스마트 도서관은 시간적·물리적 제약을 극복하는 무인화·자동화 시스템을 중심으로 발전해 왔다는 점에서 특징적이다. 국내 다수의 공공도서관에서는 도서관이 문을 닫은 시간에도 이용할 수 있도록 24시간 운영이 가능한 스마트도서관 장비를 도입하고 있다. 이 시스템은 지하철역, 주민센터, 아파트 단지, 공공시설 등 생활권 가까이에 설치되어, 이용자가 언제든지 도서를 대출·반납할 수 있도록 함으로써 정보접근성을 크게 향상시킨다.

이와 함께 무인 대출·반납기, 무인 도서예약기, 자동 반납 시스템 등 다양한 자동화 설비는 도서관 서비스의 효율성을 높이고 이용자의 접근 장벽을 낮추는 역할을 한다. 이러한 무인화 시스템은 도서관 운영 인력의 부담을 완화하는 동시에, 이용자에게는 시간과 장소의 제약 없이 자료를 이용할 수 있는 환경을 제공한다는 점에서 스마트 도서관의 실질적 구현 장치로 기능한다.

최근 국내 공공도서관 중 최초로 'AI스튜디오'를 운영하는 경기도서관은 도서관의 역할을 디지털 창작 및 체험 인프라 뿐 아니라 AI 리터러시 강화의 거점으로 확장하는 선도적인 사례를 보여준다.

• 경기도서관 AI 스튜디오 : 만 18세 이상 회원을 대상으로 지하 1층 AI 스튜디오에서 ChatGPT 5, Gemini 2.5 Flash, Imagen 4, Runway Gen-4 Turbo 등 20종이 넘는 최신 유료 AI 도구를 무료로 이용할 수 있는 환경을 제공한다. 이용자들은 이를 통해 영상, 이미지, 문서 등 디지털 콘텐츠를 직접 제작할 수 있으며, 이는 개인의 창작 및 학습에 대한 장비와 비용의 제약을 해소하는 공공 서비스이다.

• 연령별 맞춤형 AI 독서 서비스 : AI 마음그림×책과 같은 독서치유 기반 프로그램, AI가 토론의 흐름을 주도하는 AI 독서토론, AI 도서퀴즈 로봇 등 연령별 맞춤형 AI 서비스를 제공한다.

이와 같이 디지털 기술과 스마트 도서관 시스템은 도서관을 단순히 '열려 있는 건물'에서 나아가, 시간과 공간의 제약 없이 작동하는 24시간 지식 인프라로 전환시키고 있다. 도서관은 더 이상 정적인 독서공간에 머무르지 않고, 디지털 기술을 기반으로 창작·교육·체험 활동이 유기적으로 결합된 복합 플랫폼으로 재편되고 있다. 이러한 변화는 기술을 통해 도서관의 공공성을 확장하는 과정으로, 정보 접근의 평등을 실질적으로 구현하는 동시에 디지털 시대의 핵심 역량인 AI 리터러시와 정보 활용 능력을 시민의 기본 역량으로 강화하는 현대 공공도서관의 중요한 발전 방향이라 할 수 있다.

3.6 안정적 공간 운영을 위한 시설 관리

도서관 공간의 혁신과 구축이 성공적으로 이루어진 후에도, 이용자들에게 지속적으로 쾌적하고 안전하며 기능적인 환경을 제공하기 위해서는 체계적이고 전문적인 시설 관리*Facility Management, FM*가 필수적이다. 시설 관리는 도서관 서비스의 안정성과 지속가능성을 보장하는 기초적인 요소이다.

3.6.1 예방적 유지보수*Preventive Maintenance, PM*

• 정기 점검 시스템 : 건물 구조물, 냉난방 공조HVAC 시스템, 전기설비, 승강기 등 핵심 시설에 대한 정기적인 예방적 유지보수 계획을 수립하여 돌발적인 고장이나 사고를 미연에 방지한다.

• 자산 수명 관리 : 도서관 자료와 건물의 물리적 자산 수명을 예측하고, 이에 기반하여 장기적인 교체 및 개선 계획을 수립함으로써 예산을 효율적으로 집행하고 서비스의 연속성을 확보한다.

3.6.2 안전 및 보안 관리

• 재난 및 비상 대비 : 화재, 지진 등 비상 상황을 대비한 소방 설비 점검, 비상 대피로 확보, 정기적인 이용자 및 직원 훈련을 의무화한다.

• 보안 시스템 : CCTV, 출입 통제 시스템, 무인 경비 시스템 등을 도입하여 도서관 자료의 도난 방지 및 이용자와 직원의 안전을 확보하며, 특히 24시간 운영되는 스마트도서관의 보안 관리를 강화한다.

• 건강 및 위생 : 공기 질 관리(환기 시스템 및 공기청정기), 정기적인 방역 및 소독, 친환경 청소 시스템 도입 등을 통해 쾌적하고 위생적인 이용 환경을 조성한다.

3.6.3 환경 및 에너지 관리

• 친환경 운영 실현 : 조명, 냉난방 등을 자동 제어하는 건물 에너지 관리 시스템*BEMS* 등을 활용하여 에너지 낭비를 최소화한다. 이는 섹션 3.4에서 논의된 친환경 도서관의 가치를 운영 측면에서 실현하는 과정이다.

• 지속가능성 확보 : 물 재활용 시스템, 폐기물 분리수거 및 재활용 프로그램을 체계적으로 관리하여 도서관이 지역사회의 지속가능성을 실천하는 모델이 되도록 한다.

3.6.4 기술 통합 관리

• 스마트 인프라 유지 : RFID 시스템, 무인 대출·반납기, 서버, 네트워크 장비 등 디지털 서비스 운영에 필수적인 기술 인프라가 오류 없이 작동하도록 전문적인 기술 관리 체계를 유지한다.

• 데이터 보안 : 이용자 및 도서관 운영 데이터를 정기적으로 백업하고, 사이버 공격으로부터 시스템을 보호하기 위한 보안 대책을 상시 유지한다.

생각해 보기

- 도서관이 복합문화공간으로 변화하는 과정에서 이용자들은 어떤 장점과 한계를 체감하고 있을까요?
- 전통적인 도서관의 '정숙성'과 복합문화공간의 '활동성'을 공존시킬 수 있을까요?
- 디지털 기술은 이용자가 도서관을 이용하는 방식에 어떤 변화를 가져왔을까요?

09

공공도서관의 홍보와 마케팅

도서관 정책 및 기획 업무를 맡고 있다.

서울시 강동구 도서관을 중심으로 연구한 『공공도서관 전자책 서비스 이용자 만족도 조사 연구』로 이화여대에서 석사학위를 취득했다.

이윤경

강동구립성내도서관 관장을 역임하였으며, 현재는 강동문화재단 도서관팀에서 도서관 정책 및 기획 업무를 맡고 있다.
서울시 강동구 도서관을 중심으로 연구한 『공공도서관 전자책 서비스 이용자 만족도 조사 연구』로 이화여대에서 석사학위를 취득했다.
(사)포럼 문화와도서관, 서울시사서협의회 회원으로 활동하고 있다.

1. 도서관 홍보 · 마케팅의 개념 및 필요성

1.1 홍보 · 마케팅의 개념 정의

홍보는 public relation을 줄여 PR이라고도 하며, 미국 PR협회의 정의에 따르면 조직과 공중 간에 서로 유익한 관계를 형성해주는 전략적인 커뮤니케이션 과정을 말한다. 즉, 조직이 공중의 협조와 이해를 구하고 상호 호혜적인 관계를 확립·유지하기 위해 그 조직에 관한 정보를 다양한 매체를 통해 공중에게 전달하는 쌍방적 커뮤니케이션 활동을 홍보라고 정의할 수 있다. 홍보의 대상은 소비자뿐 아니라 언론, 정부, 내부 직원 등 광범위한 공중을 포함하며, 단순히 알리는 것을 넘어 쌍방향 소통을 통해 우호적인 관계를 구축하는 활동이고 장기적인 브랜드 이미지 구축에 초점이 맞춰져 있다.

홍보와 비슷한 용어인 마케팅은 시장을 뜻하는 market의 동명사형으로 익숙한 단어이지만 개념에 대한 정확한 인식은 부족하다. 마케팅이라고 하면 단순히 시장 활동으로 보거나 기업이 고객을 향해 일방적으로 행하는 판매 활동이라고 오인하기도 하는데 오늘날 마케팅은 조직과 고객이 쌍방의 가치를 교환하는 활동이자 조직 전체에 걸친 활동으로 개념이 확장되었다. 미국마케팅협회*AMA*는 고객, 파트너, 사회 전반에 가치를 가지는 상품 및 서비스를 창출하고 소통·전달·교환하기 위한 조직화된 과정이라고 마케팅의 개념을 설명하고 있다. 마케팅 전문가이자 경영학자 코틀러*Philip Kotler*가 정의한 마케팅의 개념은 교환 과정을 통해 욕구와 필요를 충족시키려는 인간 활동을 말하며 마케팅 활동은 고객 지향성을 가지고 있다.

홍보와 마케팅은 경영학에서 비롯되어 영리기관을 대상으로 한 영역에서 주로 사용하던 개념이지만 도서관계에서도 홍보와 마케팅의 개념을 정의한 바 있다. 문헌정보학용어사전에서는 도서관 홍보를 일컬어 도서관 업무나 서비스를 이용자에게 알려 이에 대한 이용자들의 이해도를 높이기 위한 도서관 및 정보활동이라고 설명하고 있다. 또한 도서관 마케팅은 도서관 및 정보서비스 제공자와 서비스를 이용하는 이용자 간의 교환 행위를 촉진하기 위한 전반적인 활동이라고 정의 내리고 있다. 도서관 홍보가 도서관의 존재, 기능, 제공 서비스에 대한 정보를 대중에게 알리고 인지도를 높이며 긍정적인 이미지를 형성하는 커뮤니케이션 중심의 활동이라면, 도서관 마케팅은 잠재적·실제 이용자의 이용 경험의 질을 높여 지속적인 이용과 참여를 유도하는 전략적인 관리 활동이라고 할 수 있다. 쉽게 말해, 홍보가 도서관의 가치를 전달하는 단계라면, 마케팅은 그 가치를 이용자 중심으로 설계하고 검증하는 과정이다. IFLA 공공도서관 가이드라인에서는 마케팅이란 광고, 판매, 설득, 촉진 그 이상의 것이며, 고객의 필요와 욕구를 만족시킬 목적으로 서비스나 제품을 디자인하고 이를 바탕으로 진실하고도 체계적인 노력을 기울이는 것이라고 설명하였다.

홍보는 마케팅 활동의 일부 혹은 마케팅의 하위 개념으로 보기도 하지만 조직이 공중 및 고객 등 이해관계자와 쌍방의 가치를 교환하는 우호적인 관계를 유지하는 것에 목적을 둔 전략적 과정이라는 점에서 마케팅의 의미와 궤를 같이한다고 볼 수 있다. 홍보·마케팅*PR·Marketing*은 판매 증진을 목적으로 매체 비용을 지불하여 상품이나 서비스의 정보를 잠재 고객에게 전달하는 광고 또는 사람들에게 제품이나 서비스의 이점을 알려서 이를 활용하도록 장려하는 판촉과 달리 브랜드 이미지와 신뢰도를 자연스럽고 장기적으로 구축하는 활동을 말한다. 브랜드 및 제품, 서비스에 대한 정보를 자연스럽게 사람들에게 알리고 긍정적인 인식을 형성하는 것이 홍보·마케팅의 핵심이다.

1.2 일반적인 마케팅과 도서관 홍보 · 마케팅의 차이점

일반적으로 마케팅은 제품 및 서비스 판매를 통해 수익을 창출하고 기업의 이익을 극대화하며 경쟁사 대비 더 많은 고객을 확보해 시장 점유율을 확대하는 것을 목적으로 한다. 또한 차별화된 마케팅 전략으로 경쟁사보다 우월한 포지션을 형성하는 것에 중점을 두고 있다. 경영학의 마케팅 이론에서는 마케팅의 주요 요소를 제품*product*, 가격*price*, 장소*place*, 촉진*promotion*으로 구성되는 4P 마케팅 믹스 전략을 제시하고 있다. 제품은 고객의 필요와 욕구를 충족시키는 제품 및 서비스를 말하고, 가격은 제품이나 서비스를 얻기 위해 지불하는 금전적 대가이다. 장소는 고객이 제품과 서비스를 접하는 장소와 시설이며, 촉진은 고객과 서비스 간의 의사소통 수단을 의미한다.

코틀러와 레비*Sidney J. Levy*가 1969년경 공공의 영역에서도 마케팅의 기능이 유효하다는 연구 결과를 발표하면서부터 도서관 분야를 비롯한 비영리 조직에서도 마케팅의 개념이 사용되기 시작하였다. 영리조직은 이윤추구를 위하여 마케팅을 활용하는 반면 비영리조직은 제공하는 상품 및 서비스의 사용량을 확대하려는 목적을 가지고 있다. 영리든 비영리든 시민의 욕구를 충족시켜 주는 시장의 역할을 한다. 따라서 비영리 조직은 고전적인 의미의 기업 기능을 수행한다고 볼 수 있다. 건전한 경영원리에 따라 자금 확보, 예산 편성 및 집행 등의 재무 기능을 하는 것은 물론, 투입물을 적절히 배열하여 조직의 산출물인 서비스를 수행한다. 공공도서관과 같은 비영리 조직도 이윤추구를 목적으로 하지 않는다는 점만 제외하면 영리 기관의 경영 관리 측면에서 동질의 서비스를 제공하는 경영 활동을 하고 있는 것이다.

<표 9-1> 일반적인 마케팅과 도서관 마케팅의 차이점

구분	일반적인 마케팅	공공도서관 마케팅
목적	수익 창출, 시장 점유율 확대	공공서비스 이용 촉진, 지역사회 기여
주체	기업, 민간 조직	공공기관, 지방자치단체 산하 도서관
대상	소비자(고객)	지역 주민, 특정 이용자 집단
상품·서비스	제품 또는 유료 서비스	무료 또는 공공 정보·문화 서비스
가격 전략	이윤 극대화를 위한 가격 설정	대부분 무료 또는 상징적 비용
홍보 방식	광고, 프로모션 등 상업적 수단	커뮤니티 중심 홍보, 안내문 등
성과 측정	매출, 시장점유율, 고객충성도 등	이용자 수, 프로그램 참여도, 만족도 등
브랜드 전략	브랜드 가치 상승, 충성 고객 확보	기관 이미지 제고 및 신뢰성 확보
경쟁 체제	경쟁사와의 차별화, 점유율 경쟁	경쟁보다는 협력 중심

공공도서관에서의 홍보·마케팅은 도서관 경영전략의 하나라고 할 수 있으며, 공공도서관의 목표를 달성하기 위해 정보생산, 예산관리 등으로 모든 기능을 유기적으로 결합하여 도서관 경영자원의 효율적인 배분을 도모하고자 하는 관리 과정이다. 결국, 도서관의 홍보·마케팅은 도서관의 가치를 알리고 소통하기 위해 도서관 운영 전반에서 서비스를 계획하고 실행하는 과정을 뜻한다.

1.3 공공도서관 홍보 · 마케팅의 필요성

공공도서관을 둘러싼 주변 환경은 끊임없이 변화하고 있다. 산업사회에서 정보화 사회로 발전하면서 단순하고 수직적이었던 사회구조는 복합적·수평적으로 변화하였으며, 표준적이고 규칙적이었던 가치관과 욕구는 다양화되고 불규칙적으로 변모하였다. 라이프스타일은 서구화된 생활을 즐기고 소비지향·고급화됨에 따라 경제성을 중시하던 마케팅 콘셉트에서 벗어나 감성, 인간성, 사회성을 추구하게 되었다. 또한 지방화시대가 도래하면서 공공도서관은 지역사회의 지식정보센터로서 정보의 유통·배포 기능을 수행하여 이용자 및 잠재 수요자의 정보 욕구를 극대화하는 역할을 하게 되었다. 변화하는 환경 속에서 도서관이 사회적 인식 부족, 도서관 인력의 축소, 이용자 감소, 예산의 한계 등 여러 가지 문제에 당면하게 되면서 이러한 위기를 극복하고자 이용자들의 요구를 분석하고 욕구를 충족시킬 수 있는 방법을 모색하기 시작했고 그 과정에서 도서관 마케팅이 대두되기 시작하였다.

도서관 마케팅은 단순한 홍보 활동만을 의미하는 것이 아니라 도서관 업무 및 서비스 전반에 걸쳐 도서관의 가치와 철학을 이용자와 공유하고 소통하는 과정이다. 다시 말하면, 비영리조직으로서 도서관의 가치, 사명, 목적을 알리고 이용자의 요구를 분석하여 충족시키기 위한 활동이다. 또한 사서와 이용자 간의 교류를 촉진하기 위한 활동이며 잠재고객을 발굴하여 도서관의 지속적인 성장을 추구하는 과정이며, 비이용자를 포함해서 새로운 수요를 발굴하기 위해 기획단계부터 이루어지는 활동이라고 할 수 있다.

공공도서관은 공공예산으로 운영되는 비영리기관이라는 특성상 경쟁에 대한 부담이 적었지만, 최근에는 도서관과 경쟁할 수 있는 서비스 제공기관들이 많아지면서 이들과의 경쟁 관계로부터 더 이상 자유로울 수 없게 되었다. 지역사회 내에서 공공도서관은 이용 대상을 확장하고 서비스에 대한 이용자의 만족도를 증대시켜야 하는 지점에 와있다. 따라서, 대내외 정보환경 변화에 대응하고 지역주민들의 인식개선과 이용률을 높일 수 있는 적극적인 방안으로 이용자 요구를 반영한 서비스의 기획과 도서관의 운영 현황 및 서비스, 프로그램에 대하여 다양한 방법과 매체를 활용해 적극적으로 알리는 홍보·마케팅 활동이 필요하다.

2. 공공도서관 홍보 · 마케팅의 방법

2.1. 홍보 · 마케팅 도구

효과적인 도서관 마케팅을 위해서는 계획수립이 필수다. 마케팅 계획은 조직의 사명을 반영하고 정보서비스 환경을 분석하기 위해 상황분석, 마케팅 목표 및 전략 수립, 마케팅 행동계획, 마케팅 통제의 과정을 거친다.

IFLA 공공도서관 가이드라인에 따르면 마케팅의 기능은 성공적인 비즈니스 혹은 성공적인 도서관을 위해 힘을 싣는 것이며 4가지 주요 도구로 구성된다. 마케팅 도구는 마케팅 조사, 마케팅 분할, 마케팅 믹스 전략, 마케팅 평가로 나눌 수 있다. 도서관 경영자는 마케팅 도구를 활용하여 이용자의 요구를 파악하고 만족시킬 수 있도록 계획해야 한다.

도서관 마케팅의 4가지 주요 도구를 살펴보면 다음과 같다.

• 마케팅 조사 : 공공도서관은 서비스를 계획할 때 해당 지역사회 환경 전반에 대하여 먼저 조사해야 한다. 인구통계학적 조사는 물론 지역

주민과 관련된 정치, 경제, 사회, 문화적 환경에 대한 조사도 폭넓게 이루어져야 한다. 또한 대내적으로는 도서관의 역할, 조직구성, 운영실적 통계, 이용자 만족도 등 경영 기초자료를 토대로 지역사회와 도서관과의 관계를 매년 분석하고 차년도 운영계획 수립 시 반영해야 한다.

• 마케팅 분할 : 도서관의 봉사 대상 인구가 연령, 성별, 직업 등에 따라 다양하게 분포하기 때문에 유사성을 기준으로 그룹화 하는 것을 시장 분할이라고 한다. 이용자를 그룹화하여 도서관은 각 그룹에게 가장 적합한 장서와 서비스를 제공할 수 있다. 연령에 따라 어린이, 청소년, 성인, 노인으로 그룹화하거나, 직장인, 가정주부, 취업준비생 등 직업군에 따라 그룹을 나누어 맞춤형 서비스를 제공함으로써 도서관의 역할을 확장할 수 있다.

• 마케팅 믹스 : 경영학에 있어서 마케팅의 주요 요소는 제품, 가격, 장소, 촉진 등 4가지가 있다. 도서관의 마케팅도 이 요소를 응용하고 있으나, 실제 적용할 때는 도서관의 공공성과 고객의 관점을 고려하여 장서 및 프로그램을 개발하고 고객의 비용 부담과 편의를 우선 생각하며 고객과의 진정한 소통을 추구하는 것에 중점을 둔다.

• 마케팅 평가 : 도서관 경영평가 중에서 고객만족 평가로 마케팅 평가를 할 수 있다. IFLA 공공도서관 가이드라인에서는 마케팅 평가 방법으로 도서관 서비스에 대한 고객의 행태 변화 조사와 이용자 만족도 조사를 제시하고 있다.

성공적인 도서관 홍보는 기획부터 실행, 평가에 이르는 모든 단계에서 이용자의 반응을 세심하게 살피고, 이를 바탕으로 더 나은 콘텐츠를 만들어 가는 노력에서 시작된다. 도서관 홍보·마케팅은 명확한 목표 이용자 설정에서 시작된다. 타깃을 세분화하고 요구를 파악하여 맞춤형 메시지와 콘텐츠를 개발하였다면 일관성 있는 핵심 메시지를 꾸준히 전달하는 것이 중요하다. 그 후에는 게시물 조회수, 만족도 조사와 같은 객관적인 데이터를 바탕으로 홍보활동을 평가·개선하는 피드백 과정이 필수적이다.

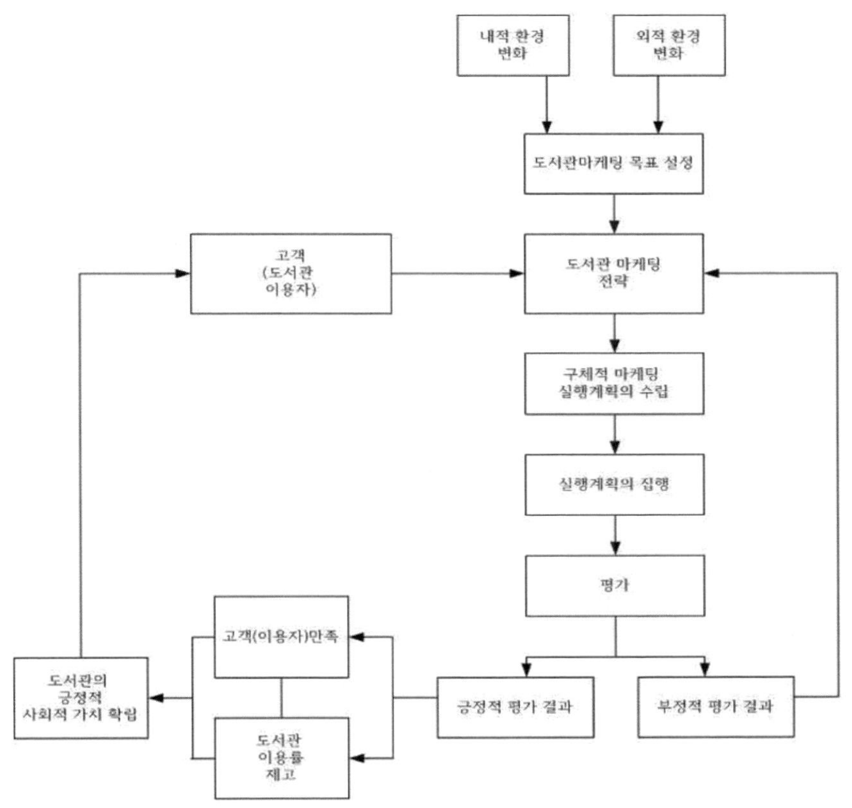

[그림 9-1] 도서관 마케팅 모형(이성신 2014)

도서관의 내적, 외적 환경을 분석하여 도서관의 마케팅 목표와 전략을 수립 및 실행한 후 실행 결과에 대한 평가로 이어지는 과정을 모형을 통해 알 수 있다. 긍정적인 평가 결과는 도서관 이용자의 만족과 이용률 제고로 이어져 도서관의 긍정적 사회 가치 확립에 기여할 수 있을 것이다. 따라서 이용자 중심의 마케팅 전략 수립은 도서관 홍보 마케팅 전 과정에 있어 매우 중요하다.

2.2. 공공도서관 홍보의 유형

공공도서관의 홍보는 활용 매체와 범위에 따라 다양하게 이루어지고 있다. 과거에는 관내 홍보, 관외 홍보로 구분하였으나 최근에는 디지털 시대를 반영하여 오프라인 홍보, 온라인 홍보로 흔히 구분한다.

오프라인 홍보는 지역 밀착형으로 도서관에 대한 신뢰도와 접근성을 높이는 데 강점을 둔 홍보 방법이라고 할 수 있다. 오프라인 홍보의 유형으로는 인쇄매체, 도서관 내부 홍보, 지역 연계, 행사 홍보, 언론 홍보 등이 있다.

• 인쇄매체 홍보 : 안내문, 포스터, 팸플릿, 리플릿, 소식지, 문집, 권장도서 목록 등이 인쇄매체에 해당된다. 전통적이고 보편적인 홍보 방법이라고 할 수 있으며, 시간과 비용이 적게 들고 제작이 비교적 쉽다.

• 도서관 내부 홍보 : 도서관 내 안내 게시판이나 디지털 사이니지를 활용하거나 현수막, 배너를 활용한 홍보를 말한다. 도서관의 주요한 안내나 행사를 홍보하기 위하여 활용하는 경우에 주로 쓰인다.

• 언론 매체 활용 홍보 : 보도자료를 배포하여 지역 신문, 주요 일간지, 방송, 라디오 등 언론을 통해 파급력을 높이기 위한 홍보 방법이다.

• 행사 및 프로그램을 통한 홍보 : 독서문화축제, 작가 초청 강연, 전시회, 음악회, 이동도서관 등 도서관에서 실시하는 각종 행사를 통해 지역주민들에게 도서관을 알리는 홍보 방법이다.

보도자료 작성 방법

주제 선정	• 사회적 이슈, 시즌 이슈와의 연관성 확보 • 시즌 이슈의 경우 배포 시점 선정
제목, 본문	• 제목(헤드라인)은 독자의 눈을 사로잡도록 짧게 작성 • 부제목은 1~2개 정도로 붙임(제목과 중복되지 않도록 작성) • 첫 문장인 리드를 포함해 150자 이내의 영역에 핵심 키워드를 넣을 경우 보도자료 검색에 효과적 • 날짜와 시간은 리드에 꼭 필요한 부분으로 '서울, 2025년 12월 XX 일'과 같은 형식 유지 • 육하원칙에 의거하여 작성 • 인용구는 특히 강조할 내용이 아니라면 보도자료의 3분의 2부터 작성 • 빅데이터를 기반으로 검색수량이 많은 단어 배치 • 해당 단어를 본문에 4~6회 배치 • A4 1~1.5매 분량 • 고객의 편익 집중 부각
첨부자료	• 이미지 3장 이상 첨부(인물, 단체, 현장 등) • 이미지 캡션 작성 • 보도자료 내용을 함축한 이미지 • 숫자 데이터 필수(그래프, 표 등 활용)

• 지역 연계 홍보 : 주민센터, 학교, 복지관, 문화센터 등 지역의 기관과 협력하여 홍보하는 것이다.

• 직접 홍보 : 도서관 직원의 구두 안내를 통한 직접적이고 적극적인 홍보 활동을 뜻한다. 도서 대출 시, 고객 응대 시 도서관에서 중점적으로 알리고자 하는 사항을 홍보할 수 있다.

온라인 홍보는 디지털 기반으로 한 빠른 확산과 젊은 층 타깃 홍보에 강점을 둔 홍보 방법으로, 스마트폰의 보급에 따른 SNS의 급속한 발달과 더불어 도서관 홍보에 있어서도 주요하게 활용되고 있다.

• 홈페이지를 통한 홍보: 도서관의 공식 홈페이지를 통해 공지사항,

행사 안내, 자료 검색 서비스를 제공한다.

• SNS 채널을 통한 홍보 : 인스타그램, 페이스북, 블로그, 유튜브, 카카오톡 채널 등을 활용한 홍보 방법으로 최근 가장 각광받고 있는 홍보 방법이다. 확산 속도와 파급력이 매우 빠르고 업로드 주기도 짧을수록 홍보 효과가 극대화된다.

• 이메일·뉴스레터 : 정기 전자소식지 배포, 안내 메일 발송이 해당된다.

• 온라인 커뮤니티 : 지역 커뮤니티 카페 등 인터넷 카페 등과의 협력 홍보를 할 수 있다.

• 모바일 앱 : 도서관 전용 앱 알림, 대출·반납 푸시 알림, 행사 신청 안내 등 스마트폰을 활용한 홍보 방법이다.

• 디지털 광고 : 지역 포털, 온라인 배너, 지자체 웹사이트 연계 홍보가 해당된다.

3. 공공도서관 홍보 · 마케팅의 실제

3.1. 소셜 네트워크 서비스를 활용한 공공도서관 홍보 · 마케팅

SNS*Social Network Service*는 영향력과 파급력을 가진 홍보 도구로, 개인을 넘어 기업 및 기관은 물론 정부에서도 적극적으로 홍보에 활용하고 있다. SNS 서비스는 정보통신기술의 발달과 이용자들의 이용 행태 및 선호도 변화에 따라 새로운 유형이 등장하며 변화를 거듭해 왔다. 대표적인 SNS로는 인스타그램, 페이스북, 블로그, 유튜브, 카카오톡 등이 있다. 최근에는 작은 단위의 소셜 플랫폼을 연결하고 관심사를 공유하는 인스타그램이 널리 활용되고 있다. 인스타그램은 '세상의 모든 순간을 포착하고 공유한다'라는 슬로건을 기반으로 단순한 사진 공유를 넘어 커뮤니티를 연결하며 다양한 경험을 제공한다.

도서관 마케팅에 대한 관심이 증가하면서 SNS를 활용한 도서관 마케팅이 활발히 이루어지고 있는 추세다. 국가도서관부터 지역대표도서관, 지자체 단위 도서관까지 인스타그램을 통한 홍보는 도서관 홍보 마케팅에 있어 중요한 도구이자 전략으로 자리 잡고 있다. 도서관에서는 인스타그램에 주기적으로 게시물을 올려 도서관의 공지사항, 주요 서비스 및 프로그램 등에 대해 관심을 유도하고, 팔로워를 늘려 홍보 효과를 높이기 위한 이벤트를 열기도 한다.

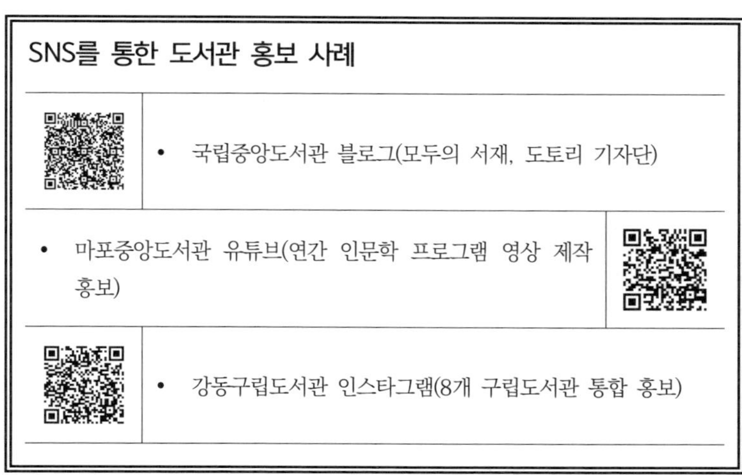

SNS를 통한 도서관 홍보 사례

- 국립중앙도서관 블로그(모두의 서재, 도토리 기자단)
- 마포중앙도서관 유튜브(연간 인문학 프로그램 영상 제작 홍보)
- 강동구립도서관 인스타그램(8개 구립도서관 통합 홍보)

공공도서관의 SNS 서비스 운영은 도서관의 목표 및 특성과 밀접한 관련이 있다. 비대면 온라인 홍보에 있어서 도서관이 중시해야 할 점은 이용자의 관심사를 파악하고 진정성 있는 소통을 하는 것이다. 또한 실시간 영향력과 파급력이 큰 홍보 도구인 만큼 정확하고 객관성 있는 정보 제공이 중요하다. 또한 도서관의 이미지 제고와 홍보 효과 증진에 기여할 수 있는 SNS 홍보 전략도 시대에 발맞춰 변화가 필요하다.

3.2. 지역협력을 통한 공공도서관 홍보 · 마케팅

공공도서관이 지역사회와 이용자들을 위해 적극적인 서비스를 하고자 한다면 지역사회와의 네트워킹을 통해 협력망을 강화할 필요가 있다. 홍보·마케팅 측면에서 공공도서관과 지역사회의 협력이 중요한 이유를 정리하면 다음과 같다.

첫째, 이용자 접근성이 확대된다. 도서관 내부 자원을 이용한 자체적인 홍보보다 지역의 학교, 복지관, 주민센터, 기업 등을 통한 네트워크 홍보가 훨씬 빠르고 넓게 전달된다.

둘째, 신뢰도와 영향력을 확보할 수 있다. 지역사회 내 기관과 협력하면 도서관의 공공성 및 신뢰성이 강화되고, 주민들에게 친근한 기관으로 인식될 수 있다.

셋째, 지역의 다양한 자원을 활용할 수 있다. 지역 기업·단체의 후원, 자원봉사자 및 서포터즈 연계, 문화예술단체 협력 등을 통해 도서관의 예산, 인력 부족의 한계를 보완할 수 있다.

넷째, 주민 맞춤형 프로그램을 개발할 수 있다. 지역주민의 요구와 생활문화에 맞춘 서비스를 공동 기획, 홍보할 수 있어 참여도와 만족도가 높아진다.

다섯째, 지역사회와 지속 가능한 관계를 형성할 수 있다. 단순한 홍보를 넘어, 도서관이 지역 커뮤니티 허브로 자리 잡아 장기적으로 이용자 확보 및 도서관 이미지 제고에 기여할 수 있다.

공공도서관의 홍보는 단순히 알리는 것을 넘어, 지역사회와 협력 네트워크를 통해 함께 만들어 가는 참여형 마케팅으로 발전할 때 효과가 가장 크다고 할 수 있다. 공공도서관이 지역사회와 협력하는 목적은 주로 도서관 프로그램의 공동 운영 및 프로그램 고정 참가자 확보, 도서관 운영 지원 유도이다. 넓은 의미에서 보면 도서관 홍보·마케팅과 긴밀하게 연결되어 있다. 지식정보화 사회에서 홍보·마케팅이 차지하는 부분은 매우 중요하다. 아무리 좋은 도서관 서비스나 프로그램일지라도 인지도가 낮다면, 프로그램의 지속적인 지원과 발전이 어렵기 때문이다. 따라서 공공도서관은 도서관 내에 머물지 않고 발로 뛰는 홍보 전략을 통해 도서관의 존재 이유를 널리 알릴 필요가 있다.

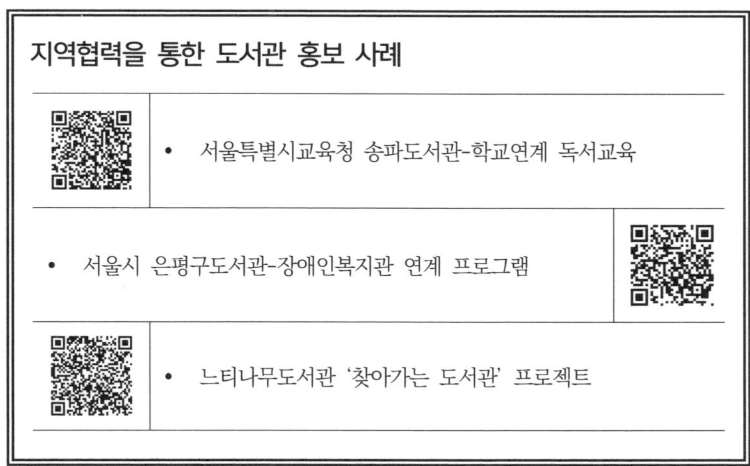

3.3. 공간을 활용한 공공도서관 홍보 · 마케팅

공간 마케팅이란 공간을 매개로 소비자의 욕구를 충족시키고 방문을 유도하여 구매를 이끌어내거나 브랜드의 이미지를 제고하는 것을 뜻한다. 최근에는 문화행사나 역사적·상징적 장소 등을 조성하여 소셜미디어로의 전파를 유도하는 장소 마케팅을 뜻하기도 한다. 도서관에서의 공간 마케팅은 공간을 매개로 이용자의 욕구를 충족시킴으로써 도서관 이용률을 높이기 위한 간접 마케팅 활동이라고 할 수 있다.

기업의 홍보·마케팅이 수익창출을 위한 집객이 목적이라면 도서관은 이용자의 지적 욕구와 정서적 욕구 충족을 중심에 두기 때문에, 도서관의 접근성을 높이고 이용자의 편의성을 높이기 위해 다양한 공간 마케팅을 펼치고 있다. '공부하는 공간', '조용한 공간'이라는 전통적인 도서관의 이미지에서 탈피해 복합문화공간으로 탈피한 공공도서관 모습을 국내외에서 어렵지 않게 찾을 수 있으며, 건물을 탈피한 야외도서관도 이용자 및 해외 관광객의 발길을 사로잡으며 도서관 홍보 및 이용 증진을 꾀하고 있다. 잠재 이용자를 도서관으로 유입시키고 도서관의 핵심 가치와 활동을 전달하기 위해 도서관 외부 공간 활용 및 지역사회 협력을 통한 전략적인 공간 활용 마케팅이 필요하다.

생각해 보기

1. 뉴노멀시대에 가장 효과적인 공공도서관 홍보·마케팅 방법은 무엇이라고 생각하는가?
2. 비이용자를 도서관으로 유입시키기 위한 홍보·마케팅 전략을 어떻게 수립할 것인가?

[1. 공공도서관의 역사와 이념]

문화체육관광부 (2007). 국가도서관통계시스템. 출처: https://www.libsta.go.kr/

송경진 (2025.11.23). 통계로 보는 공공도서관 70년① - 한국전쟁 이후부터 1980년대까지의 공공도서관. 월드라이브러리. 출처: https://librarian.nl.go.kr/LI/contents/L30201000000.do?schM=view&id=4686.

______ (2025.12.14.). 통계로 보는 공공도서관 70년② - 1990년대부터 현재까지의 공공도서관. 월드라이브러리. 출처: https://librarian.nl.go.kr/LI/contents/L30201000000.do?schM=view&act=UPDATE&page=1&ordFld=regdt&ordBy=DESC&viewCount=0&id=4709&schBdcode=&schGroupCode=

송승섭 (2023). 한국 근대 도서관 100년의 여정 : 우리나라 근대 공공도서관의 발자취를 찾아서. 서울 : 도연문고.

송호근 (2013). 시민의 탄생: 조선의 근대와 공론장의 지각 변동. 서울 : 민음사.

조혜정 (1994). 탈식민지 시대 지식인의 글읽기와 삶읽기〈3〉 : 하노이에서 신촌까지. 서울 : 또 하나의 문화.

한국도서관협회 (1955). 韓國圖書館一覽表 檀紀 4288. 서울 : 한국도서관협회.

______ (1969). 韓國圖書館一覽 1969. 서울 : 한국도서관협회.

______ (1979). 한국도서관통계 1979, 1989, 1999. 서울 : 한국도서관협회.

American Library Association. [n. d.}. Case Study: Columbus (Wis.) Public Library: Innovative Solutions to Bridging Community Divisions. Available: https://www.ala.org/tools/librariestransform/libraries-transforming-communities/case-studies/columbus

D'angelo, E. (2006). Barbarians at the Gates of the Public Library : How Postmodern Consumer Capitalism Threatens Democracy, Civil Education and the Public Good. 차미경, 송경진 옮김. 2011. 공공도서관 문 앞의 야만인들. 서울: 일월서각.

Houston, Robert A. (2018.02.18). The Growth of Literacy in Western Europe from 1500 to 1800. Available: https://brewminate.com/the-growth-of-literacy-in-western-europe-from-1500-to-1800/

Lloyd, Amy J. (2007). Education, Literacy and the Reading Public. British Library Newspapers. Detroit: Gale.

Quinn, Marry Ellen (2014). Historical Dictionary of Librarianship. Lanham, Maryland: Rowman & Littlefiled.

WebJunction (2024.9.10.) Food for thought: Library kitchens and cooking programs. Available: https://www.webjunction.org/news/webjunction/library-kitchens-and -cooking-programs.html

[2. 공공도서관 계획과 평가]

곽동철, 이용재(2020). 도서관정보센터 경영론. 서울: 청람

김귀곤 외(2024). 경영학으로의 초대. 제8판. 서울: 박영사

박영희, 홍기철(2014). 서관 경영론, 서울: 조은글터

윤희윤 (2020). 문명과 매체, 그리고 도서관. 대구: 태일사.

이기영 외(2009). 공공가정경영. 서울: 신정

이종권, 노동조(2021). 공공도서관 서비스경영론, 제4개정판. 서울: 문현

정동열 (2021). 도서관경영론. 개정4판. 서울: 한국도서관협회

Botsvadze, Vladimer. "Major Components of the Strategic Plan'. 〈https://vladimerbotsvadze.wordpress.com/2015/03/14/major-components-of-the-strategic-plan-strategy-strategicplan/〉

Morn, B.B. & Morner, C.J. 오동권 역 (2021). 도서관경영의 이론과 실제. 대구: 태일사.

Owens, R. G. (2001). Organizational Behavior in Education (7th. ed.). Boston: Allyn and Bacon.

Skidmore, R.A.(1994). Social Work Administration: Dynamic Management and Human Relationships. 3rd Edition. Pearson Education

[3. 지역사회 분석과 이용자연구]

강지혜, 배경재(2020). 지역기반 지식정보 취약계층의 수요 분석을 통한 도서관 포용성 강화 전략. 한국도서관 · 정보학회지, 51(2), 295-318. https://doi.org/10.16981/kliss.51.2.202006.295

노영희, 강정아(2024). 지역소멸 대응 기관으로서의 공공도서관 역할 변화에 대한 사서의 인식 조사 연구. 한국비블리아학회지, 35(4), 93-118. https://doi.org/10.14699/kbiblia.2024.35.4.093

노영희, 백민경(2021). 지역사회 문제 해결을 위한 도서관 리빙랩에 관한 지역기반 방향성 도출 연구: 충주시의 지역사회 문제를 중심으로. 한국비블리아학회지, 32(2), 5-24. https://doi.org/10.14699/kbiblia.2021.32.2.005

노영희, 정대근, 노지윤(2020). 이용계층 및 지역특성을 반영한 김포시 특화도서관의 발전방향 도출에 관한 연구. 한국도서관 · 정보학회지, 51(1), 43-70. https://doi.org/10.16981/kliss.51.202003.43

이연옥, 강영아(2023). 지역사회 공론장으로서 공공도서관 역할에 대한 연구: 서울 성북구립도서관 사례를 중심으로. 한국문헌정보학회지, 57(1), 139-160. https://doi.org/10.4275/KSLIS.2023.57.1.139

이희수, 김기영(2014). 지역사회 특성에 따른 지역주민의 도서관 요구에 관한 연구: 3개의 지역유형을 중심으로. 정보관리학회지, 31(1), 207-230. https://doi.org/10.3743/KOSIM.2014.31.1.207

임여주(2018). 공공도서관과 지역사회기관의 협력에 관한 연구: 다문화 서비스를 중심으로. 한국비블리아학회지, 29(1), 299-324. https://doi.org/10.14699/kbiblia.2018.29.1.299

장경, 김혜영(2024). 공공도서관의 지역정보서비스 현황과 발전방안에 관한 연구: 충청지역 공공도서관을 중심으로. 한국도서관 · 정보학회지, 55(3), 141-165. https://doi.org/10.16981/kliss.55.3.202409.141

장덕현(2020). 공공도서관의 향토자료 수집 개발에 관한 연구. 한국도서관 · 정보학회지, 51(4), 333-349. https://doi.org/10.16981/kliss.51.4.202012.333

전경선, 신동희(2022). 지역사회 특성을 반영한 공공도서관 활성화 방안 연구: 경기도 양평군을 중심으로. 한국비블리아학회지, 33(1), 403-423. https://doi.org/10.14699/kbiblia.2022.33.1.403

정동열(2023). 도서관경영론 (개정 5판). 한국도서관협회.

클라이넨버그, 에릭(2019). 도시는 어떻게 삶을 바꾸는가: 불평등과 고립을 넘어서는 연결망의 힘 (원서 Palaces for the People). 파주: 웅진지식하우스.

American Library Association (n.d.). Libraries transforming communities: Engagement. https://www.ala.org/tools/librariestransform/libraries-transforming-communities/engagement

Barros, F., Kish, I., Moltmann, L., & Silvestre, S. (2023). Rough guide to citizen engagement in public libraries. In A. P. Quaglia & Â. Guimarães Pereira (Eds.), Publications Office of the European Union. https://doi.org/10.2760/957683

Desmarchelier, B., Djellal, F., & Gallouj, F. (2025). Public libraries as social innovators. Public Library Quarterly, 44(1), 1-20. https://doi.org/10.1080/01616846.2024.2357399

Kretzmann, J. P., & McKnight, J. L. (1993). Building communities from the inside out: A path toward finding and mobilizing a community's assets. ACTA Publications.

Hillery, G. A., Jr. (1955). Definitions of community: Areas of agreement. Rural Sociology, 20(2), 111-123.

McMillan, D. W., & Chavis, D. M. (1986). Sense of community: A definition and theory. Journal of Community Psychology, 14(1), 6-23. https://doi.org/10.1002/1520-6629(198601)14:1%3C6::AID-JCOP2290140103%3E3.0.CO;2-I

Wellman, B. (2001). Physical place and cyber place: The rise of personalized networking. International Journal of Urban and Regional Research, 25(2), 227-252. https://doi.org/10.1111/1468-2427.00309

Subramanya, M. N. (2023). Libraries as catalysts for community engagement: Case studies and best practices. Migration Letters, 20(9), 529-538. https://www.migrationletters.com

Sarling, J. H., & Van Tassel, D. S. (1999). Community analysis: Research that matters to a north-central Denver community. Library & Information Science Research, 21(1), 7-29. https://doi.org/10.1016/S0740-8188(99)80003-6

Sung, H.-Y., & Hepworth, M. (2013). Community engagement in public libraries: Practical implications. Advances in Librarianship, 37, 31-56. https://doi.org/10.1108/S0065-2830(2013)0000037005

Canadian Urban Institute. (2023). The case for Canada's public libraries: Why investment in public libraries is essential to Canada's post-pandemic recovery, competitiveness, and resilience. https://canurb.org

[4. 공공도서관의 경영 관리]

문화체육관광부 (2016). 공공도서관 건립·운영 매뉴얼. 세종: 문화체육관광부.

문화체육관광부 (2022). 2022 공공도서관 건립·운영 매뉴얼. 세종: 문화체육관광부.

문화체육관광부 (2024). 2022 공공도서관 건립·운영 매뉴얼. 세종: 문화체육관광부.

윤희윤 (2021). (완전개정 제4판)대학도서관 경영론. 대구: 태일사.

윤희윤 (2022). (개정 증보판)공공도서관정론. 대구: 태일사.

한국도서관협회 한국도서관기준특별위원회 (2014). (2013년판)한국도서관기준. 서울: 한국도서관협회.

[5. 공공도서관의 정보자원 관리]

수성구립 용학도서관. 장서개발지침(2025.08.18. 방문).
출처: https://library.daegu.go.kr/yonghak/html.do?menu_idx=188

윤혜영 (2020). 디지털 시대의 장서관리. 서울: 한국도서관협회.

Armstrong, Alison M. and Lisa Dinkle (2020). The library liaison's training guide to collection management. Chicago: ALA Editions.

Cassell, Kay Ann (2021). Public libraries and their communities: an introduction. Lanham: Rowman & Littlefield.
Gregory, Vicki L. (2019). Collection development and management for 21st century library collections. Chicago: Neal-Schuman
Johnson, Peggy (2018). Fundamentals of collection development and management. Chicago: ALA Editions.
Larson, Jeanette (2012). Crew: a weeding for modern libraries, rev. ed. Austin: Texas State Library and Archives Commission.

[6. 공공도서관 서비스]

경기도사이버도서관 (2022). 경기도 도서관 다문화서비스 매뉴얼. 수원: 경기도사이버도서관. https://memory.library.kr/items/show/210052982
곽철완, 안인자, 김호연, 박미영 (2009). 공공도서관 문화프로그램 모형 및 운영매뉴얼에 관한 연구. 한국비블리아학회지, 20(1), 197-208.
국립장애인도서관 (2020). 도서관 장애인 서비스 매뉴얼 (개정판). 서울: 국립장애인도서관. https://www.nld.go.kr/home/publicationDetail.do?seq=129&tcnt=164&rn=37&page=4&thumbFileSeq=3211
김미정 (2019). 북 큐레이션. 서울: 씽크스마트.
김민영, 황선애 (2015). 서평 글쓰기 특강. 서울: 북바이북.
김상호 (1994). 문헌 비평을 위한 서평의 분석적 고찰 -서평문화와 출판저널을 중심으로-. 한국비블리아학회지, 7(1), 247-262.
김영석, 박연식, 이용주 (2018). 북 큐레이션, 책으로 말을 걸다. 수원: 경기도사이버도서관.
김은하 (2016). 처음 시작하는 독서동아리. 서울: 학교도서관저널.
김종성 (2017). 어린이서비스론. 대구: 태일사.
대한출판문화협회 (2024). 2023년 독서문화 통계. 서울: 대한출판문화협회. https://member.kpa21.or.kr/kpa_bbs/2023년-독서문화-통계/
문화체육관광부 (2021.05.24.) 대한민국 정책브리핑: 신중년 지원. 세종: 문화체육관광부. https://www.korea.kr/special/policyCurationView.do?newsId=14886

8339&utm_source=chatgpt.com
문화체육관광부 (2024). 제4차 독서문화진흥기본계획(2024-2028). 세종: 문화체육관광부.
민경록 (2016). 어린이그림책의 書評에 관한 硏究. [박사학위 논문, 청주대학교].
법무부 (2024). 출입국통계: 체류외국인 현황. 과천: 법무부. https://www.moj.go.kr/moj/2412/subview.do
송경진 (2023). 도서관과 리터러시 파워. 서울: 정은문고.
송기호 (2015). 아동 청소년 자료의 이해와 활용. 대구: 태일사.
日本圖書館情報學會 用語辭典編集委員會(編) (2007). 図書館情報学用語辞典 (第3版). 오동근 옮김(2011). 문헌정보학용어사전. 대구: 태일사.
정연경 (2022.10.13). 청년 이용자를 위한 공공도서관 서비스 개선 방향. 제4차 2030청년정책포럼: 청년, 도서관에 가다, 창원컨벤션센터. https://drive.google.com/file/d/1i8ZC4Z3dwbAsTHOul5xj88BEtJJJgYM7/view?usp=sharing
조종오 (2025). 청년 연령 기준의 상향 및 일원화 쟁점과 개선 방향. 국회입법조사처 이슈와 논점, 2335호. 서울: 국회입법조사처. https://www.nars.go.kr/report/view.do?cmsCode=CM0043&brdSeq=47039
한국도서관협회 (2009). 도서관편람. 서울: 한국도서관협회.
한국도서관협회 (2010). 문헌정보학용어사전. 서울: 한국도서관협회. https://www.kla.kr/dictionary
한국도서관협회 (2019). 모두를 위한 도서관. 서울: 한국도서관협회.
한국독서교육연구학회 (2024). 독서지도론. 대구: 태일사.
황금숙, 김수경 (2022). 독서지도의 이론과 실제. 대구: 태일사.
황남희, 김경래, 이아영, 임정미, 박신아, 김만희 (2019). 신중년의 안정적 노후 정착 지원을 위한 생활실태조사. 세종: 한국보건사회연구원.
Evans, G. Edward & Zarnosky, Margaret R. (2000). Developing Library and Information Center Collections (4th ed.). Englewood: Libraries Unlimited.
Gardner, Richard K. (1981). Library Collections: Their Origin, Selection, and Development. New York: McGraw-Hill.
Gratton, L. & Scott, A. J. (2016). The 100-Year Life: Living and Working

in an Age of Longevity. 안세민 옮김(2020). 100세 인생: 전혀 다른 시대를 준비하는 인생 설계 전략. 서울: 클.

IFLA (2007). 도서관의 영유아서비스 지침. IFLA Repository. https://www.ifla.org/wp-content/uploads/2019/05/assets/libraries-for-children-and-ya/publications/guidelines_young%20adults_Korean.pdf

IFLA (2009). IFLA 다문화 도서관 선언. IFLA Repository. https://repository.ifla.org/items/38b5826c-bc8b-44b7-8959-60d12270e2ea

IFLA (2012). 다문화사회: 도서관 서비스 가이드라인 개요. IFLA Repository. https://repository.ifla.org/items/645afe49-4ab2-46d8-80f8-027608a52e83

IFLA (1996). 도서관의 청소년서비스 지침. IFLA Repository. https://www.ifla.org/wp-content/uploads/2019/05/assets/libraries-for-children-and-ya/publications/guidelines_young%20adults_Korean.pdf

IFLA & UNESCO (2022). 2022 IFLA-UNESCO 공공도서관 선언. IFLA Repository. https://repository.ifla.org/items/d144309f-a1b0-4853-a29d-e8068eaf7839

Kennemer, P. K. (1980). An Analysis of Reviews of Books of Fiction for Children and Adolescents Published in Major Selection Aids in the United States in 1979. Doctoral dissertation, University of Colorado Boulder, United States.

[7. 공공도서관의 평가]

권나현. 2015. 공공도서관 서비스 성과 평가. 한국문헌정보학회지, 49(2), 169-194

김선애. 2020. 공공도서관 성과평가 체계에 대한 비교·분석. 한국비블리아학회지. 31(4): 49-72

박성재, 한상우, 조세홍. 2018. 도서관 성과 측정을 위한 잠재성장모형 적용에 관한 연구. 한국문헌정보학회지 52(4):179-194

지은구. 2012. 비영리조직 성과측정에 있어 로직모델과 BSC모델의 활용가능성과 한계. 『사회과학논총』, 31(1): 381-407.
홍현진, 이용남. 1999. 공공도서관의 성과평가에 관한 이론적 연구. 한국문헌정보학회지, 33(2), 45-68
표순희. 2006. 공공도서관 경제적 가치 측정에 관한 연구: 대출 서비스를 중심으로. 한국문헌정보학회지. 40(2): 243 - 261.
표순희, 정동열. 2008. 공공도서관 경제적 이용가치 측정방안에 관한 연구. 한국문헌정보학회지. 42(2): 209 - 234.
APLA-ALIA 2021. Standards and Guidelines for Australian Public Libraries https://read.alia.org.au/apla-alia-standards-and-guidelines-australian-public-libraries-may-2021
Heron, Dugan, Matthews. 2014. Getting statrted with evaluation. ALA.
Joseph R. Matthews. 2018. The Evaluation and measurement of library services. 2nd ed. Libraries Unlimited.
Markless, Sharon, Streatfield, David. 2006. Evaluating the impact of your library. London : Facet.
Richard Orr, 1973. Measuring the goodness of library services. Journal of Documentation, 29 (3): 315-352.
Roswitha Poll, Peter te Boekhorst. 2007. Measuring quality : performance measurement in libraries. 2nd rev. ed Muenchen : K.G. Saur,
W.K. Kellogg Foundation. 2004. Logic Model Development Guide: Using Logic Models to Bring Together Planning, Evaluation, and Action.

[8. 공공도서관 공간의 이해]

문화체육관광부(2024). 공공도서관 건립 · 운영 매뉴얼 https://lib-bldg.clip.go.kr/html2016/2024Manual4Libraries.pdf
정미옥(2025). 공공도서관의 환경적 정당성이 이용자 만족도와 충성도에 미치는 영향. 한국비블리아학회지. 36(3), 79-104
박성재(2023). 공공도서관 이용자는 공간을 어떻게 이용하는가? 한국문헌정보학회지, 57(1): 5-21,
구정화, 조용완(2021). 우수사례 통해 본 공공도서관 건축 경향 분석. 한국문헌정보학회지, 55(1), 181-208.
강필수, 노영희(2021). 스마트디지털 환경 기반 도서관 구축에 관한 사서 인식 연구. 한국비블리아학회지, 32(1), 5-33.

배동식(2019), 공공도서관의 공간구성과 이용자 만족도에 관한연구 -대구 광역시 공공도서관을 중심으로. 한국공간디자인학회 논문집 14(1), 173-181.

육지혜, 김기영(2016). 공공도서관 공간 특성에 따른 공간 유형 및 그 영향에 관한 연구. 정보관리학회지 33(1), 111-137.

도서문화재단씨앗 https://see-art.org/project/

서울야외도서관 https://seouloutdoorlibrary.kr/user/main/mainIndex.do

강동중앙도서관 https://www.gdlibrary.or.kr/ja/main

인제기적의도서관 https://lib.inje.go.kr/main/

아산중앙도서관 https://ascl.asan.go.kr/index.php

용인느티나무도서관 https://neutinamu.org/

[9. 공공도서관의 홍보와 마케팅]

국가도서관위원회 (2025). 성공적인 도서관 홍보를 위한 매뉴얼. 국가도서관위원회.

김지은 노영희 (2013) 도서관 SNS 마케팅 활성화 방안에 관한 연구. 한국비블리아학회지, 24(3), 157-180.

박성호 (2008). 홍보학 개론. 파주: 한울.

오택섭 강현두 최정호 안재현 (2015). 뉴미디어와 정보사회. 파주: 나남.

이성신 (2014) 도서관 마케팅 모형. 한국도서관 · 정보학회지, 45(3), 249-270.

이만수 (2007) 공공도서관의 홍보 전략에 관한 연구. 한국도서관 · 정보학회지, 38(1), 3-28.

이용재 (2021). 도서관 경영전략과 마케팅. 서울: 청람.

이종권 노동조 (2014). 공공도서관 서비스 경영론. 서울: 문현.

Kotler, P., & Levy, S. J. (1969). Broadening the concept of marketing. Journal of Marketing, 33(1), 10-15.

(ㄱ)

(ㄴ)

(ㄷ)

(ㄹ)

(ㅁ)

(S)

(W)

부록

부록 1 지역사회 현장조사를 위한 관찰 체크리스트

도서관 직원들과 함께 지역을 걸으며 아래 항목들을 관찰하고, 사진을 찍고, 느낀 점을 자유롭게 기록해 보세요.

[관찰 영역: 주거 및 인구]

[ ] 주택 형태는 어떠한가? (아파트, 빌라, 단독주택)
[ ] 신축 건물과 노후 건물의 비율은?
[ ] 놀이터에 아이들이 많이 보이는가?
[ ] 경로당이나 노인복지시설이 있는가?
[ ] 외국어로 된 간판이 보이는가?

[관찰 영역: 상업 및 경제 활동]

[ ] 주요 상점의 종류는 무엇인가? (학원, 병원, 식당, 카페 등)
[ ] 문을 닫은 상점(공실)이 많은가?
[ ] 대형 마트나 쇼핑몰이 있는가?
[ ] 주요 고용 기회는 무엇으로 보이는가? (공단, 오피스 빌딩 등)

[관찰 영역: 교통 및 환경]

[ ] 대중교통(버스 정류장, 지하철역)은 편리한가?
[ ] 도보 환경은 쾌적한가? (보도블록, 횡단보도)
[ ] 공원, 산책로, 쉼터 등 녹지 공간이 충분한가?
[ ] 도서관으로 오는 길에 장애물(가파른 언덕, 육교 등)은 없는가?

[관찰 영역: 커뮤니티 정보]

[ ] 아파트 게시판, 벽보에 어떤 정보가 붙어 있는가? (과외, 학원, 지역 행사)
[ ] 주민들이 주로 모이는 장소는 어디인가? (카페, 공원, 체육시설, 쇼핑몰, 대형마트, 주민센터)
[ ] 지역의 주요 기관은 무엇인가? (학교, 주민센터, 경찰서, 우체국, 종교시설)

부록 2 지역사회 이해관계자 인터뷰 질문 예시

지역사회 인터뷰에서 아래 질문들을 활용해 보세요. 이 일반적인 질문 외에 연구목적, 기관 특성, 지역사회 특성, 이용자 특성에 맞는 질문을 개발하여 진행해 보세요.

1. 지역 기관 담당자 대상 (주민센터, 다문화가족지원센터, 학교 등)

[기관 소개 및 역할]

- 이곳에서 어떤 일을 하시며, 일하신 지는 얼마나 되셨나요?
- 귀 기관의 주요 역할과 서비스 대상은 누구인가요?

[지역사회에 대한 인식]

- 이 지역에서 일하면서 느끼는 가장 큰 특징(장점/단점)은 무엇인가요?
- 귀 기관의 서비스 대상자가 겪는 가장 큰 어려움은 무엇이라고 생각하시나요?
- 최근 이 지역에 눈에 띄는 변화가 있다면 무엇인가요?

[도서관과의 협력]

- 저희 도서관에 대해 알고 계신가요? 어떤 이미지로 생각하고 계신가요?
- 귀 기관과 저희 도서관이 함께 협력한다면 어떤 일을 할 수 있을까요?
- 저희 도서관이 지역사회에서 어떤 역할이나 활동을 하면 좋겠다고 생각하시는 바가 있으신지요?

2. 지역 주민 대상

[지역 생활]

- 이곳에 거주하신 지 얼마나 되셨나요?
- 이 동네에 사는 것이 어떤가요? 가장 좋은 점과 불편한 점을 말씀해주세요.
- 주로 여가 시간은 어디서, 누구와 함께 보내시나요?

• 자녀가 있다면, 아이 키우기에 이 동네는 어떤 것 같나요?

[도서관 이용 경험 (이용자 대상)]

• 도서관은 주로 언제, 어떤 목적으로 방문하시나요?
• 도서관을 이용하면서 가장 만족스러운 점과 아쉬운 점은 무엇인가요?
• "이런 서비스가 생기면 정말 좋겠다."고 생각한 것이 있으신가요?

[도서관에 대한 인식 (비이용자 대상)]

• 저희 도서관에 와보신 적이 있으신가요? (없다면) 특별한 이유가 있으신가요?
• '도서관' 하면 어떤 이미지가 떠오르시나요?
• 어떤 계기가 생긴다면 도서관을 방문해 보실 의향이 있으신가요?

이 툴킷은 공공도서관 자체 조사 또는 지역사회 협력 프로젝트의 사전 준비 도구로 활용할 수 있으며, 분석 결과는 도서관 운영위원회 보고서, 예산기획, 주민 참여 행사 설계의 기초자료로 활용할 수 있다. 지역사회분석 실천을 4단계로 구성하였다.

① 제 1 단계: 목적 설정 및 조사 계획 수립

[ ] 분석 목적이 명확하게 정리되어 있는가?

[ ] 커뮤니티가 분석 목적에 맞게 다각적인 기준(지리적, 조직적, 문화적 등)으로 적절하게 정의되었는가?

- ✓ 분석 대상과 범위(지역, 대상 계층 등)가 명확히 설정되었는가?
- ✓ 지역사회 관련 자료(역사, 신문기사, 변화 양상, 문화와 관습, 가치관 등)를 충분히 검토했는가?
- ✓ 인구사회학적 분포(총인구, 연령, 교육 수준, 가구 소득, 주택소유, 민족 등)를 대략적으로 검토했는가?
- ✓ 수집한 데이터를 향후 분석 및 보고서 작성에 활용할 수 있도록 문서화하였는가?

[ ] 지역사회 분석을 위한 조사 일정과 필요한 예산, 담당부서, 담당자가 지정되어 있는가?

② 제 2 단계 : 자료 수집 및 데이터 분석 준비

- 직접 조사, 면담, 관찰 등을 통한 직접 수집 자료

[ ] 주민 대상 설문조사(만족도, 요구도, 공간 이용 등)

[ ] 이해관계자(지역활동가, 교사, 시니어 등 주요 관계자, 지역 내 유관 기관 실무자) 인터뷰, 좌담회, 타운홀미팅 등 진행

[ ] 도서관 내 이용자 행동 관찰 기록(공간별 체류시간, 디지털 기기 이용 등)

- 인구통계, 지역분석 보고서 등 양질의 데이터 수집

[ ] 도서관 로그 데이터 (대출, 열람, 검색 키워드 등) 수집
[ ] 외부 공공데이터(KOSIS, 통계청, 지역 정책 보고서, 지역언론기사 등) 수집

• 목적에 따른 데이터 분석 준비

예시)
- *기술통계: 방문자 수, 대출 권수, 프로그램 참여율 등 특성 요소별 데이터 분석*
- *내용분석: 이용자 건의, 설문 서술형 답변, 인터뷰 내용을 항목별로 분류하고 해석*

[ ] 도서관 이용로그, 대출기록 등 필요한 분석 데이터가 체계적으로 정리되어 있는가?
[ ] 조사결과를 정량적 지표로 전환할 수 있는 데이터인가?
[ ] 정책 우선순위 도출이 필요한가?
[ ] ROI 분석(성과 대비 비용 분석)[1)]에 대한 계산 또는 추정이 필요한가?

③ 제 3 단계: 분석 및 전략 수립 단계

• 상황 판단 체크리스트

[ ] 주민 인터뷰나 워크숍 등 직접적인 대면 활동이 필요한가?
✓ 대상과 범위, 시행 장소 등을 규정하였는가?
✓ 대상이 편중되지 않고 다양성(배경, 연령, 성별, 지역 등)이 검토되었는가?
✓ 핵심정보제공자((Key Informant)[2)]가 존재하며, 의견을 깊이있게 청취할 수 있는가?
✓ 선택된 소수의 조사대상이 해당 주제에 대한 주관적 판단과 사고, 깊이 있는 주관적 관점이 풍부하며 표현이 가능한가?

[ ] 이용자들의 생활양식, 가치관, 지역 내 관계망 등에 대한 이해가 충분한가?
[ ] 도서관이 특정 지역사회 문제에 개입할 역량과 의지가 있는가?
[ ] 지역 내 다양한 주체들과 협력하여 문제를 해결할 계획이 있는가?

• **목적에 부합하는 데이터 수집 방법 선택**

〈표 3-6〉 ~〈표 3-8〉 참조

- **심층적 대면 수집 및 분석 기법**
  - ✓ **핵심 문제 도출을 위한 사전 워크시트 구성**
    - 지역 내 주민, 활동가, 기관 관계자를 대상으로 사전 면담 질문지 작성. 주민 면담, 워크숍을 통해 문제 도출 및 해결 전략 구상

예시)

- *"우리 지역에서 가장 해결이 시급한 문제는 무엇인가요?"*
- *"도서관이 OOO를 위해 지금보다 더 기여할 수 있는 것으로 어떤 것이 있을까요?"*

  - ✓ **면담 및 워크숍 운영 가이드**
    - 구성: 5~10명 내외의 소규모 집단 대상 (청소년, 노년층 등 계층별)
    - 도구: 포스트잇, 활동지, 의제 도출 워크시트, 키워드 카드

예시)

'불편함 지도 그리기' → 도서관 이용 시 겪는 불편 사항 시각화
'미래 상상하기' → "이 도서관이 ㅇㅇ같아지면 좋겠다"

  - ✓ **정보 정리 및 문제군 분류**
    - 수집된 진술 정리표 작성

진술 내용	관련 계층	문제 원인	개선 방향
화장실에 아기가 쉴 곳이 없어요	부모	시설 문제	가족 공간
노인분들은 프린터 사용법을 몰라요	노년층	서비스 문제	디지털 교육
이주민 도서관 이용율 저하	이주민	접근성 문제	아웃리치

- 각 요소를 구성개념 상에서 점수화 또는 서열화
- 문제유형별로 그룹핑(공간, 정보, 프로그램, 태도 등) → 패턴 발견
- 이용자 생활양식 및 기관 간 관계 분석 포함(패턴, 상관관계

분석) → 사고 구조 분석
- 사회지표(연령, 소득 등)를 정리하고 분석
- 도서관 이용 데이터 기반으로 수요를 수치화
- 조사 결과를 인포그래픽, 그래프 등으로 시각화하여 활용하기 쉽도록 제작

• **실천 전략 도출 및 공유:**

[ ] 정성적 데이터를 활용하여 실천 전략을 수립했는가?

예시)
"노년층 → 월요일, 프린트 사용법 교육, 스마트폰 교실 운영"

[ ] 개인/그룹/기관/라이프스타일 차원에서 주요 문제를 도출했는가?
[ ] 워크숍이나 커뮤니티 미팅을 통해 대응 전략을 논의했는가?

④ 제 4 단계: 실행, 보고, 및 환류

✓ 실천 전략 도출 및 인포그래픽, 요약 리포트, 운영위원회 보고서 형태로 간단한 1p 리포트로 정리하여 운영위원회, 지자체, 주민 대상 요약 리포트 제공
✓ 결과 보고 및 정책 제언
✓ 도출된 문제를 바탕으로 실행 가능한 전략 제시
✓ '이해관계자 공유 템플릿'을 활용한 공유 문서화
✓ 향후 연도 조사 계획과 연결

[ ] 실행 계획을 문서화하고 내부 공유했는가?
[ ] 조사 결과를 주민이나 관련 기관과 공유했는가?
[ ] 추후 평가 지표(만족도, 참여율 등)를 설정했는가?
[ ] 분석 결과를 다음 해 사업에 반영할 계획이 있는가?

---

1) ROI(사회적 투자 수익률) 평가 방법: (성과가치 - 투입비용) ÷ 투입비용

2) Key informant란, 어떤 조사나 연구, 커뮤니티 분석에서 핵심적인 정보를 제공할 수 있는 사람을 뜻하며, 특정 주제나 커뮤니티에 대해 풍부한 지식, 경험 또는 통찰을 가진 사람으로, 조사자가 깊이 있는 정보를 얻기 위해 인터뷰하거나 관찰하는 대상자를 지칭함.

부록 4 지역사회 평가를 위한 환경분석 툴킷(SWOT 분석)

SWOT 분석은 도서관의 내부환경(강점, 약점)과 외부 환경(기회, 위협)을 분석하여 전략적 방향을 설정하는 데 유용한 도구로 활용할 수 있습니다. 아래 표를 활용하여 도서관 SWOT 분석을 해보세요.

구분	내부환경(Internal)	외부 환경(External)
긍정 요인	S(Strengths)강점 ☑ 우리 도서관이 잘 하는 것은? ☑ 우리 조직이 가진 좋은 자원은? ☑ 다른 기관보다 나은 점은? (예) IT 기기 활용능력이 뛰어난 직원, 리모델링으로 쾌적한 공간, 높은 지역사회 신뢰도)	O(Opportunities) 기회 ☑ 우리에게 유리한 외부 환경 변화는? ☑ 활용가능한 지역사회 자원은? ☑ 아직 충족되지 않은 지역의 요구는? (예) 인근 대규모아파트 단지 입주, '생활SOC 정책 확대, 지역내 이주민 인구 증가
부정 요인	W(Weaknesses) 약점 ☑ 우리 도서관의 부족한 점은? ☑ 개선이 필요한 부분은? ☑ 다른 기관에 비해 뒤처지게 하는 내부적 요소는? (예) 부족한 예산, 노후회된 시설, 다문화 서비스 경험 부족, 주차공간협소	T(Threats) 위협 ☑ 우리에게 불리한 외부 환경변화는? ☑ 우리의 활동을 방해하는 외부적 요소는? ☑ 경쟁 기관의 움직임은? (예) 지자체 예산 삭감, 유사한 서비스를 제공하는 민간 시설증가, 인구 감소로 인한 이용자 감소

부록 5 지역사회분석 기법의 적용 분야와 사례

1. 덴버공공도서관(Denver Public Library, DPL)의 이주민 언어 장서확충

1) 배경: 미국 덴버공공도서관은 이주민 • 난민 증가에 대응해 다언어 콘텐츠 접근성을 높이고 시민권 준비, 언어학습, 생활정착과 연동되는 장서 및 서비스를 함께 마련하고자 연구를 수행하였다.

2) 연구 내용

구분	연구 내용
조사 대상	다문화 프로그램 이용자, 영어학습(ESL) 초·중급 반, 시민권 대비 모임 참여자, 다언어 스토리타임 보호자 등 생활주기별 이주민 집단
조사 도구	①분관별 언어 분포 로그(행사 참가 시 자가선언 언어/원어), ②언어별 대출·예약 데이터, ③현장 인터뷰(도착 연차·가정 내 사용언어·목적 기반 독서 니즈), ④카탈로그 질의 로그 분석.
절차	다문화 프로그램 운영시간대에 현장 인터셉트 설문과 짧은 반구조화 인터뷰를 병행하고, 월 1회 사서와 다문화 프로그램 코디네이터가 함께 언어별 수요, 준비해야 할 목록을 확정.
분석	언어(스페인어·아랍어·티그리냐·소말리어·베트남어·암하라어 등)별 희망 주제와 포맷(그림책/논픽션/시험대비)을 교차표로 정리, 대출회전율·예약당 대기일수로 우선순위 결정.
주요 결과	초등 저학년용 읽기 쉬운 원서·오디오리더, 시민권·운전면허·생활문해류 소책자, 다국어 아동 비문학(과학·사회) 수요가 높았고, 분관별로 베트남어·아랍어 집중 수요의 차이가 뚜렷했음. 플라자 운영 요일별로 통역이 가능한 직원의 언어 구성이 대출 행태에 영향을 주고 있었음.
적용	장서: 'World Languages' 주제 허브를 열고 아랍어·암하라어·소말리어·티그리냐 등 소수언어 큐레이션과 스페인어 아동전자책(예 MakeMake) 구독 'A Guide to the Library for Newcomers' 다언어 안내와 시민권 스터디·영어회화·컴퓨터 기초를 장서 홍보 동선에 통합했음
성과	장서 및 행사를 '언어-서비스'로 묶는 설계가 이용자 문턱 낮추기에 효과적이었고, 분관별 언어 프로필에 맞춘 테일러링이 핵심이었음

2. 헬싱키 오우디(Oodi) 중앙도서관의 시민참여 공동설계(Co-Design)

1) 배경: "도시의 거실(civic living room)"이라는 비전을 시민 요구와 생활행태 데이터에 맞춰 구체화하고, 서비스, 동선, 가구, 장비까지 사용자 경험(UX)에 반영한다는 목표로 연구를 수행하였다(Helsinki City Library, n.d.).

2) 연구 내용

구분	연구 내용
조사 대상	노인, 장애인, 청소년, 메이커, 프리랜서, 영유아 돌봄가족 등 공간 다점유 집단
조사 도구	아이디어 캠페인(온라인 제안·포스트잇 월), 이동식 팝업 워크숍, 시나리오 보드·서비스 여정 맵, 카드소팅, 동선 트래킹.
절차	설계 및 운영팀, 시민이 함께 공동설계 세션을 반복하고(초기 콘셉트→프로토타입→파일럿), 직원 내부교육으로 서비스디자인 역량을 끌어올림 (Miettinen, 2018; Haavisto, 2017).
분석	요구를 '소음/정적', '체류/통과', '초심자/숙련자' 축으로 군집화해 층별 존(메이커스페이스·공연홀·유아동 네스트·조용한 독서층) 배치를 결정(Pirinen, 2022).
주요 결과	열린 로비·, 대형계단, 메이커 장비접근, 탁아 동반 가변공간 수요가 높았고, "행사-학습-휴식" 경계 없는 회유 동선이 선호됨
적용	서비스·가구·표지 체계를 공동설계 결과대로 확정, 시민참여가 실제 평면, 운영정책에 반영됨 (Architectural Record, 2018)
성과	시민 참여를 통해 '예쁜 건물'이 아닌 '쓰임새 중심의 프로그램-공간-장비 결합'을 만들었음 (Haavisto, 2017).

3. 싱가포르 NLB의 'kidsREAD'(취약계층 아동을 위한 지역연계 독서클럽)

1) 배경: 저소득 가정 아동(4-8세)의 초기 문해력 격차를 줄이고, 지역 거점(학교·커뮤니티센터·사회복지기관)에서 자원봉사 기반의 정기 독서클럽을 운영하기 위한 목적으로 연구를 수행하였다(National Library Board, 2024).

2) 연구 내용

구분	연구 내용
조사 대상	공공임대 주택 밀집 지역 아동, 다민족 배경 아동과 보호자
조사 도구	파트너기관 데이터(자치구·자조단체)로 후보지 매핑, 기초읽기수준 사전/사후 체크리스트, 보호자 및 교사 인터뷰, 자원봉사자활동일지 작성
절차	4개 자조단체와 협력해 수요 밀집 지역에 클럽을 설치하고, 주 1회 1시간 스토리텔링, 확장활동을 운영
분석	출결, 참여지수, 읽기 태도 변화를 추적하고, 언어·문화적 적합성 평가(다민족 그림책·이중언어 소통)를 반영함(IFLA Library Map, 2020).
주요 결과	정기성, 안전한 또래집단, 다문화 친화소재가 지속적인 참여에 결정적이었음. 지역 거점 분산 설치를 통해 접근성을 높였음
적용	클럽 수를 200개 이상으로 확장하고, 'kidsREAD@Home' 등 변형 모델과 이동형 버스(MOLLY)로 접근성을 강화했음
성과	20년간 누적 8만 명 수혜로, 도서관-자조단체-학교의 삼각 협력이 아동문해 격차 완화에 기여했음(The Straits Times, 2024).

싱가포르 공공도서관
혁신사례 사서 칼럼

4. 수원시 도서관의 '도시 리빙랩 · 메이커' 및 지역 청소년 실태조사 연계

1) 배경: 청소년의 지역 문제 해결 역량(코딩·엔지니어링·디자인 사고)을 키우고, 시 차원의 청소년 실태·진로 조사 결과를 프로그램 설계에 반영하고자 연구를 수행하였다.

2) 연구 내용

구분	연구 내용
조사 대상	초등 고~중등생, 청소년 진로 설문 표본(시 전역에서 3,487명).
조사 도구	(1) 시 청소년·진로 실태조사(자기기입식 설문) 결과, (2) 리빙랩 프로그램 참가 사전·사후 요구조사, (3) 산출물 평가 루브릭
절차	도서관과 수원문화재단이 '나도 시티메이커_수원 리빙랩'을 여름방학 연계로 운영, 탐색→아이디어→프로토타입→전시까지 주 1회 코호트로 진행
분석	진로 흥미, 디지털 제작 기술, 팀 협업 태도 변화를 사전/사후 비교, 전시 관람 피드백을 질적 코딩함
주요 결과	문제정의-프로토타입-피치의 경험이 "도시·환경" 주제 흥미를 높였고, 3D·코딩 실습이 진로 탐색에 긍정적이었음. 시 단위 실태조사가 주제 선정(환경·안전·교통)과 학년별 난이도 조정 근거로 유용했음(수원시청소년청년재단, 2025)
적용	다음 해 과정에 3D 프린팅 심화·직업 체험을 편성하고(재단 프로그램 연계) 도서관 메이커 키트를 상시화함
성과	도시문제 기반 메이킹은 "도서관형 진로·시민성 교육"으로 확장 가능성 높임

5. 도쿄 미나토 시립도서관과 성북구립도서관의 이주민서비스

1) 배경: 이주민·가족의 정보 접근과 지역 정착을 돕는 다언어 서비스 제공, 그리고 구청의 다문화 교류 프로그램과 도서관 서비스를 연동하려는 목적으로 연구를 수행하였다(Minato City Libraries, n.d.; Minato City, 2025).

2) 연구 내용

구분	연구 내용
조사 대상	영어, 중국어, 한국어 등 주요 언어권 주민, 다문화 가족
조사 도구	자치구의 외국인지원 창구 상담 통계, 도서관 다언어 요청 로그, 다언어 사이트 이용 분석
절차	도서관 홈페이지, 전자도서관의 다언어 지원(영·중·한·스페인·포르투갈 등)과 구청 다문화 교류(파트너 활동·일상생활 상담)와의 상호 홍보 라우팅을 설계
분석	언어별 페이지 뷰·대출, 참여 데이터로 다언어 큐레이션과 행사 주제 조정
주요 결과	'생활정보+언어지원+문화교류' 세 축을 연결한 이용자가 반복 방문·정착 정보 탐색에 유리했음.
적용	지점 내 다언어학습 코너를 강화하고, 외국인 생활상담·통역 안내를 동선에 배치(포스터·랜딩페이지)했음
성과	지방정부 다문화정책과 도서관 서비스의 연계는 프로그램 지속성과 접근성을 함께 확보하는 방법임을 확인함

서울시 성북구 역시 도서관을 '지역 공론장'으로 운영한 경험을 갖고 있다. 다문화 가족과의 면담을 통해 언어혼합 환경에서의 읽기 지원 요구(부모의 한국어 자신감·이중언어 그림책 선호·학교적응 정보 니즈 등)를 확인하고, 주말 가족 독서동아리·이중언어 그림책 큐레이션·생활정보 미니강좌를 묶은 패키지를 설계했다.

6. 밴쿠버 공공도서관의 이용자 데이터 기반 전략과 디지털 전환

1) 배경: 코로나 팬데믹 이후 하이브리드 서비스, 디지털 격차 해소, 이민자 지원을 전략적으로 통합하고자 연구를 수행하였다(VPL, 2022).

2) 연구 내용

구분	연구 내용
조사 대상	온라인·오프라인 이용자, ESL 참가자, 새로운 디지털 장비 이용자
조사 도구	전략계획 운영지표, 프로그램 만족도, 이용자 스토리(정성), 파트너(정착지원기관) 의견
절차	연차 운영계획에서 디지털 리터러시 재설계, 하이브리드 프로그램, 기술 대여 등 우선과제를 수립
분석	ESL 대화모임 참여 추세, 장비·공간 수요, 취약 계층 접근성 지표를 대시보드로 상시 모니터링
주요 결과	온라인 ESL 대화 참여 증가, 기초 디지털 도구(화상회의·오디오/비디오 편집) 수요 높았음
적용	디지털 기초 중심 커리큘럼, 기술대여(노트북 등), 인스피레이션 랩 활용 교육확대, 이민자 정착 가이드를 지속 업데이트
성과	전략—운영—프로그램을 '데이터-피드백 루프'로 엮은 것이 효과적이었음

7. 밴쿠버 공공도서관의 수요 재설계와 하이브리드 전달

1) 배경: 기초 디지털 기술 격차 완화와 창작·취업 연계까지 포괄하는 교육 체계를 재설계하고자 하는 목적으로 연구를 수행하였다(VPL, 2021; 2023).

2) 연구 내용

구분	연구 내용
조사 대상	초보 고령층, 신규 이민자, 구직자.
조사 도구	사전 역량 체크, 수업 로그(질문·실패 지점), 코칭 기록, 파트너기관(정착·문해)의 피드백
절차	연차 운영계획에서 디지털 리터러시 재설계, 하이브리드 프로그램, 기술 대여 등 우선과제를 수립
분석	완주율, 재등록률, 자기효능감 변화를 지표화
주요 결과	“기초도구+문해” 묶음형 수업과 개인 코칭 결합이 가장 효과적임
적용	장비대여, 인스피레이션 랩 안내, ESL과의 경로 연결을 강화하고, 이민자 맞춤 가이드를 웹에 집중 배치함
성과	디지털 리터러시를 ‘일·학습·정착’ 과업과 연결할 때 지속가능성 확보

8. 덴버 공공도서관의 '사회복지팀 + 피어 내비게이터' 모델

1) 배경: 노숙자, 정신건강, 약물문제 등과 같은 복합 위기 상황의 이용자를 도서관 현장에서 직접 연결·지원하는 모델을 마련하기 위한 목적으로 연구를 수행하였다(WebJunction, 2019; Library Journal, 2017; CBS Colorado, 2019).

2) 연구 내용

구분	연구 내용
조사 대상	도심 지점 고위험 이용자, 반복 위기 신고 사례
조사 도구	현장 사례기록, 사건·중재 로그, 지역 서비스 연계 결과, 직원 감정소진도 체크
절차	석사급 사회복지사와 '동료지원가(peer navigator)'가 팀을 이루어, 위기개입,상담,연계, 집단 프로그램을 운영하고, 주기적 리뷰로 프로토콜 개선
분석	중복 방문자 안정화, 서비스 연계 성공률, 현장 갈등·사건 감소 추세를 시계열로 분석
주요 결과	동일 경험을 지닌 동료지원가의 신뢰와 설득 효과가 높았고, 사서-사회복지-피어의 3자 협업이 핵심이었음
적용	팀 규모, 근무시간을 확대하고, 다문화프로그램, 시민권 수업 등 타 프로그램에도 '사회적 안전망 접근' 안내를 표준화했음
성과	도서관이 '연결기관'으로서 지역 안전망에 편입될 수 있음을 보여준 사례임

MEMO

MEMO

공공도서관 운영의 기초

저자 | (사)포럼 문화와도서관
펴낸곳 | 한국도서관협회
초판 발행 | 2026년 2월 6일
등록 | 제2-723호(1979. 8. 18.)
주소 | 서울특별시 서초구 반포대로 201
전화 | 02-535-4868
팩스 | 02-535-5616
홈페이지 | www.kla.kr
인쇄 | 미래피앤피
ISBN | 978-89-7678-406-3

정가 23,000원